W0064926

Rolf Lamprecht

Die Lebenslüge der Juristen

ROLF LAMPRECHT

DIE LEBENSLÜGE DER JURISTEN

Warum Recht nicht gerecht ist

Deutsche Verlags-Anstalt

FSC
Mix
Produktgruppe aus vorbildlich
bewirtschafteten Wäldern und
anderen kontrollierten Herkünften

Zert.-Nr. SGS-COC-1940
www.fsc.org
© 1996 Forest Stewardship Council

Verlagsgruppe Random House FSC-DEU-0100
Das für dieses Buch verwendete FSC-zertifizierte Papier *Munken Premium*
liefert Arctic Paper Munkedals AB, Schweden.

1. Auflage
Copyright © 2008 Deutsche Verlags-Anstalt, München,
in der Verlagsgruppe Random House GmbH
und SPIEGEL-Verlag, Hamburg
Alle Rechte vorbehalten·
Layout und Satz: Brigitte Müller / DVA
Gesetzt aus der Minion
Druck und Bindung: GGP Media GmbH, Pößneck
Printed in Germany
ISBN: 978-3-421-04344-3

www.dva.de

INHALT

RECHT ALS GLÜCKSSACHE

Wie tauglich für seine Aufgabe ist ein Familienrichter, dessen eigene Ehe mit einer Kampfscheidung zu Ende gegangen ist? Auf wessen Seite steht ein Mietrichter, der mehrere Wohnhäuser geerbt hat? Beurteilt ein Verkehrsrichter, der mit dem Porsche vorfährt, einen Unfall anders als sein Kollege, der immer mit dem Fahrrad zum Dienst kommt?

Oder anders: Lässt sich überhaupt verhindern, dass Biografie und Weltanschauung des Richters auf seine Urteile durchschlagen? Die Frage schiebt den schönen Schein beiseite und gibt die Sicht frei auf das ungeschminkte Sein – auf die subjektiven Elemente der Rechtsfindung. In der Verdrängung dieser Schwachstelle liegt die Lebenslüge der Juristen.

Tatsächlich hält unser Recht nicht, was es verspricht. Es schraubt die Erwartungen zu hoch und führt auf Abwege – etwa mit der Suggestion, dass die Jurisprudenz, ebenso wie die Mathematik, nur der Logik verpflichtet sei. Das Gedankenspiel lebt von Parallelen: Betonen nicht beide Disziplinen – durchaus vergleichbar – ihre abstrakte Neutralität? Arbeiten nicht beide mit Formeln, die zwar schwer verständlich sind, denen aber gleichwohl eine höhere Wahrheit innewohnt? Das Recht möchte so zwingend erscheinen wie die Addition von zwei und zwei; da ist auch nur eine „richtige" Lösung denkbar.

Wenn eine Instanz die andere Lügen straft

Gründe, an dieser Legende zu zweifeln, gibt es genug. Doch offenbar wollen die Menschen an Verheißungen glauben. Deshalb hat das Trugbild der neutralen Rechtsprechung einen festen Platz im Unterbewusstsein – so unverrückbar wie die Hoffnung auf einen Lottogewinn. Und die Richter, denen das blinde Vertrauen schmeichelt, tun kaum etwas, um den Irrglauben zu korrigieren.

Dabei müsste ein flüchtiger Blick auf das Innenleben der Justiz genügen, um stutzig zu werden. Denn schon die Tatsache, dass es von Instanz zu Instanz oft zwei diametral entgegengesetzte Meinungen gibt, zeugt von der Relativität des Rechts – ja von seiner Subjektivität.

Wer diesen Gedanken fortspinnt, stellt mehr als den schönen Schein infrage. Er rüttelt am Fundament – dem Dogma von der Rationalität. Schlimmer, er bezweifelt, was die meisten glauben. Die einen, die Laien, halten Objektivität für eine Bedingung der Gerechtigkeit und erwarten, dass jeder Richter diese Tugend besitzt. Die anderen, die Amtsinhaber, gaukeln sich und der Umwelt vor, dass sie den Pfad der Objektivität niemals verlassen – von dieser Autosuggestion bis zum Selbstbetrug ist es aber nur ein Schritt.

Der Frage, was es bedeutet, wenn die Prämisse der Objektivität nicht stimmt, geht keiner nach – bedauerlicherweise. Denn so viel ist klar: Wenn sich, was zu beweisen ist, zeigen sollte, dass subjektive Einflüsse die Wahrheitsfindung inspirieren und dirigieren, müssten alle umdenken. Dann wäre neu zu definieren, was „Recht" überhaupt vermag.

Wer nach vorhandenen, erschöpfenden Erklärungen des Rechts sucht, wird enttäuscht. Er findet nur Definitionen, die sich auf das Wünschbare beschränken. Gelehrte und Richter benennen unzählige Utopien des Sollens und Wollens, sie verlieren aber kaum ein Wort über die Kategorien des Seins. Erklärt wird zumeist, was Recht eigentlich sein sollte – nicht aber, was es wirklich ist.

Bezeichnend ist zudem, wer das Privileg beansprucht, Recht zu definieren. Es wird zumeist aus dem Blickwinkel derjenigen beschrieben, die Gesetze schaffen und anwenden. Die Sicht der Adressaten, die Gesetze befolgen sollen, bleibt dagegen ausgespart. Gesetzgeber und Robenträger beherrschen den Diskurs, das Publikum steht stumm daneben. Solange die einen ans Licht drängen und die anderen im Schatten bleiben, ist der Raum des Rechts jedoch nicht ausgeleuchtet.

Es lohnt, diese Lücke auszufüllen. Doch was hat der Bürger davon? Sehr viel, wenn er eine Vorleistung erbringt: Er muss sich sachkundig machen! Normalerweise kommt er zum Recht wie die

Jungfrau zum Kind: unschuldig schuldig. Um eben dieses Fiasko zu verhindern, klären vernünftige Eltern ihre Sprösslinge auf – über die Risiken und den Reiz der Sexualität. Vielleicht bringen sie ihnen auch bei, über Vermeidungsstrategien nachzudenken und ein Frühwarnsystem zu entwickeln.

Nicht mehr und nicht weniger kann Aufklärung über das Recht bewirken. Wer es vergöttert oder verteufelt, läuft in die Irre. Wer sich nichts mehr vormachen lässt, sieht Gesetzgebung und Urteilsfindung mit neuen Augen. Wer weniger erwartet, wird das wenige realistischer, pragmatischer und zielbewusster einfordern. Der „Fortgeschrittene" lernt, seine Chancen im Dickicht der Paragraphen besser abzuschätzen und die Kosten einer Fehde gegen ihren Nutzen zu verrechnen. Er begreift, dass Unschuldige bisweilen, ohne es zu wollen, schuldig werden, und dass Unwissende immer das Nachsehen haben. Überdies wird ihm bewusst, wann er sich fügen muss und wann er aufbegehren darf.

Warum nur die „Einzelfallgerechtigkeit" zählt

Dem professionellen Karlsruher Beobachter, der über lange Zeit die Inszenierungen der Justiz von einem Logenplatz aus verfolgen konnte, bleibt nur ein bescheidenes Fazit. Er hat begriffen, dass Recht eine relative Angelegenheit ist, dass es mehr von subjektiven als von objektiven Impulsen gesteuert wird, dass es nicht nur gefühls- und personenabhängig, sondern auch zeit- und situationsgebunden daherkommt. Ergo: Das einzig Beständige am Recht ist seine Unbeständigkeit.

Trotzdem kann die Wahrheit hinter der Wahrheit aufregend sein. Sie besagt, dass sich Recht immer am Schicksal des Einzelnen bewährt.

Wo die Menschenwürde Schaden nimmt, wo Gleiches ungleich behandelt wird, wo die Obrigkeit das „Prinzip der Verhältnismäßigkeit" vergisst und gegen das Übermaßverbot verstößt, ist Gefahr im Verzug. Ob die großen Freiheitsgarantien in den Ewigkeitsgesetzen und die kleinen Angebote in den Alltagsgesetzen letztlich Bestand haben, erweist sich nicht in der Theorie, sondern in der Praxis. Wenn der konkrete Fall, wenn der individuelle Konflikt, wenn das Einzelschicksal zur Entscheidung ansteht, schlägt die Stunde der Bewährung. Das Recht siegt (und verliert) nicht in Sonntagsreden, auch nicht in wissenschaftlichen Publikationen, sondern immer nur von Fall zu Fall.

Die Juristen nennen das „Einzelfallgerechtigkeit". Von ihr soll hier die Rede sein – und von dem uralten Thema „Ist Recht gerecht?". Die Frage stellt sich immer wieder von neuem – hier: zwanzigmal, in zwanzig Kapiteln, aus ein paar hundert Perspektiven.[1] So oft und öfter variieren die Antworten. Genau besehen ist Recht nichts weiter als die Summe vieler Teilwahrheiten; wie es versucht, auf krummen Wegen gerade zu gehen, ist allemal ein faszinierendes Abenteuer, an dem jeder, der will, teilhaben kann.

1

TRIUMPH DER INFAMIE
Wenn Formstrenge zu aberwitzigen Urteilen führt

Recht, das Schuldlose ruiniert, verdient den Namen nicht. Es ist inhuman und verfehlt seinen wie immer gearteten Zweck. Das Fiasko läst sich nur vermeiden, wenn Richter versuchen, den Geist zu ergründen, der hinter dem toten Buchstaben eines Gesetzes steckt. Doch dazu gehören Mut und Phantasie. Beides zusammen findet sich selten.

Wenn die Räuberpistole, die Inge Hoff* unter einem Dach des Staates erlebt hat, nicht aktenkundig wäre, würde sie keiner glauben. Es ist die Geschichte einer Frau, die am helllichten Tag um ihr gesamtes Vermögen gebracht wurde – und das ausgerechnet in einem Gebäude der Justiz. Kein Ordnungshüter kam ihr zu Hilfe. Im Gegenteil: Ein leibhaftiger Rechtspfleger gab ihrem Exmann, der gerade im Begriff war, sie auszuplündern, sogar noch seinen amtlichen Segen.

Verhandelt wurde über „Haus und Hof" – über die Hinterlassenschaft der geschiedenen Ehe. Bevor Inge Hoff begriff, was in der Amtsstube geschah, war sie – unter den Augen des Justizbeamten – von ihrem Verflossenen enteignet worden. Er hatte den gemeinsamen Grundbesitz für 2000 DM (es war die Zeit vor dem Euro) ersteigert. Statt der 62 000 DM, die ihr zustanden, bekam sie am Ende 150 DM. Formal war alles in Ordnung. Die Zwangsversteigerung verlief paragraphentreu – und stellte dennoch das Recht auf den Kopf. Wer ohnehin Vorurteile über die Zunft der „Rechtsverdreher" hatte, fühlte sich bestätigt.

---

* Die Namen der Kläger und Beschwerdeführer wurden im ganzen Buch aus datenschutzrechtlichen Gründen geändert.

Die objektive Willkür

Tatsächlich kann, wie sich hier zeigte, die Kluft zwischen den Buchstaben und dem Sinn von Gesetzen riesengroß sein. Es lohnt sich, dieser Schwachstelle des Rechts auf den Grund zu gehen. Jedem, der hört, was Inge Hoff widerfuhr, fällt auf Anhieb nur ein Wort ein: Willkür. Doch der Begriff, der sich geradezu aufdrängt, steht in keinem Gesetz. Dafür ist er aber Gegenstand vieler gelehrter Erörterungen, die in der Rechtslehre und der Rechtsprechung angestellt werden. Wer die Schikane bei einem einzelnen Staatsdiener sucht, greift zu kurz. Willkür naht viel öfter, meinen die Verfassungsrichter, im Gewand scheinbarer Objektivität.

Inge Hoffs Opfergang durch die Säle der Justiz belegt eindrucksvoll, wozu „Vater" Staat imstande ist. Zunächst verletzten alle Instanzen ihre Fürsorgepflicht. Erst am Schluss sprach das Verfassungsgericht ein Machtwort. Es entlarvte die „Willkür" und beschrieb Unrecht am konkreten Fall. Der Spruch ergänzte Prinzipien, die in Ansätzen schon vorhanden waren; er selbst wiederum war Quelle für die Rechtsprechung der folgenden Jahrzehnte. Es ergingen Anschlussurteile, die dem Mosaik ein neues Steinchen hinzufügten. Immer handelt es sich um einen herausragenden Fall, der den Stein ins Rollen bringt.

Mit Almosen abgespeist

Ausgangsort des Geschehens war Michelstadt, ein idyllischer Flecken im Odenwald – mit historischem Kern, malerischem Brunnen und einem 500 Jahre alten Fachwerk-Rathaus. Das Städtchen (17 000 Einwohner) ist Sitz eines eigenen Gerichts – keines ganz kleinen. Immerhin residieren dort sieben Robenträger – und ebender besagte Urkundsbeamte. Hier passierte Mitte der siebziger Jahre jener Willkürakt, der das Vertrauen in die Obrigkeit erschütterte.

Inge Hoff war in dieser kleinstädtischen Kulisse aufgewachsen. Sie hatte hier geheiratet, Kinder bekommen und mit ihrem Mann auf eigenem Grundstück ein Häuschen gebaut. Als die Ehe auseinanderging, blieb er dort wohnen, sie zog mit den Sprösslingen aus. Beim Streit ums Geld hatte sie immer das Nachsehen. Er wollte das gemeinsame Anwesen gern behalten, aber möglichst nichts zahlen – und wenn überhaupt, dann „nur", wie es in schönstem Amtsdeutsch heißt, „nach Maßgabe seiner wirtschaftlichen Leistungsfähigkeit". Mit anderen Worten: Allein wenn er es für richtig hielt, bekam sie etwas ab.

Mit solchen Almosen wollte sich Inge Hoff nicht abspeisen lassen. Sie erinnerte sich daran, dass laut Gesetz einer geschiedenen Frau die Hälfte vom Erworbenen zusteht. Das Grundstück war 1975 amtlich auf den Zeitwert von 144 000 DM geschätzt worden. Sie hatte mithin, abzüglich einer Grundschuld über 20 000 Mark, Anspruch auf 50 Prozent von 124 000 DM, auf 62 000 DM. Da ihr Mann nicht freiwillig zahlen wollte, beantragte sie die Zwangsversteigerung.

Die Zeremonie, die dazu gehörte, war ihr, wie fast jedem Bürger, gänzlich fremd. Wer – außer Immobilien- und Antiquitätenhändlern – ist sonst schon bei einer Versteigerung dabei? Inge Hoff kam allein. Ihr Anwalt war, um seiner Mandantin Kosten zu ersparen, daheimgeblieben. Der Rechtspfleger eröffnete den Termin. Was er sagte, war schwer begreiflich. Das ist leider die Regel in den heiligen Hallen der Justiz. Gesprochen wird ein unverständliches Kauderwelsch. Der Laie ist in dieser Situation eingeschüchtert. Keiner nimmt ihn bei der Hand.

Darf er zugeben, dass er nicht begreift, warum, wie in diesem Fall, das „geringste Gebot" auf 1785,42 DM festsetzt wird – auf eine geradezu lächerliche Summe im Vergleich zum ermittelten Wert des Anwesens? Der ganze Vorgang würde für den Unwissenden zumindest verständlicher, wenn er erführe, dass der Betrag nichts mit dem eigentlichen Streitwert zu tun hat, sondern mit den ganz profanen Büro- und Verwaltungskosten, die dem Staat durch eine Versteigerung entstehen.

Ein Neuling kommt bei Gericht nicht zum Atemholen. Zum Nachdenken oder gar zum Fragen blieb auch hier Inge Hoff keine Zeit. Nach Erledigung der Formalien forderte der Rechtspfleger „zum Bieten" auf. Inge Hoffs Exmann, der ebenfalls erschienen war, nannte eine Zahl: 2000. Der Rechtspfleger murmelte: „Weitere Gebote wurden nicht abgegeben." Hinterher konnte die Frau in der „Terminniederschrift" nachlesen, das Gericht habe „die Beteiligten über den Zuschlag" gehört.

Das Protokoll hielt auch den weiteren Gang bürokratischkorrekt fest: Der Exehemann habe „die sofortige Erteilung des Zuschlages" beantragt. „Diesem Antrag wurde durch den alsdann verkündeten Beschluss vom selben Tag entsprochen."[1] Der Verflossene hatte im Handumdrehen das Schnäppchen seines Lebens gemacht: Haus und Grundstück für ganze 2000 Mark erworben.

Inge Hoff aber war ärmer als zuvor. Nun hatte sie noch nicht mal mehr die vage Hoffnung, dass sie den Anteil am Ehevermögen, der ihr zustand, je würde realisieren können. Sie begehrte auf – doch vergeblich. Ihr Anwalt, der für sie Beschwerde eingelegt hatte, scheiterte schon beim Landgericht Darmstadt. Dort hatte er vorgetragen: Der Rechtspfleger hätte seine Mandantin auf den drohenden „Totalverlust ihrer Ansprüche" aufmerksam machen und sie darauf hinweisen müssen, dass sie dieses böse Ende noch verhindern könne – durch Zurücknahme ihres Antrages vor der Versteigerung.

Mit diesem Einwand stieß Inge Hoff auf taube Ohren. Zwar war auch den Darmstädter Richtern nicht entgangen, dass sie „einen erheblichen wirtschaftlichen Verlust" erlitten hatte. Doch dieser Ausgang erschien ihnen unvermeidlich. Jedenfalls sei der Rechtspfleger nicht verpflichtet gewesen, sie zu warnen – etwa durch den Hinweis, sie könne das Fiasko „durch die Zurücknahme des Versteigerungsantrages ohne weiteres" vermeiden; er habe „die Interessen sämtlicher Verfahrensbeteiligter" wahren müssen; mit dem aufklärenden Hinweis, Inge Hoff renne in ihr Verderben, hätte er sich „dem Verdacht der Befangenheit ausgesetzt".[2]

Auch mit ihrer „weiteren Beschwerde" holte sich Inge Hoff eine Abfuhr. Die Begründung missriet den Oberlandesrichtern in Frankfurt zur zynischen Floskel. Sie versuchten, das Prinzip von Chancengleichheit zu beschreiben, und landeten im orientalischen Basar. Was sie über „die widerstreitenden Interessen der Parteien" sagten, klang so berechnend wie die Sprache von Spekulanten:

Einerseits habe Inge Hoff (ohne Hinweis des Rechtspflegers) „ein empfindlicher Vermögensschaden" gedroht, andererseits wäre ihrem Exmann (durch entsprechende Anregung des Rechtspflegers) „eine günstige Gewinnchance" entgangen.[3] Es sei schon zweifelhaft, ob der Gerichtsbeamte mit einem Rat nicht womöglich „seine Pflicht zur Unparteilichkeit" verletzt hätte. Jedenfalls stelle die Zwangsversteigerung „ohne Belehrung der Beschwerdeführerin keinen erheblichen Verfahrensmangel dar".

Inge Hoff, die monatelang eine Niederlage nach der anderen einstecken musste, fühlte sich unfair behandelt. Da die verarmte Frau nichts mehr zu verlieren hatte, wagte sie den Gang nach Karlsruhe. Und nachdem sie Verfassungsbeschwerde eingelegt hatte, begann sich auch das Blatt zu wenden. Der Umschwung wurde bereits in der ersten Phase des Verfahrens deutlich. Das Bundesverfassungsgericht hatte das Land Hessen und die Bundesregierung in Bonn aufgefordert, Stellung zu beziehen.[4] Und siehe da: Auch die hohen Herren in den Ministerien, die in solchen Fällen normalerweise ihre Gerichtsinstanzen zu verteidigen pflegen, kamen nicht umhin, sich von den unbarmherzigen Urteilen gegen Inge Hoff zu distanzieren.

Reden dürfen, zuhören können

Beide Stellungnahmen gehen davon aus, dass Unrecht herauskommen kann, wenn Richter nur auf den Wortlaut des Gesetzes starren, ohne sich gleichzeitig um dessen Geist zu kümmern. Ihrer Bewertung legten die Verfasser in den zuständigen Ministerien jene verpflichtenden Bürgerrechte zugrunde, die in der Verfassung stehen und jedem anderen Gesetz übergeordnet sind. Deshalb erinnerte der hessische Schriftsatz an Artikel 103, Absatz 1 des Grundgesetzes (GG): „Vor Gericht hat jedermann Anspruch auf rechtliches Gehör."

Was heißt das? Wer diesem Gebot auf den Grund geht, begreift sehr schnell, dass damit mehr gemeint ist, als nur Gedanken anzuhören, die ein Bürger unaufgefordert ausspricht, wenn er sich denn überhaupt traut. „Rechtliches Gehör" kann, vernünftig betrachtet, nur heißen: reden, zuhören, fragen, antworten – Kommunikation. Erst wenn der Richter weiß, was der Bürger, der vor ihm steht, zur Sache sagen will, hat er ihm im Sinne der Verfassung rechtliches Gehör gewährt.

So sah es auch der hessische Ministerpräsident in seiner Stellungnahme. Die Chance, sich vor Gericht zu äußern, dürfe nicht nur theoretisch – sie müsse auch praktisch gegeben sein. Inge Hoff habe die Rechtslage offenkundig nicht begriffen. Sie sei daher auch nicht imstande gewesen, ihre wahren Interessen zu vertreten. Doch dem Rechtspfleger könne das „grobe Missverhältnis zwischen Grundstückswert und Versteigerungserlös" nicht verborgen geblieben sein. Er hätte deshalb zumindest fragen müssen, ob sie wirklich verstanden habe, dass sie bei der Versteigerung alles verlieren könne.[5]

Der Bundesminister der Justiz hielt andere Aspekte für wesentlich. Für ihn war die Eigentumsgarantie nach Artikel 14 GG in Verbindung mit dem Rechtsstaatsprinzip verletzt. Was unter Letzterem zu verstehen ist, steht nicht detailliert im Grundgesetz. Es meint „faires Verfahren". Diese Idee ist im Laufe der Zeit vom Verfassungsgericht mit Leben erfüllt worden. Das Abstraktum bedarf tatsächlich, wie sich an den bitteren Erfahrungen von Inge Hoff zeigte, der ständigen Konkretisierung.

Fragepflicht des Gerichts

Denn viele Richter neigen zu einer vordergründigen Betrachtung – sei es, weil sie zu bequem sind, sei es, weil sie glauben, dass dem „rechtlichen Gehör" mit formaler Korrektheit Genüge getan sei. Das passiert leider allzu oft. Eine nächsthöhere Instanz muss schon sehr neugierig sein und viele bohrende Fragen stellen, wenn sie herausbekommen will, ob ein Bürger zwar gnädig als „zum Termin erschienen" protokolliert, ansonsten aber als Luft behandelt worden ist.

Das Bundesjustizministerium sah deshalb Anlass, daran zu erinnern, dass zu den „wesentlichen Grundsätzen" einer rechtsstaatlichen Prozedur das „Recht auf ein faires Verfahren" zählt. Wer genaueres wissen wolle, müsse nur in die Zivilprozessordnung (ZPO) schauen. Tatsächlich steht dort unter dem Stichwort „Fragepflicht des Gerichts" (Paragraph 139) alles Wesentliche. So soll der Vorsitzende „dahin wirken", dass „die Parteien" (also Kläger und Beklagte) „über alle erheblichen Tatsachen" reden: „Er hat zu diesem Zwecke, soweit erforderlich, das Sach- und Streitverhältnis mit den Parteien nach der tatsächlichen und der rechtlichen Seite zu erörtern und Fragen zu stellen."

Dies auch wirklich zu tun, erfordert allerdings eine Portion Souveränität. Viele Richter haben Furcht, man könne ihren Fragen entnehmen, was sie denken – und ihnen deshalb Befangenheit vorwerfen. Inge Hoff wurde ein Opfer dieser falsch verstandenen Zurückhaltung. Namentlich der Rechtspfleger in Michelstadt tat nichts, um den Fall aufzuklären. Ihm hätte sich sonst, so der Bundesjustizminister, „der Schluss aufdrängen müssen, dass das Ergebnis des Versteigerungsverfahrens in dieser Form vom Willen der Antragstellerin nicht gedeckt sein konnte".[6]

Warum hatten die Richter in Michelstadt, Darmstadt und Frankfurt das Naheliegende nicht gesehen? Warum war ihnen der Prozess aus den Händen geglitten und zu einer unfreiwilligen Bankrotterklärung geworden? Es gibt vermutlich nur eine, nicht eben schmeichelhafte Deutung: kollektive Betriebsblindheit.

Die Banalität des Bösen

Die Antwort, die zu guter Letzt das Bundesverfassungsgericht gab, brachte die Sache auf den Punkt. Sie besagt: Im Konflikt zwischen Bürger und Staat gibt es selten Schurken, aber allzu oft geist- und gedankenlose Bürokraten. Der deutsch-amerikanischen Philosophin Hannah Arendt, die den Holocaust mit dem Bild von der „Banalität des Bösen" zu erklären versucht hat, ist von Kritikern vorgeworfen worden, sie hätte damit das Inferno verharmlost. Das mag richtig oder falsch sein. Doch zumindest im Kleinen könnte der Begriff stimmen. Denn was „Staatsdiener" anrichten, hat zumeist banale Ursachen. Sie begehen selten Schandtaten, verursachen aber oft Betriebsunfälle. Für den geschädigten Bürger macht es freilich keinen Unterschied, ob ihm aus böser Absicht oder aus Nachlässigkeit Unrecht geschehen ist.

Die Verfassungsrichter versuchten, diese Grauzone aufzuhellen. Sie nannten die Entscheidungen gegen Inge Hoff „willkürlich".[7] Doch darin liege kein „subjektiver Schuldvorwurf" gegen die Richter der unteren Instanzen. Voraussetzung für die „Feststellung der Verfassungswidrigkeit" sei nicht subjektive, sondern objektive Willkür. Als „angemessen" gilt danach eine Maßnahme nur dann, wenn zwischen dem Schaden für den Einzelnen und dem Nutzen für die Allgemeinheit kein offenkundiges Missverhältnis besteht.[8]

Mit dem Hinweis auf mögliche „Unangemessenheit" rückten die Richter dem Phänomen der Willkür zu Leibe. Sie leiteten den Begriff aus dem Gleichheitssatz in Artikel 3 des Grundgesetzes her. Was dieses Prinzip bedeutet, haben Generationen von Verfassungsrichtern immer wieder betont: dass „Gleiches gleich und Ungleiches seiner Eigenart entsprechend verschieden zu behandeln" sei.[9]

Aus diesem Obersatz zogen die Roten Roben zwei Schlussfolgerungen. Die eine besagt: Das Gebot sei verletzt, „wenn wesentlich Gleiches willkürlich ungleich" behandelt wird. Den zweiten Gedanken muss der Laie zweimal lesen. Danach liegt ein eklatanter Verfassungsverstoß auch dann vor, wenn „wesentlich Ungleiches willkürlich gleich behandelt wird".[10] Das heißt: Manches darf gerade nicht um der scheinbaren Gleichheit willen über einen Leisten geschlagen werden.

Auf der Basis dieser ständigen Rechtsprechung lag für die Karlsruher Richter „offen zu Tage", dass die Versteigerung in Michelstadt erkennbar den wohlverstandenen berechtigten Interessen von Inge Hoff „unerträglich zuwiderlief" und daher „eine der Sachlage eindeutig unangemessene Maßnahme war".

Die Methode, mit der die höchsten Richter der Republik an die Odyssee von Inge Hoff herangingen, legte eine verblüffende Erkenntnis nahe: Ganz offenkundig reagieren Laien, wenn sie ihrer Empörung Luft machen, oft viel weniger abwegig, als Juristen meinen. Was der Durchschnittsbürger sagt, wenn ihm bürokratischer Schwachsinn geschildert wird, hat jeder im Ohr: „Das kann doch nicht wahr sein." Da schwingen eigene Erfahrungen mit. Im konkreten Fall erwies sich: Das Rechtsempfinden der Laien funktionierte, wie so oft, besser als das der Profis.

Jeder, dem derlei widerfährt, kann von Glück sagen, wenn die oberste Instanz das Gleichgewicht wiederherstellt. Doch das ist nicht die Regel. Oft genug begegnen dem Normalverbraucher Richter des Typs, an dem Inge Hoff verzweifelte – sture Formalisten wie die in Darmstadt und Frankfurt. Wer an solchen scheitert, kann nur noch resignieren. Er hat die Subjektivität des Urteilens kennengelernt. Er weiß nun, dass Recht mehr oder weniger Glückssache ist. Doch was fängt er mit dieser Erkenntnis an? Sie macht ihn reifer, doch Trost spendet sie nicht.

Das Urteil in Sachen Inge Hoff enthielt noch einen weiteren Kerngedanken: Bei der Bestimmung dessen, was als „gleich" oder „ungleich" angesehen werde, seien dem Richter (ebenso wie dem Gesetzgeber) „gewisse äußerste Grenzen gezogen". Er überschreite sie dann, wenn sich für seine Abwägung „sachlich zureichende, plausible Gründe nicht mehr finden lassen".[11]

Plausibilitätskontrolle durch die Öffentlichkeit

Genau besehen ist „Plausibilität" der Schlüssel für die Beziehungen zwischen Bürger und Staat. Er besagt, dass sich die Rechtswissenschaft in der Demokratie nicht als Geheimwissenschaft begreifen darf. Er besagt, dass Amtsjuristen Begründungspflichten haben. Und er besagt, dass alles, was die Rechtsanwender tun, für den Rechtsadressaten nachvollziehbar sein muss. Seine Kraft schließlich bezieht der Satz aus der Uridee von Demokratie, die im Artikel 20 des Grundgesetzes ihren Ausdruck findet: „Alle Staatsgewalt geht vom Volke aus."

Daraus folgt wiederum, dass alle Organe des Staates und ihre Repräsentanten (Abgeordnete, Beamte und Richter) „einer Legitimation" bedürfen, „die sich auf die Gesamtheit der Bürger als Staatsvolk zurückführen lässt".[12] Das Volk ist der Souverän, ihm sind mithin Parlamente, Behörden und Gerichte Rechenschaft schuldig. Was diese drei Gewalten tun, muss sich, so das Verfassungsgericht, an den „besonderen Wertentscheidungen des Grundgesetzes" messen lassen – und sie haben sich der Plausibilitätskontrolle durch die Öffentlichkeit zu stellen. Plausibilität ist in diesem Kontext keine Kategorie der Jurisprudenz, sondern ein Maßstab der Alltagssprache und der Alltagslogik.

Der Gedankengang, mit dem die höchsten Richter den Fall Inge Hoff auffächern, erscheint so plausibel, dass sich der Leser ihrer Begründung unwillkürlich fragt, warum nach drei Instanzen erst die letzte zu diesem Schluss kommt. Die Karlsruher Prüfer beginnen mit einer naheliegenden Frage: Was bezweckt eine Zwangsversteigerung? Antwort: Sie dient dazu, einen „unteilbaren" Gegenstand durch einen „teilbaren" zu ersetzen – ein „unteilbares" Haus wird in „teilbares" (verteilbares) Geld verwandelt.[13] Den Roten Roben machte es – im Gegensatz zu den Vorderrichtern – keine Mühe, sich vorzustellen, was der Bürger, der einen solchen Antrag stellt, letztlich damit erreichen will: Er erwartet, „dass ein vernünftiger Erlös" erzielt wird. Der müsse nicht der „denkbar günstigste sein", aber „immerhin eine Auseinandersetzung noch sinnvoll erscheinen" lassen.

Sehende Laien und betriebsblinde Richter

Bei Inge Hoff wurde die Prozedur, die der Staat aus gutem Grund durch einen „Hoheitsakt" in geregelte Bahnen lenkt, zu einem Lotteriespiel. Sie hatte sich berechtigterweise – den amtlich geschätzten Verkehrswert ihres Miteigentums zugrunde gelegt – eine Summe von etwa 60 000 DM ausgerechnet; doch diese verringerte sich durch den Zuschlag auf etwa 150 DM. Dieses Desaster hätte nach Ansicht des Verfassungsgerichts der Rechtspfleger verhindern müssen, indem er die Antragstellerin darüber aufklärte, was sein Zuschlag auf das Gebot von 2000 DM für sie eigentlich bedeutete. Nach Ansicht der höchsten Instanz hätte die schlichte Frau „infolge ihrer rechtlichen und wirtschaftlichen Unerfahrenheit eines entsprechenden Hinweises bedurft".

Verblüffend an diesem Vorgang war die Betriebsblindheit aller Gerichtsinstanzen, die vorher mit der Sache zu tun hatten. Die hohen Richter in Karlsruhe mussten ihren Kollegen, die schließlich auch vom Fach waren, erst die Augen für einen Skandal öffnen, den Normalsterbliche auf Anhieb und ohne Nachhilfe erkannt hatten. Die oberste Instanz stellte klar, dass Inge Hoff nach Bauernfängerart geprellt worden war – ja dass sich „ohne deren vorherige Aufklärung Recht in Unrecht verkehrte".[14]

Und die höchstrichterliche Anmerkung, dass sich der Schutz des Eigentums gerade für den sozial Schwachen durchsetzen müsse, bezog ihre Legitimation aus einem gewichtigen Verfassungssatz – einem, der leicht in Vergessenheit gerät. Er steht in Artikel 20 des Grundgesetzes: „Die Bundesrepublik Deutschland ist ein demokratischer und sozialer Bundesstaat" – wohlgemerkt auch ein „sozialer".

Ein CDU-Konto namens „Zaunkönig"

Die Mühe schließlich, die sich das Gericht mit der Definition von „Willkür" gegeben hat, zahlte sich jahrzehntelang aus. Immer wieder nahmen die „Weisen von Karlsruhe" Bezug auf das Leiturteil, letztmals als sie eine Klage der CDU zurückwiesen. Der Bundestagspräsident hatte die Parteienfinanzierung wegen des Spendenskandals in Hessen gekürzt.[15] Es ging um Millionen. Die Bundes-CDU musste büßen, weil ihr hessischer Landesverband ein Schwarzgeldkonto unter dem Namen „Zaunkönig" in Liechtenstein unterhalten und die Erträge „wahrheitswidrig als Vermächtnisse von jüdischen Mitbürgern deklariert" hatte.[16]

Die Verfassungsrichter billigten, dass der Bundestagspräsident die Schlawiner bestraft und ihnen den Geldhahn zugedreht hatte. Seine Maßnahme diente, so die Begründung, dem „Schutz eines Verfassungsgutes", in diesem Fall dem „Transparenz- und Publizitätsgebot", dem alle politischen Parteien zu gehorchen hätten. Wenn eine diese Pflicht verletze und dafür bestraft werde, liege darin keine „Verletzung des Willkürverbots".[17]

Von dem Begriff geht eine verführerische Wirkung aus. Damit er nicht zu kleiner Münze verkommt, ist Sensibilität vonnöten. Wie schwierig es ist, Fälle von Willkür dingfest zu machen, hat das

Gericht schon in seinen Anfangsjahren erkannt. Es hielt damals
fest: „Fehler" allein reichten nicht aus. Der angefochtene Rechtsakt
müsse gleichsam unheilbar krank sein. Diese Diagnose sei dann
angezeigt, wenn eine Maßnahme die Gebote des Grundgesetzes
auf nicht nachvollziehbare Weise ignoriert und ganz offensichtlich
„auf sachfremden Erwägungen" beruht.[18]

Der Rechtsstaat ist besser als sein Ruf

Dieser Grundgedanke war das Startsignal. Er zieht sich wie ein
roter Faden durch die Karlsruher Rechtsprechung, die sich bemühen muss, die Spreu vom Weizen zu sondern. Tatsächlich schreit
mancher „Willkür", um dem tatsächlichen oder vermeintlichen
Unrecht, das ihm geschieht, Nachdruck zu verleihen. Es spricht
für den Rechtsstaat, dass die Verfassungsrichter solche Grenzüberschreitung nur selten aufspüren. Sie haben mehr zu tun mit
dem Nachweis, dass es keine war.

Ihre Meßlatte liegt hoch. Manches, das Bürger zu Recht aufregt,
lassen sie passieren. So sehen sie die Grenze zur Verfassungsverlet-
zung noch nicht überschritten, wenn zum Beispiel Verwaltungs-
richter ärztliche Gutachter nach anderen Kriterien einschalten als
Sozialrichter, wenn also beide verschiedene „Kausalitätsmaßstäbe"
anlegen. Da die Verfassung den Richtern Unabhängigkeit garan-
tiere, sei die Rechtspflege nun einmal „konstitutionell uneinheit-
lich". Darin allein liege noch kein Verstoß gegen das Willkürverbot.

Dasselbe bekamen drei Christdemokraten aus Bonn zu hören.
Sie waren wegen ihrer Mitgliedschaft in der „Scientology Church"
aus der CDU ausgeschlossen worden. Dies sieht die Satzung der
Partei vor. Doch damit wollten sich die drei Sektenanhänger nicht
zufriedengeben. Sie zogen vor den Kadi – und scheiterten in Karlsruhe. Die Verfassungsrichter hielten es nicht für grob unbillig oder
willkürlich, dass hier dem Gestaltungswillen der Partei höhere
Bedeutung als der Glaubensfreiheit der Beschwerdeführer beigemessen worden sei.[19]

Schutz vor Willkür genießen freilich auch Zeitgenossen, die viele
nur mit der Feuerzange anfassen möchten. So musste die Öffent-

lichkeit ein BGH-Urteil zugunsten der NPD zähneknirschend hinnehmen. Nach einem Bericht des ARD-Magazins „Report" über rechtsradikale Umtriebe hatte die Sparkasse dem sächsischen Landesverband der NPD das Girokonto gekündigt. Darin sah der Bundesgerichtshof (BGH) einen Verstoß gegen das „Willkürverbot": Solange das Verfassungsgericht die Partei nicht verboten habe, dürfe sich das Geldinstitut zur Rechtfertigung der Kündigung nicht auf eine verfassungsfeindliche Zielsetzung der NPD berufen.[20]

Wenn Sünder und Schwache anklopfen

Zu großer Form wiederum liefen die Karlsruher Verfassungshüter auf, als es um die Persönlichkeitsrechte eines vielfachen Betrügers ging. Der Delinquent saß in der Justizvollzugsanstalt Mannheim. Ein Gutachter hatte festgestellt, er leide an einer Persönlichkeitsstörung. Das Oberlandesgericht Karlsruhe wollte einen weiteren Sachverständigen zurate ziehen. Als der U-Häftling seine Mitwirkung verweigerte, wurde er zwangsweise für sechs Wochen in die Psychiatrie eingewiesen.

„Willkür", befanden die Verfassungsrichter. Sie verwiesen auf das im Grundgesetz (Artikel 2, Absatz 1) verbürgte Persönlichkeitsrecht. Die „Erhebung und Weitergabe von Befunden über den Gesundheitszustand, die seelische Verfassung und den Charakter eines Menschen" sind danach grundsätzlich verboten. Eine Zwangsbeobachtung sei unstatthaft, wenn der Betroffene seine Mitwirkung verweigere. „Denn eine solche Maßnahme liefe auf die Umgehung des verfassungsrechtlich garantierten Schweigerechts des Beschuldigten hinaus."[21]

Es sieht so aus, als ob Sünder und Schwache in Karlsruhe nicht vergeblich an die Tür klopften. Auch das Urteil zugunsten von Inge Hoff bewegte sich im Rahmen dieser bürgerfreundlichen Rechtsprechung. Die Verfassungsrichter machten hier ihrem Ruf, dass sie – anders als viele Kollegen – die Wirklichkeit nicht aus dem Auge verlieren, alle Ehre. Sie zeichneten noch einmal nach, wie im konkreten Fall die Fronten wirklich verlaufen waren – mit einer deutlichen Rüge für das Frankfurter Oberlandesgericht.

Nach Karlsruher Einschätzung stand den „wohlverstandenen berechtigten Interessen der im übrigen vermögenslosen und auf Sozialhilfe angewiesenen Beschwerdeführerin" die Raffgier des Exmannes gegenüber; er habe keinen Anspruch darauf gehabt, den Miteigentumsanteil seiner früheren Ehefrau unter Wert zu erwerben.[22]

Die Frankfurter Oberlandesrichter fielen in Karlsruhe durchs Examen – ihnen wurde mangelnde juristische und mangelnde sittliche Reife attestiert. Mit dem hanebüchenen Hinweis auf die „günstige Gewinnchance", die dem Mann entgangen sei, hatten sie sich im Ton vergriffen, ja, genau besehen, sich selbst disqualifiziert. In Wirklichkeit ging es, so ihre strengen Gegenleser, um den erbärmlichen Versuch, „das Grundstück für einen Schleuderpreis als Alleineigentum zu bekommen". Das Verdikt aus Karlsruhe zu dieser krummen Tour war unmissverständlich. Nach Ansicht der höchsten Richter „durfte kein staatliches Organ die Hand dazu reichen".

ZUM VATER VERDAMMT
Wenn das Recht der Realität hinterherhinkt

Die Frage, ob ein heimlicher Vaterschaftstest strafbar, geduldet oder erlaubt sein soll, entzweit die
Gesellschaft – und die Zunft der Juristen. Der Streit
ist symptomatisch für die Dehnbarkeit des Rechts.
Wenn Gefühle dominieren, ist auf Gesetze kein
Verlass. Sie verändern mit jedem Gezeitenwechsel
der Politik ihre Ziele und Inhalte.

Der Brief des Labors brachte Klarheit. Horst Gentsch erfuhr, was
er seit Langem wissen wollte. Trotzdem tat der Befund weh. Er
hatte die Wahrheit zwar geahnt, aber nun schlug sie ihm doch
aufs Gemüt. Im Gutachten stand: „Nach der DNA-Analyse ist mit
hundertprozentiger Sicherheit ausgeschlossen, dass der Spender
der einen Probe der Vater des Spenders (oder der Spenderin) der
zweiten Probe ist." Die eine, ein Speichelabstrich, stammte von
ihm, die andere, eine Haarwurzel, von dem Knaben, den er zehn
Jahre lang für seinen Sohn gehalten hatte.

Als er begann, die Hiobsbotschaft zu begreifen, ahnte er noch
nichts von den Wechselbädern, die ihm bevorstanden. Er lernte
die Vieldeutigkeit von Gesetzen kennen – und die akrobatischen
Kunststücke bei ihrer Auslegung. Er sah staunend zu, wie der
Vaterschaftstest zum Spielball weltanschaulicher Kontroversen
wurde. Doch er war nicht nur Opfer, sondern zugleich Zeitzeuge,
der sich die Augen rieb. Er begriff, dass Recht oft zum Punkt auf
einer Zeitskala schrumpft, dass es immer nur Teil einer dialektischen Entwicklung ist – ständig im Wandel begriffen.

Der Glaube, dass er der Vater des Kindes sei, war Gentsch nach
und nach abhanden gekommen, ganz allmählich hatten sich die
Zweifel eingenistet. Auslöser war seine Schwester Erika, die ihm
den Haushalt führte. Sie hatte öfter mal gestachelt: „Bist du sicher,

dass Markus dein Kind ist?" Irgendwann begann die Saat des Argwohns aufzugehen.

Gentsch rekapitulierte: Außer dem Schwur der Mutter, dass er der Einzige gewesen sei, gab es keinen Beleg für seine Vaterschaft. Tatsächlich hatte es zwischen ihm und seiner Kollegin Nina eine Affäre gegeben, voller Leidenschaft, aber von kurzer Dauer. Eines Tages – sie waren für sein Gefühl schon eine Ewigkeit auseinander – rief sie an und bat um ein Treffen. Im Café erfuhr er, dass sie schwanger sei – und er der Vater. Gentsch glaubte ihr. Nach der Geburt zögerte er deshalb keinen Moment, Markus – offiziell – als seinen Sohn anzuerkennen.

Er sah ihn von Zeit zu Zeit, aber der Junge blieb ihm fremd. Das Gerede von Erika trieb ihn um – doch den letzten Anstoß gab ein Zeitungsbericht. Dort stand, dass es leicht geworden sei, sich Gewissheit zu verschaffen – durch eine private DNA-Vaterschaftsanalyse für ein paar hundert Euro. Der Gedanke ließ ihn nicht mehr los. Als der Sohn mal über Nacht blieb, nutzte Erika die Gunst der Stunde.

Sie half Markus bei der Morgentoilette. Dabei riss sie dem Jungen ein paar Haare aus. Ob zufällig oder geplant, behielt sie für sich. Jedenfalls wanderte die „Beute" mit einer Speichelprobe von Gentsch ins Labor. Das Resultat, an dem nicht zu rütteln war, lag wenig später auf seinem Schreibtisch – und er merkte, wie es bei der Lektüre in ihm zu rumoren begann. Er hätte nicht gedacht, dass ein Gutachten ihn so aus dem Gleichgewicht bringen könnte.

Tücken des Rechts

Das Geheimnis war gelüftet. Wie wenig ihm das nützte, merkte er schnell. Denn seine Exfreundin Nina zeigte sich uneinsichtig. Sie stritt empört jeden „Mehrverkehr" ab. Was in ihr vorging, blieb rätselhaft. Entweder log sie ohne jeden Skrupel, oder sie hatte ihre Vergangenheit perfekt verdrängt. Schon denkbar, dass eine Frau, die nicht genau weiß, von wem ihr Kind stammt, an einer Legende bastelt, die sie schließlich selber glaubt. Vielleicht wirkte auch bei Nina solch ein barmherziger Selbstschutz.

Gentsch blieb nur der Weg zum Gericht. Als er beim Anwalt saß, bekam er eine erste Kostprobe von den Tücken des Rechts. Die naheliegende Annahme, dass er nun die Frau verklagen müsse, die ihn getäuscht hatte, erwies sich als Irrtum. Er musste etwas Absurdes tun, nämlich gegen Markus vorgehen. Gegner in so einem Prozess, lernte er, ist das Kind, um dessen Herkunft gestritten wird. Die verkehrten Fronten verfolgten ihn bis in den Schlaf. Was wie eine Formalie daherkam, stellte die Realität völlig auf den Kopf. Als er die ersten Schriftsätze zu Gesicht bekam, merkte er, wie die Juristensprache die Rollen pervertierte. Plötzlich war nur noch die Rede von „dem Beklagten" und von seiner „gesetzlichen Vertreterin".

Ein schmuddeliger Umweg

Gentsch musste sich daran gewöhnen, dass Markus, ein harmloser Knabe, nun „Beklagter" hieß. Als dessen „gesetzliche Vertreterin" erschien in den Schriftsätzen Nina, die seine eigentliche Gegnerin war. Sie hatte nicht redlich gehandelt. Es gab ja außer ihm mindestens noch einen weiteren Beischläfer. Hatte sie den Finger in den Wind gehalten, einen als Vater ausgesucht und dann ihm das Kind untergeschoben? Zu seiner Überraschung (und der vieler anderer) kam sie nun als Prozesspartei überhaupt nicht vor. Sie zog allerdings, wie er zu spüren bekam, die Fäden im Hintergrund.

Der Prozess lief schnell in eine Richtung, die Gentsch ganz und gar nicht gefiel. Die Gegenseite argumentierte, die Analyse sei heimlich und daher rechtswidrig zustande gekommen; diese Eigenmächtigkeit verstoße gegen das „informationelle Selbstbestimmungsrecht" des Beklagten; ohne dessen Zustimmung – die nicht erteilt werde – könne das Gutachten nicht verwertet werden. Gentschs Anwalt bestätigte diese Ansicht. Er hatte Gentsch Hoffnungen von Anfang an gedämpft; nun belehrte er ihn, dass der Testbefund nicht mal einen „Anfangsverdacht" begründe, der das Gericht zu weiterem Handeln verpflichte.

Als Gentsch klagte, war die Lage aussichtslos. Zwar konnte die Wissenschaft eine Vaterschaft hundertprozentig ausschließen –

doch das Recht verschloss sich diesem Fortschritt. Heimliche Analysen wurden nicht anerkannt, offizielle nur selten angeordnet. Diese juristische Abstinenz verharrte im Gestern, im vorwissenschaftlichen Zeitalter, das nur einen Weg der Anfechtung kannte – einen schmuddeligen Umweg.

Wenn der Scheinvater vor Gericht Erfolg haben wollte, musste er Dinge tun, die jeden Ehrenmann anwidern: an der Reputation der Frau kratzen, in ihrem Intimleben schnüffeln – und andere Liebhaber ausfindig machen, die in der Empfängniszeit ebenfalls mit ihr geschlafen hatten.

Justiz als Marionettentheater

Wozu dieser Zwang führt, erfuhr Gentsch im Laufe seines eigenen Prozesses. Da er genau wusste, dass Markus einen anderen Vater haben musste, erhob sein Anwalt die sogenannte „Mehrverkehrs-Einrede". Diesen Schritt empfand die Gegenseite, wie deren Reaktionen zeigten, als Kriegserklärung. Doch das Duell mit Nina bekam, weil sie sich eines Stellvertreters bediente, skurrile Züge.

Was sich hinter der Sprache der Juristen verbarg, hieß im Klartext: Nina verteidigte sich nicht selbst – sie schickte Markus vor. Pikant, wenn der Sohn die Seitensprünge der Mutter bestreiten muss. Offenkundiger kann Fremdsteuerung nicht sein. Gentsch durfte keine Sekunde vergessen, dass Markus, den er gar nicht angreifen wollte, nun offiziell sein Gegner war – tatsächlich aber das Sprachrohr seiner Mutter. Er war Ninas Medium. Sie legte ihm die Worte in den Mund.

Formal korrekt, ließ der Gegenanwalt – nicht im Namen von Nina, sondern im Namen von Markus – das Gericht wissen: Ich, der Sohn, bin überzeugt, dass meine Mutter in der Empfängniszeit mit keinem anderen geschlafen hat als mit dem Mann, den ich nach wie vor für meinen Vater halte.

Jeder Beteiligte wusste, dass die Behauptung nicht stimmte. Doch der Gegenbeweis, der schwarz auf weiß vorlag, wurde aus dogmatischen Gründen nicht akzeptiert. Im Namen von Markus, den natürlich keiner gefragt hatte, trug der Anwalt vor: Der Junge nehme den Laborbericht nicht zur Kenntnis, weil er ohne seine Einwilligung zustande gekommen war. Und in Fortsetzung dieser Fiktion ließen die Ideengeber Markus sagen: Die heimliche DNA-Analyse verletzt mein Selbstbestimmungsrecht; sie ist deshalb rechtswidrig und darf nicht verwertet werden.

Kein Wort stammte von „dem Beklagten" selbst. Er war die Marionette, der jeder Stichworte zuflüsterte: seine Mutter, deren Anwalt und letztlich auch die Richter. Sie redeten über den Kopf des Jungen hinweg, den keiner gefragt hatte. Ein Aspekt ging dabei völlig unter: Ob diese Strategie dem „Wohl des Kindes" dient – oder nicht vielmehr dem „Wohl der Mutter"?

Grundsatzurteile aus Karlsruhe

Der Prozess Gentsch ist ein unauffälliger Dutzendfall, nirgendwo abgedruckt. Doch er gehorchte einem Drehbuch, das die ständige Rechtsprechung schrieb – und er glich haargenau einem der beiden Musterprozesse, die der Bundesgerichtshof (BGH) im Januar 2005 entschieden hatte.[1] Die Grundlagen für eine Vaterschaftsklage, die Karlsruhe nannte, sahen auf den ersten Blick sogar vielversprechend aus. Als sich der Held unserer Geschichte in die Urteile vertiefte und die Begründungen las, war er zunächst ganz hoffnungsfroh gestimmt.

Der Mann, hieß es, müsse „konkrete Umstände vortragen, die bei objektiver Betrachtung geeignet sind, Zweifel an seiner Vaterschaft zu wecken". Hatte er das nicht getan? Und ließ sein Gutachten nicht auch (wie vom Gericht gefordert) „die Abstammung des Kindes von einem anderen Mann als nicht ganz fernliegend erscheinen"?

Doch bei der weiteren Lektüre erkannte Gentsch, dass die BGH-Urteile viel Ähnlichkeit mit Radio-Eriwan-Witzen haben: im Prinzip ja, im Detail nein! Er durfte gute Gründe vortragen, sie wurden aber nicht anerkannt. Die höchstrichterliche Lehre besagte im Endeffekt: Der einzige wirklich brauchbare Beweis sei zwar eine DNA-Analyse, doch sie dürfe, wenn heimlich zustande gekommen, nicht verwertet werden. Sie galt als rechtswidrig. Damit war sie ein

Nullum, das dem Familienrichter nicht mal erlaubte, selbst einen Vaterschaftstest in Auftrag zu geben.

Die Fälle der Leidensgenossen, die es bis zum BGH geschafft hatten, waren repräsentativ für das Rechtsproblem. Der eine Kläger kam aus Hildesheim: Geburt der „Tochter" im Oktober 1994, Beweisstück ein Kaugummi. Der andere Kläger war in Jena zu Hause: Geburt seines „Sohnes" im Januar 1986, Prozessbeginn 2001, Beweisstück ein Haar. Als das BGH-Urteil erging, war dieser „Beklagte" bereits volljährig.

Schillernde Begriffe

Was die Bundesrichter von sich gaben, war fern von dieser Welt. Eine Mutter hatte sich geweigert, das DNA-Gutachten „nachträglich zu genehmigen und in seine Verwertung einzuwilligen". Der BGH nahm das hin, ohne nach den Motiven zu fragen. Das Nein, das jede weitere Aufklärung verhinderte, löste noch nicht mal einen „die Anfechtungsklage begründenden Anfangsverdacht" aus. Mit einem früheren Votum des Verfassungsgerichts, das in vergleichbaren Fällen die „Vorenthaltung erlangbarer Informationen"[2] streng gerügt hatte, setzte sich der BGH nicht auseinander.

Gentsch absolvierte einen Crashkurs in Sachen Vaterschaftsanfechtung. Er sah ein, dass geprüft werden muss, ob die DNA-Analyse auf unzulässige Weise in die Intimsphäre des Kindes eingreift. Doch das „informationelle Selbstbestimmungsrecht", das immer wieder zitiert wurde, kam ihm wie eine Worthülse vor. Klar war: Es ging stets um genetische Daten – und um die Frage, wer sich betroffen fühlen durfte. Die Mutter war außen vor, an ihrem genetischen Material hatte sich niemand vergriffen. Der Vater gab seine Daten ohnehin frei. Es drehte sich einzig und allein um das vom BGH traktierte „Selbstbestimmungsrecht" des Kindes – eine Zauberformel, die Neugier weckte.

Was versteckte sich hinter diesem Begriff? War er ein Wert an sich? Oder musste er von Fall zu Fall konkretisiert werden. Anders als der BGH, der ihn wie ein Versatzstück hin- und herschob, erklärte das Verfassungsgericht, was darunter zu verstehen ist: Es sei die „Befugnis des Einzelnen, grundsätzlich selbst zu entscheiden, wann und innerhalb welcher Grenzen persönliche Lebenssachverhalte offenbart werden".[3] Oder anders: Jeder Bürger darf allein und ausschließlich über seine sensiblen Daten verfügen, gleichsam über „die Geheimnisse des Ichs".

Zum Beispiel: Wie krank oder gesund einer ist, ob er fremd geht oder schwul ist, ob er ein Vermögen angehäuft hat oder Schulden – das alles geht in der Regel keinen Dritten etwas an. Die Daten der Intimsphäre sind geschützt. Doch bei der (korrekt durchgeführten) Vaterschaftsanalyse wurde nur ein Geheimnis gelüftet: Das Kind erfuhr im schlimmsten Fall, wer als Erzeuger nicht infrage kam. Verletzte die Kenntnis dieser Wahrheit wirklich das Selbstbestimmungsrecht des Kindes?

Mutterwohl statt Kindeswohl

Durfte dabei die „gesetzliche Vertreterin", deren Befangenheit ins Auge sprang, das letzte Wort haben? Wer glaubte, dass sie sehenden Auges an der Aufklärung eigener Fehlhandlungen mitwirken würde, war fahrlässig naiv. Es lag auf der Hand, dass sie nur das Ziel haben konnte, ihre Irrungen und Wirrungen zu verschleiern. Der Selbsterhaltungstrieb ließ ihr nur diese Option. Das Gesetz sprang ihr dabei zur Seite: Nach dieser Logik musste sie eigentlich nur ihr Geheimnis zum schützenswerten Geheimnis des Kindes erklären.

Gentsch stand mit seiner Skepsis nicht allein. Die Interessenkollision war hier mit Händen zu greifen. Wenn eine nichteheliche Mutter die DNA-Analyse ohne Widerstand hinnahm, schadete sie sich dadurch selbst: Indem sie auf juristische Finessen verzichtete, ließ sie der Wahrheitsfindung freien Lauf – und musste die Folgen tragen. Fest stand: Sie und ihr Kind hatten, so weit es um die Frage der Herkunft ging, unterschiedliche, wenn nicht sogar entgegengesetzte Interessen.

Um zu vermeiden, was die Juristen den „bösen Schein" nennen, verbietet das Recht normalerweise, dass einer „zween" Herren dient (also „pro" und „contra" in ein und derselben Sache vertritt). Der Gedanke, der dahintersteht, ist zwingend: Wer selbst betroffen ist, kann niemals uneigennützig für andere entscheiden. Ein Anwalt, der das nicht beachtet, muss sogar mit einer Anklage wegen Parteiverrats rechnen.

In den beiden Grundsatzurteilen aus Karlsruhe, die indirekt auch das Schicksal von Horst Gentsch besiegelt hatten, schwebten die Bundesrichter, so schien es ihm, hoch in den Wolken, weitab von der profanen Realität. Sie hielten ungeniert fest: Das Kind habe auch ein schutzwürdiges Interesse, seinen „gesetzlichen Status als Kind des Klägers gerade nicht in Frage stellen zu lassen".

Das hieß in zynischer Offenheit: Das Kind hat einen Anspruch darauf, dass ihm der Zahlvater erhalten bleibt – nach dem Motto: besser ein falscher als keiner! In Heller und Pfennig umgerechnet, geht es um ein kleines Vermögen. Gentsch addierte, was im Fall des Scheinvaters aus Jena (mit dem inzwischen volljährigen Sohn) zusammenkam. Wenn der Mann nur 350 Euro im Monat gezahlt hatte, waren das am Ende 75 000 Euro – ein Batzen Geld.

Die Botschaft, die von den beiden BGH-Urteilen ausging, elektrisierte die Öffentlichkeit. Der Plan der Bundesregierung, heimliche Vaterschaftstest unter Strafe zu stellen, heizte die Diskussionen zusätzlich an. Diese Idee versandete zwar, aber das Thema blieb in aller Munde. Schon beim Stichwort „Heimlichkeit" taten sich Fronten auf. Die Gegner des Verfahrens wollten Diagnosen, die ohne Wissen und ohne Erlaubnis der Betroffenen zustande gekommen sind, am liebsten verteufeln.

Heimliche Zeugung, heimlicher Test

Die Befürworter hielten die DNA-Analyse für einen Akt legitimer Neugier. Sie warfen den Gegnern doppelte Moral vor – und regten an, über Ursache und Wirkung nachzudenken: Bevor der Vater einen heimlichen Test in Auftrag gebe, müsse die Mutter schon heimliche Fakten gesetzt haben. Auf ihrer Seite sei mithin Vergleichbares geschehen – eine heimliche Zeugung, eine heimliche

Kindesunterschiebung und eine unheimliche Dauerlegende. Das Recht verbiete zwar, Gleiches mit Gleichem zu vergelten, hindere aber keinen, Kausalitäten zu benennen. Wenn Amoralität auf der Waage liege – auf wessen Seite neige sie sich mehr?

Allmählich rückte eine wesentliche Frage, die zunächst vernachlässigt worden war, ins Zentrum der Auseinandersetzungen: Wie werden die Menschen mit den Beschädigungen fertig, die sie sich gegenseitig zufügen? Tatsächlich verändert die Wahrheit, wenn sie herauskommt, das Leben aller Beteiligten. Kein Fall gleicht dem anderen. Pauschal gesagt: Der Scheinvater wird, wenn er ausnahmsweise vor Gericht obsiegt, im besten Fall erleichtert sein; im schlimmsten krankt er ein Leben lang an der Täuschung. Ob er oder das Kind seelische Wunden davontragen, hängt von der Intensität ihrer Beziehung ab.

Nicht nur der misstrauische Vater – auch ein erwachsenes Kind kann den Familienfrieden stören. Wenn es nach der Wahrheit forscht, werden Konflikte eigener Art erzeugt. Darüber meditierten die Verfassungsrichter im Fall einer jungen Frau, die von der Mutter wissen wollte, wer ihr wahrer Vater ist. Sie bejahten den Anspruch der Tochter und relativierten ihn im selben Atemzug: indem sie fragten, wie sinnvoll eine Anfechtung sei, „wenn und solange die Ehe der Mutter intakt ist".[4] Immerhin habe ihr Mann von einer Anfechtung abgesehen und damit „gegenüber dem Kind seiner Frau alle Pflichten übernommen, die das Gesetz ihm als Vater auferlegt".

Das Fiasko des Hildesheimers und des Jenaer Scheinvaters in Karlsruhe und das Scheitern von Horst Gentsch in der Provinz rückten zwei Defizite der Justiz ins Scheinwerferlicht: Phantasielosigkeit und Realitätsverlust.

Man muss nicht viel von Psychologie verstehen, um zu erkennen, dass eine ganz bestimmte Person die Frage, ob der Vaterschaftstest das Selbstbestimmungsrecht des Kindes verletzt, mit Sicherheit nicht objektiv beantworten konnte – das war die befangene Mutter. Darüber hinaus zeigte sich an diesem Konflikt die Mehrdimensionalität des Rechts. Es kommt ohne fremde Disziplinen – hier etwa die Kinderpsychologie und die Jugendfürsorge – nicht aus;

es gehorcht immer den Zwängen des Zeitgeists und wechselnden politischen Mehrheiten.

Wer immer zu entscheiden hat, der Gesetzgeber oder der Richter – er muss versuchen, eine neutrale Perspektive zu finden. Vielleicht indem er sich vorstellt, wie ein unabhängiger Sachwalter vorgehen würde. Ein „Anwalt des Kindes", den Familienrechtler seit Langen fordern, könnte diese Funktion übernehmen. So einer würde als Erstes wohl nach den „Schutzgütern" fragen. Denn: Ob das „Wohl des Kindes" durch eine Aufklärung über seinen wahren Vater verletzt wird, hängt von mehreren Faktoren ab – vom Alter, von der Psyche, vielleicht auch vom Intelligenzgrad. Ein guter Kinderanwalt würde versuchen, diese Fragen im Diskurs mit Sachverständigen und Angehörigen zu klären.

Wer das Kind, um das es geht, nicht zum Objekt degradieren will, muss ihm ein Mitspracherecht einräumen. Beim Streit ums Sorgerecht ist stets eine Anhörung vorgesehen – warum nicht auch hier? Unterstellt, ein fürsorglicher „Anwalt des Kindes" spräche anstelle und im Interesse des Kindes. Wenn er prüfen müsste, was nützt oder schadet, würde er wohl nach den Erkenntnissen der Wissenschaft fragen: Was sagen Psychologen, Mediziner und Pädagogen zum Thema? Die Verfassungsrichter hatten schon früher ihren Beitrag abgeliefert: „Die Kenntnis der Herkunft bietet dem Einzelnen wichtige Anknüpfungspunkte für das Verständnis und die Entfaltung der eigenen Individualität."[5]

Die Heimlichkeit der Analyse kann nicht das einzige Kriterium für ein Verwertungsverbot sein. Einem Volljährigen, dessen Abstammung ohne Erlaubnis untersucht wurde, stünde es frei, über die rechtswidrige Vorgeschichte hinwegzusehen und das Ergebnis trotzdem zu akzeptieren. Bei Minderjährigen könnte ein Richter den Mangel heilen. Wegzaubern lässt sich die Analyse ohnehin nicht. Der Eigendynamik und der Überzeugungskraft, die einem wissenschaftlichen Gutachten innewohnen, kann sich auf Dauer keiner entziehen.

Nach einer bedrückenden Phase des Stillstands gab es in Karlsruhe einen zaghaften Schritt nach vorn. Das Bundesverfassungsgericht löste den Widerspruch zwischen Rechts- und Naturwissenschaft zwar nicht gänzlich auf. Aber es näherte sich einer Lösung. Im Februar 2007 erging ein Grundsatzurteil. Es enthält zwei Forderungen. Erstens: Der Bundestag muss Versäumnisse reparieren und ein Gesetz zur Feststellung der Vaterschaft verabschieden.[6] Zweitens: Ein heimlicher Vaterschaftstest ist und bleibt rechtswidrig.

Die Karlsruher Weisen betonen, dass ein Mann Zweifel an seiner Vaterschaft zwar durch ein Gengutachten beseitigen könne. Dieser Weg sei „jedoch allein vom Willen anderer abhängig und rechtlich verschlossen, wenn Kind oder Mutter ihre Einwilligung verweigern". Das Votum führte in Berlin zu neuen Überlegungen. Die Linie steht nun fest: Vater, Mutter und Kind sollen künftig jeweils gegenüber den anderen Familienangehörigen einen „Anspruch" auf Klärung der Abstammung haben. Nach diesem Konzept müssen alle Betroffenen dem Gentest zustimmen. Wenn sich einer weigert, kann das Familiengericht seine Mitwirkung erzwingen.

Horst Gentsch verfolgte diese Entwicklung mit ungläubigem Staunen – und mit ein bisschen Neid. Wenn diese Ansprüche schon zu Zeiten seines Konflikts gegolten hätten, wäre er nicht so erbärmlich gescheitert. Nina war eine intelligente Frau. Sie hätte es auf eine Klage gar nicht erst ankommen lassen. Sie hätte offengelegt, wer der Vater ist – oder dem Test zugestimmt.

Nur jeder Fünfte ist nicht der Vater

Mancher Politiker in Berlin würde den heimlichen Vaterschaftstest, den das Verfassungsgericht für rechtswidrig erklärte, nun am liebsten auch noch unter Strafe stellen. Wer so argumentiert, übersieht leichtfertig, dass die Heimlichkeit sogar eine Schutzfunktion haben kann. Eine bestechende Idee aus Stuttgart wurde weder in Karlsruhe noch in Berlin aufgegriffen. Der baden-württembergische Justizminister hatte zu bedenken gegeben: Ein heimlicher Vaterschaftstest sei im Hinblick auf das Kindeswohl und den Familienfrieden die familienschonendste Maßnahme. In mindestens 80 Prozent der Fälle stelle sich nämlich heraus, dass der rechtliche auch der biologische Vater sei.

Tatsache ist: Der zweifelnde (verheiratete) Vater erschüttert mit seinem Misstrauen die Grundfesten einer – intakten – Familie. Wenn sich herausstellt, dass das Kind laut Test wirklich von ihm stammt, war die Heimlichkeit der Prozedur sogar ein Segen. Die Harmonie der Familie wurde nicht gestört. Wenn er nicht der Vater ist, hat er die Wahl. Er kann um des Friedens willen die Wahrheit für sich behalten, er kann sie aber auch vor Frau und Kind ausbreiten – und damit vielleicht eine Lawine lostreten. Wie sich die Beziehung zum Kind entwickelt, hängt davon ab, ob er bereit ist, die Rolle eines „sozialen" Vaters anzunehmen.

Das Kindeswohl wurde bisher gänzlich ausgespart. Wie wichtig ist es für ein Kind, seinen biologischen Vater zu kennen? In welchem Alter ist es aufnahmebereit für die Wahrheit? Wer garantiert, dass die Aufklärung einfühlsam erfolgt? Nimmt das Recht die Folgen einer falsch verstandenen Fürsorge billigend in Kauf – etwa den Schock, den ein Kind erleidet, wenn es durch Zufall hinter den Betrug kommt?

Die Ohnmacht des Rechts

Wer entscheidet, muss stets zwei Güter gegeneinander abwägen: das „informationelle Selbstbestimmungsrecht" und das „Recht auf Kenntnis der eigenen Abstammung".[7] Aufgehoben wurde der Widerspruch in Karlsruhe nicht, allenfalls abgemildert – ein kleiner Fortschritt. Selbst von dem können Väter wie Horst Gentsch kaum noch profitieren. Sie sind Verlierer eines Rechts, das gestern galt – und Opfer eines ideologischen Krieges. In solchen Konflikten hat Karlsruhe – ausnahmsweise – nicht das letzte Wort. Da geben, wie beim Schwangerschaftsabbruch und der Sterbehilfe, die politischen Streithähne keine Ruhe.

Es dauert mitunter lange, bis sich die Lücke zwischen Recht und Realität endgültig schließt. Horst Gentsch und seine Leidensgenossen haben den Blick auf die Grenzen des Rechts gelenkt: Es kann letztlich nichts dagegen tun, wenn sich zweifelnde Männer bei Labors in Straßburg oder Amsterdam Gewissheit holen. Und kein Richter der Welt kann verhindern, dass ein Scheinvater dem

Kind die unbestreitbare Wahrheit verrät. Hinter dem Unwillen, diese Ohnmacht zu erkennen und zu akzeptieren, verbirgt sich eine Lebenslüge der Zunft.

Ein Recht, das fundierte wissenschaftliche Fakten an Formalien scheitern lässt, bringt sich um seine Autorität. Die Individualpsychologie spricht im vergleichbaren Fall von Realitätsverlust.

3

STERBEN DÜRFEN
Wenn der Staat noch am Totenbett den Vormund spielt

Das Recht zeigt sich außerstande, auf den Beginn und auf das Ende des Lebens angemessen zu reagieren. Wenn das Wort „Sterbehilfe" fällt, sind Juristen und Politiker, Mediziner und Theologen elektrisiert. Doch die Existenzfrage eint nicht – sie spaltet. Die Antworten verwirren; es gibt keine, an der sich die Menschen orientieren können.

Bettina Korge aus Braunschweig widerfuhr, wovor jeder Angst hat. Sie verunglückte – und vegetierte dann als lebendiger Leichnam dahin. Niemand erbarmte sich. Sie war verdammt, gegen ihren Willen weiterzuleiden. Das deutsche Recht lässt, wie sich an ihrem Schicksal zeigte, Menschen nicht in Würde sterben.

Bettina Korge betrieb mit ihrem Mann Ulrich eine Hundepension. Im April 2002 passierte der Unfall. Sie stürzte ungeschickt, schlug mit dem Nacken auf einen Blumenkasten und brach sich das Genick. Bettina Korge überlebte. Sie kam in eine Klinik und wurde dort zwei Jahre lang behandelt – ohne Erfolg. Dann kapitulierten die Ärzte und entließen sie nach Hause. Seitdem war sie ein Pflegefall: vom Kopf abwärts gelähmt, künstlich ernährt, an ein Beatmungsgerät angeschlossen.[1]

Bettina Korge begriff sich als Wrack, aber der Kopf funktionierte. Sie wusste genau, was sie nicht wollte: ewiges Siechtum. Allmählich reifte ihr Entschluss. Sie überzeugte Mann und Tochter. Im November 2004 stellte sie beim zuständigen Bundesinstitut für Arzneimittel ihren Antrag: Die Behörde möge ihr erlauben, 15 Gramm des Präparats Natriumpentobarbital zu erwerben. Jedermann wusste: Das war die tödliche Dosis eines hochwirksamen Barbiturats. Sie machte aus ihrer Selbstmordabsicht auch keinen Hehl.

Die Bundesbehörde verweigerte die Genehmigung. Bettina Korge legte Anfang 2005 Widerspruch ein. Als auch der abgelehnt wurde, ließ sich die Todkranke, die kaum noch transportfähig war, in die Schweiz bringen. Dort nahm sie sich mithilfe der Sterbehilfeorganisation Dignitas das Leben. Ihr Witwer reichte Klage vor dem Verwaltungsgericht Köln ein, um die Rechtswidrigkeit der Ablehnung feststellen zu lassen. Sein Antrag wurde im März 2006 zurückgewiesen. Begründung: Er sei nicht befugt, die Rechte seiner verstorbenen Frau geltend zu machen; ein möglicher Anspruch auf Genehmigung könne nicht vererbt werden.[2]

Doch zugleich machten die Richter deutlich, dass es den „möglichen Anspruch" gar nicht gibt: Das Betäubungsmittelgesetz sehe eine Ausnahmeerlaubnis für die Abgabe so eines Barbiturats nur bei medizinischer Notwendigkeit vor – zu therapeutischen Zwecken, nicht etwa zur Beendigung des Lebens. Es waren nicht wenige, die sich mit Bettina Korge identifizierten. Alle mussten lernen, dass ihnen der Staat am Ende des Lebens nicht hilfreich zur Seite steht, sondern ungerührt zusieht, wie sie sich quälen. Die Ohnmacht schockierte. Wer sanft entschlafen will, hat in Deutschland keine Chance.

Ein Begriff, der nicht eint, sondern entzweit

Wie viele Menschen darüber verzweifeln, weiß keiner. Bekannt ist nur, dass jedes Jahr, wie das Statistische Bundesamt dokumentiert, rund 11 000 freiwillig aus dem Leben scheiden, 73 Prozent Männer, 27 Prozent Frauen. Ihr Tod wird diskret verschwiegen. Bisweilen meldet die lokale Presse spektakuläre Fälle, etwa wenn ein Selbstmörder den Bahnverkehr lahmgelegt hat. Das passiert 169-mal im Jahr. 121 Männer und 48 Frauen werfen sich vor einen Zug.

Sie versetzen Triebwagenfahrern einen Schock fürs Leben. Sie fügen ihren Angehörigen, die ins Leichenschauhaus gerufen werden, seelische Qualen zu. Wer einen – verstümmelten – Toten identifizieren muss, wird womöglich selber krank. Doch das Recht lässt den Bedauernswerten, die sich umbringen wollen, wenig Raum.

Sie hängen sich auf, sie springen aus dem Fenster, sie verbluten in der Badewanne.

Wenn das Stichwort „Sterbehilfe" fällt, sind Juristen und Politiker, Theologen und Philosophen elektrisiert. Doch es ist ein Thema, das nicht eint, sondern entzweit. Und es gibt gute Gründe dafür, den Diskurs nicht allein den Experten zu überlassen. Ein Urideal der Menschen erfüllt sich hier auf eine fast makabre Weise: Vor dem Tod sind alle gleich. Und alle haben ähnliche Ängste. Nur fünf Prozent sterben „schnell und plötzlich". Doch 80 Prozent wünschen sich ebendiesen Tod.[3] Die Tendenz, diesen Traum zu verwirklichen, womöglich dem Schicksal nachzuhelfen, wird zunehmen – je älter die Menschen werden, umso mehr.

Jeder kann an sich selber feststellen, dass auf Fragen zum Tod – zunächst – nicht der Verstand antwortet, sondern das Gefühl. In der zweiten Phase, wenn es realistisch um die Vorsorge geht, schälen sich zwei Haltungen heraus. Der eine Menschentyp ist – wie auch sonst im Leben – eher geneigt, die Dinge passiv auf sich zukommen zu lassen, der andere plant aktiv voraus. Selbst der Passive, für den der Suizid nie eine Alternative wäre, begreift allmählich eine Notwendigkeit: Er muss, wenn er nicht zum Ende an einer lebensverlängernden Maschine hängen will, zumindest eine Patientenverfügung treffen.

Nicht strafbar, aber „rechtswidrig"

Der Aktive, der allein entscheiden will, wann er friedlich von dannen geht, stößt an ungewohnte Grenzen. Er kann sein Problem beschreiben, aber nicht aus eigener Kraft lösen. Er ist nicht der Typ des klassischen Selbstmörders. Er hat nie daran gedacht, seinen Schwierigkeiten feige zu entfliehen. Doch er will, wenn er krank oder einfach nur müde ist, den Zeitpunkt und die Form seines Endes selbst bestimmen. Mit diesem Wunsch trifft er auf eine unbarmherzige Verständnislosigkeit.

Bettina Korge fand mit Schweizer Hilfe ihre Ruhe. Hierzulande wäre sie elend verreckt. Das deutsche Recht lässt sich von den Qualen einer Sterbenden nicht sonderlich rühren. Es erweist sich, sobald es um den Freitod geht, als unzulänglich. Richter reden am Thema vorbei und bleiben weit hinter dem Erkenntnisstand der Nachbarwissenschaften zurück. Es sieht so aus, als ob sie den Sterbewunsch nicht an sich heranlassen wollten. Sie benehmen sich zudem unprofessionell. Statt über das in der Verfassung verbürgte Grundrecht auf Menschenwürde nachzudenken, faseln sie über das Betäubungsmittelgesetz.

An sich bestehen über die Rechtslage keine Zweifel. Selbstmord ist in der Bundesrepublik nicht strafbar, wird aber gleichwohl als „rechtswidrig" eingestuft. Das ist eine windige Konstruktion, die Richtern einfällt, wenn sie einen Delinquenten zähneknirschend laufen lassen müssen. Sie können ihn zwar nicht ins Kittchen schicken, rücken ihn aber ins Zwielicht. Es ist kein Zufall, dass sie mit diesem dialektischen Salto – keine Strafe, aber moralisches Unwerturteil – auch den legalen Schwangerschaftsabbruch stigmatisieren.

Wie sich zeigt, ist die Rechtswissenschaft außerstande, auf den Beginn und auf das Ende des Lebens angemessen zu reagieren. Alle Interpretationen sind gefühlsbeladen oder verfehlen auf befremdliche Weise das Thema. Vor diesem Hintergrund spielte sich seit einem halben Jahrhundert auch die höchstrichterliche Rechtsprechung ab. Was der Bundesgerichtshof (BGH) 1954 zum Thema absonderte, fließt immer noch in die Urteile des hohen Hauses ein – bis heute.

Das ominöse „Sittengesetz"

Das Uralt-Urteil des Großen Senats für Strafsachen rekapitulierte christliche Wertvorstellungen: Jeder Selbstmord werde vom „Sittengesetz", hieß es damals, „streng missbilligt". Niemand dürfe „selbstherrlich über sein eigenes Lebens verfügen und sich den Tod geben". Gnädig fügten die Richter ihrem Verdikt ein „allerdings" hinzu: Der Selbstmordversuch werde ebenso wie die Teilnahme daran in unserem Recht nicht mit Strafe bedroht. „Eine solche" wäre angesichts der Tragik des Geschehens, meinen sie, „auch fehl am Platze".[4]

Vom „Sittengesetz", das die Altvorderen strapazierten, reden auch ihre Nachfahren in den roten Roben immer wieder mal ganz gern. Dieses viel apostrophierte „Etwas" zeichnet sich durch ein Charakteristikum aus: Es lässt sich nirgendwo dingfest machen. Es ist ein dialektischer Notbehelf – ein bequemer Ersatz für nicht vorhandene seriöse Gründe. Wann immer der Begriff auftaucht, sollten Alarmglocken schrillen. Es besteht der dringende Verdacht, dass Richter auf diesem Umweg ihre private Moral zur allgemeinen Norm erklären wollen.

So relativ wie das Sittengesetz sind alle Botschaften zum Thema „Sterben". Was die Rechtsprechung zur Sterbehilfe sagt, ist fein gesponnen – und von der Realität Lichtjahre entfernt. Die lebensfremde Theorie besagt: Wenn der Sterbewillige das Wasserglas mit Gift, das ihm ein Angehöriger auf den Nachtisch stellt, selbst ergreift und austrinkt, begeht er in freier Entscheidung Selbstmord, die Mitwirkung daran ist straflose Beihilfe.[5]

Mit einem Bein im Gefängnis

Sobald jedoch ein Angehöriger das Glas zum Mund des Todkranken führt, handelt es sich um Tötung auf Verlangen – Strafandrohung: sechs Monate bis fünf Jahre. Obendrein verlangen die Gerichte, dass ein Selbstmörder, der überlebt, ohne Rücksicht auf seinen Letzten Willen gerettet werden muss, selbst wenn er schon irreparabel geschädigt ist. Jeder, der den Notschrei des Sterbenden respektiert, macht sich der unterlassenen Hilfeleistung schuldig, ein Angehöriger kann sogar wegen eines Tötungsdelikts angeklagt werden.

Die juristischen Konsequenzen sind, wie so oft, ziemlich ungerecht. Wer die Fallstricke nicht kennt und ehrlich zugibt, wie es wirklich war, oder sich nur ungeschickt ausdrückt, steht mit einem Bein im Gefängnis. Wer weiß, worauf es ankommt, und „das Richtige" sagt, bleibt unbehelligt. Genau besehen sind solche Differenzierungen nichts weiter als intellektuelle Gedankenspiele. Sie meditieren über den zweiten Schritt, ohne zu sagen, wie der erste verlaufen soll. Alle Rechtsgelehrten tun so, als ob das Gift schon da wäre. Doch diese Hypothese ist irreal. Weder der Sterbewillige noch seine Angehörigen können sich in Deutschland auf legale Weise Gift besorgen. Das letzte Grundsatzurteil des BGH spiegelt die Absurdität des Rechts und den hilflosen Umgang mit der Materie wider: eine Mischung aus Milde und Strenge.[6]

Angeklagt war ein Schweizer Theologe, der Frau Dr. Teichmann, einer Berliner Ärztin, das Barbiturat in Basel besorgt hatte. Die Frau, die an Multipler Sklerose im Endstadium litt, konnte sich nicht mehr bewegen. Wegen ihrer Sehschwäche brauchte sie eine Leselupe, die ihr zum Schluss aus den Händen fiel. Sie hatte in monatelangen Diskussionen ihren Ehemann davon überzeugt, dass er sie „gehen lassen" müsse.

Beide wandten sich an den Angeklagten, der 1982 in der Schweiz eine Vereinigung gegründet hatte, die sich für die „Freiheit selbstbestimmten menschenwürdigen Sterbens" einsetzte. In den Jahrzehnten ihres Bestehens engagierte sich der Pfarrer dreihundertmal als „Freitodbegleiter" – so auch bei Frau Dr. Teichmann. Er hatte sie in Berlin besucht und ein Gutachten abgeholt, das die Unheilbarkeit der Krankheit bescheinigte. Dieses Dokument übergab er in Basel dem Vertrauensarzt des Vereins, der wiederum das Rezept ausstellte.

Mit dem tödlichen Barbiturat fuhr der Angeklagte zu Frau Dr. Teichmann nach Berlin zurück. Er löste es in einem Glas Wasser auf. Sie war nach drei Minuten bewusstlos – und starb im Verlauf der nächsten halben Stunde. Bei dem BGH-Urteil in dieser Sache springt die Diskrepanz der Argumente ins Auge. Die Bundesrichter räsonieren einerseits über läppische Randfragen („unerlaubte Einfuhr") und beschreiben andererseits auf eindrucksvolle Weise genau den Tod, den sich jeder wünscht.

Ihre Darstellung des medizinischen Ablaufs verrät, dass es eine bislang wenig bekannte Form des friedlichen Sterbens gibt. Das Urteil erklärt, sachkundig beraten, wie Natriumpentobarbital wirkt: Es werde normalerweise bei einer Dosierung bis zu 100 Milligramm als Schlafmittel verschrieben, gelegentlich auch als Antidepressivum. In hoher Dosierung führe dieses Mittel jedoch zu einem sicheren, vom Einnehmenden allerdings schon nicht mehr wahrgenommenen Tod. Zunächst trete, ähnlich wie bei einer Narkose, „eine Ausschaltung des Bewusstseins und erst danach eine tödliche Atemlähmung ein, wobei im Regelfall 3 g des Mittels die für einen Erwachsenen tödliche Dosis darstellen". Vorsichtshalber werden aber offenbar zehn bis 15 Gramm verabreicht.

Die Richter zitieren den angeklagten Sterbehelfer, der das Medikament „geradezu ideal geeignet" nenne. Es führe zu einem „sanften" Tod – „insbesondere im Vergleich zum Zyankali, welches beim Einnehmenden zwar ebenfalls zum schnellen Tode führt, aber zuvor noch bei Bewusstsein des Sterbenden schwere krampfartige Schmerzen auslöst".

Zum Objekt herabgewürdigt

So eindrucksvoll derlei Kenntnisse und Erkenntnisse auch immer sein mochten – sie führten trotzdem nicht zu einem klaren Resultat. Zwar kam der Angeklagte mit der mildesten Strafe davon, die das deutsche Strafrecht kennt – einer Verwarnung. Der Richterspruch räumte auch ein, dass die Vorschriften zum Umgang mit Betäubungsmitteln nicht den Selbstmord, sondern den Rauschgiftmissbrauch im Auge haben. Doch zu der Aussage, dass der Sterbewillige nicht Neben-, sondern Hauptfigur ist und den Schutz der Rechtsordnung verdient, konnten sich die obersten Strafrichter der Republik nicht durchringen.

Wenn es um den Tod geht, ignorieren alle, dass es eherne Prinzipien gibt, die das Verhältnis von Bürger und Staat betreffen. Das Bundesverfassungsgericht verkündet ständig: Der Bürger dürfe nie und nimmer zum Objekt staatlichen Handelns herabgewürdigt werden.[7] Keiner merkt, dass ebendies am Ende des Lebens geschieht. Hier wird der Bürger bevormundet. Der „sanfte Tod", den die Medizin möglich macht, bleibt ihm – da ist er nur noch „Objekt" – unbarmherzig verschlossen.

Das Recht ist verworren – und jeder Fall anders. Bei Juristentreffen erzählen Richter, die von Amts wegen mit der Materie zu tun haben, extreme Beispiele, um ihren jeweils individuellen Standpunkt zu untermauern. Wozu engstirniger Verfolgungseifer führt, hatten Staatsanwälte im Süden der Republik bewiesen. Sie brachten einen Mann vor Gericht, der seine Frau von ihren Qualen erlöst hatte. Der Strafprozess endete mit einem Freispruch, der als Ravensburger Urteil in die Rechtsgeschichte eingegangen ist.

Der Fall war symptomatisch. Die todkranke Patientin hatte in einer kleinen Notiz gefleht: „Ich möchte sterben, je schneller desto besser", ihr Zustand sei „nicht mehr erträglich". Es war ein Hilferuf, den im Krankenhaus niemand hören wollte. Die Leidende wurde gegen ihren Willen künstlich beatmet. Schließlich machte ihr Ehemann, der sie aufopfernd gepflegt hatte, der Qual ein Ende: In einem günstigen Moment schaltete er die Maschine ab.

Ein „echter" Liebesdienst

Dafür musste er vor den Kadi. Nach Ansicht der Staatsanwälte hatte er eine strafbare „Tötung auf Verlangen" begangen. Ihre absurde Anklage: Seine Ehefrau sei eine Stunde nach dem Abschalten gestorben, „bei Weiterbeatmung" hingegen hätte sie „noch mindestens 24 Stunden gelebt". Auf die meisten Betrachter wirkte der Freispruch befreiend. Der Fall zeige in ergreifender Weise, kommentierte die „Juristenzeitung", dass Sterbehilfe auch ein echter Liebesdienst sein könne.

Als Liebesdienst kann sich freilich auch die Verweigerung der Sterbehilfe erweisen. Gegner beschwören einen Fall, der ebenfalls zu denken gibt. Der Patient war ein 21-Jähriger mit tödlichem Liebeskummer. Er schoss sich am Aschermittwoch in den Kopf, weil ihn seine Freundin verlassen hatte. „Bei völlig klarem Bewusstsein", so notierte der Chirurg, „verweigerte er jeden operativen Eingriff."

Der Arzt setzte sich über den momentanen Willen hinweg, „der Heilverlauf verlief glatt, vom Sterben war nicht mehr die Rede". Nach einigen Wochen habe der junge Mann die Klinik verlassen, „glücklich, dass er gesund geworden war". Das Mädchen hatte er vergessen. In diesem Ausnahmefall trat der Arzt erst nach dem Selbstmordversuch auf den Plan. Normalerweise werden Mediziner vorher um Beihilfe angebettelt. Ob und wann sie das dürfen, hat die Rechtsprechung zu klären versucht – und dazu eine Reihe von Begriffen entwickelt.

„Aktive Sterbehilfe" durch Ärzte, Pfleger oder Verwandte ist verboten und erfüllt den Tatbestand der „Tötung". Etwas anderes ist hingegen die erlaubte „passive Sterbehilfe". Sie bezeichnet das „Unterlassen" lebensverlängernder Maßnahmen, etwa wenn maschinelle Beatmung oder künstliche Ernährung eingestellt werden. „Indirekte Sterbehilfe" gilt als Kompromisslinie; den Ärzten wird nach der ständigen Rechtsprechung des BGH eine effektive Schmerzlinderung gestattet, die den früheren Tod des Schwerkranken in Kauf nimmt.

Eingriff als Körperverletzung

Häufig hat der Mediziner nicht nur das Recht, sondern sogar die Pflicht, seine Arbeit einzustellen. Das ergibt sich aus dem Selbstbestimmungsrecht des Patienten. Der allein darf entscheiden, ob oder wie er behandelt werden will.

Diesen Anspruch wollen viele Mediziner allerdings nicht wahrhaben, denn er beruht auf einer gesetzlichen Konstruktion, die ihr Selbstverständnis berührt. Danach ist auch der kunstgerecht vorgenommene ärztliche Eingriff eine Körperverletzung. Deren Strafbarkeit entfällt nur dann, wenn der Kranke dieser speziellen Behandlung vorher zugestimmt hat. Er kann sie mit einer Patientenverfügung ausdrücklich verbieten.

Doch über deren Verbindlichkeit und Reichweite streiten die Experten – namentlich solche auf den oberen Rängen der Justiz. Die Kontroverse findet zwischen Straf- und Zivilrichtern statt. Ihr Schlagabtausch zeigt aufs Neue, dass die Rechtswissenschaft zu allem Möglichen taugt, nur nicht zu eindeutigen Antworten; sie suggeriert aber unentwegt das Gegenteil. In ihrem ständigen Versuch, eine nicht vorhandene Klarheit und Verlässlichkeit des Rechts vorzugaukeln, liegt eine der Lebenslügen der Zunft.

Lange schien es so, als ob die Patientenverfügung rundherum akzeptiert wäre – ohne rabulistische Vorbehalte. Klaus Kutzer, Pionier einer differenzierten Interpretation, erinnerte an die Grundsatzurteile des Dritten Strafsenats beim BGH, dessen Vorsitzender er war. Danach liegt „erlaubte passive Sterbehilfe" vor, „wenn auf Wunsch des tödlich erkrankten Patienten" lebensverlängernde Maßnahmen eingestellt werden.[8] Der Exrichter, der inzwischen als *die* Autorität auf dem Gebiet der Sterbehilfe gilt, zählte auf, was zum letzten Willen des Patienten gehört: keine Magensonde, keine künstliche Beatmung, keine Reanimation, keine Dialyse, keine Herz und Kreislauf animierenden Medikamente, keine Antibiotika bei Lungenentzündung, keine Notoperation.

„Paternalistische Bevormundung"

Den klarsichtigen Juristen irritierte das Votum der Kollegen vom Zwölften Zivilsenat. Deren Spruch war – eine schlechte Angewohnheit – nach dem Prinzip des „Zwar – aber" konstruiert. Bejaht wurde die Pflicht, der Patientenverfügung zu gehorchen: Die „Würde des Menschen" gebiete, „sein in einwilligungsfähigem Zustand ausgeübtes Selbstbestimmungsrecht auch dann noch zu respektieren, wenn er zu eigenverantwortlichem Entscheiden nicht mehr in der Lage ist".[9] Doch wenige Zeilen später kamen verhängnisvolle Einschränkungen, die Kutzer aufspießte.

Er nannte den Sündenfall der Kollegen beim Namen. Sie hätten, notierte er, „eine weit reichende Ausnahme postuliert": nämlich das Verbot, eine Patientenverfügung umzusetzen, wenn keine „letzte Sicherheit" darüber zu gewinnen sei, dass die Krankheit „einen irreversiblen tödlichen Verlauf angenommen" habe.[10] Im Endeffekt macht dieser Einwand jede Patientenverfügung illusorisch. Denn medizinische Sicherheit wird sich – so Kutzer – „in der Regel nur gewinnen lassen, wenn der Todeseintritt schon absehbar ist". Der Rechtsgelehrte sah in der geschraubten Klausel einen glatten Verstoß gegen das im Grundgesetz verbürgte Selbstbestimmungsrecht des Patienten: eine „paternalistische Bevormundung".

Die Anmaßung, sich selbst am Totenbett noch zum Vormund aufzuspielen, bleibt nicht auf die Zivilrichter des BGH beschränkt. Wenn es ums Sterben geht, schnipst jeder mit dem Finger – und sagt dann: Ich weiß auch noch was. Das Unwesen dominiert: auf

Tagungen und Symposien, bei Ärztefunktionären und Politikern. Chefärzte (in diesem Fall ist das Klischee „Halbgötter in Weiß" sogar legitim) entfesselten immer wieder Diskussionen über „das Alter" von Patientenverfügungen. Sie nahmen sich das Recht heraus, eine, die nicht taufrisch war, einfach zu ignorieren.

Geduldige Juristen mussten sie belehren, dass unser Recht die Bindungswirkung jedes Testaments anerkennt. Es gilt solange, bis es widerrufen oder durch ein neues ersetzt wird. Um ängstliche Ärzte zu beruhigen, empfehlen Experten darüber hinaus, eine Patientenverfügung in regelmäßigen Abständen durch Unterschrift mit Datum neu zu bestätigen. Und hartleibigen Medizinern schreiben sie ins Stammbuch, dass „der strafrechtliche Tatbestand der Körperverletzung erfüllt sein kann", wenn sie sich über den Willen des Patienten hinwegsetzen.[11] Und noch schlimmer für manchen Arzt: Sein Tun ist womöglich „nicht mehr vom Behandlungsauftrag gedeckt", sein „Vergütungsanspruch" entfällt. Das heißt: Einer, der sich über die Patientenverfügung hinwegsetzt, bekommt keine müde Mark mehr.

Ärzte, denen die Konzentration auf juristische Argumente missfällt, ziehen sich auf den Hippokratischen Eid zurück. Der Rechtswissenschaftler Müller-Heidelberg hält das für „eine verquere Argumentation", sie sei „nur aus der Ideologie erklärbar".[12] Wer sich hier auf Hippokrates berufe, wolle andere „für dumm verkaufen". Der Gelehrte erinnerte an den Wortlaut des Eides: „Meine ärztlichen Verordnungen werde ich zum Nutzen der Kranken geben, soweit ich es vermag und verstehe. Was Verderben und Schaden bringt, will ich von ihnen fernhalten."

Wo die Pharisäer zu suchen sind, zeigte sich auch an dem empörten Aufschrei, als die Schweizer Sterbehilfeorganisation Dignitas eine deutsche Niederlassung in Hannover gründete. Der Ruf nach Verboten und Strafen hallte durchs Land. Vertreter des Staates und der Kirchen gaben pathetische Erklärungen ab: „Wir müssen dem Sterben Raum und Zeit geben." Doch für Sterbewillige, etwa für die querschnittgelähmte Bettina Korge, sind solche Sprüche Papperlapapp. Sie erhalten Steine statt Brot.

Das Thema Sterbehilfe ist und bleibt brisant. Was erlaubt und was verboten sein soll, wird vermutlich bis zum Ende aller Tage kontrovers diskutiert werden. Der Nationale Ethikrat dokumentierte in einer umfänglichen Stellungnahme, wie die Fronten verlaufen. Die Empfehlungen des Rats sind ohnehin rechtlich nicht verbindlich. Doch die – teilweise kontroversen – Inhalte zeigen, wie gespalten die Gesellschaft ist, wenn es ums Sterben geht.

Ein Obersatz, der Einigkeit vortäuscht, enthält zum Beispiel nicht mehr als eine juristische Binsenweisheit: „Jeder Patient hat das Recht, eine medizinische Maßnahme abzulehnen. Dies gilt auch dann, wenn die medizinische Maßnahme sein Leben verlängern könnte."[13]

Einige Mitglieder des Rats „sehen in der ärztlichen Beihilfe zum Suizid einen Widerspruch zum ärztlichen Ethos und lehnen es deshalb ab, sie berufsrechtlich zuzulassen". Andere Mitglieder wollen eine Beihilfe erlauben, „sofern ein unerträgliches und unheilbares Leiden des Patienten vorliegt". Sterbehilfeorganisationen wie Dignitas, auf die viele Sterbende und ihre Angehörigen setzen, stießen auf geballten Widerstand im Ethikrat: „Der überwiegende Teil der Mitglieder lehnt die Etablierung einer organisierten Vermittlung der Beihilfe zum Suizid in Deutschland ab."

Und nicht nur das: „Gegebenenfalls sollte ein strafrechtliches Verbot erwogen werden." Das heißt im Umkehrschluss: Wenn es nach dem Ethikrat geht, müssen Sterbewillige weiterhin – wie Bettina Korge – in die Schweiz reisen. Der 66. Deutsche Juristentag, der im September 2006 nach dem Ethikrat tagte, machte dagegen einen Schritt nach vorn. Die Mehrheit der Strafrechtler wollte zumindest den ärztlich assistierten Suizid möglich machen.[14] Doch das bleibt vorläufig reine Theorie, denn die Bundesärztekammer lehnt ihn strikt ab.

Immer dann, wenn Leidenschaften auflodern, wenn sich unversöhnliche Lager gegenüberstehen, wie beim Schwangerschaftsabbruch und bei der Sterbehilfe, wird besonders deutlich, dass weder die Rechtswissenschaft noch die Politik imstande ist, eindeutige Antworten zu geben. Im Frühjahr 2007 formierten sich Fronten im Bundestag. Sie liegen weit auseinander. Die einen plädieren für ein absolutes Selbstbestimmungsrecht des Patienten, die anderen wollen ihn am Ende seines Lebens bevormunden.

Doch egal, was immer Richter und Professoren dazu publizieren, was immer (knappe) politische Mehrheiten beschließen – in Fragen wie diesen wird das Recht unkalkulierbar bleiben. Die Geschichte und die Erfahrung lehren, dass sich politische Mehrheiten in Intervallen ändern – und mit ihnen die „herrschende" Meinung. Und nirgendwo schlagen die subjektiven Gefühle von Richtern mehr durch als bei den Existenzfragen des Lebens.

Da ist von Bedeutung, wie die zuständigen Robenträger (nur jeder Dritte hat selbst eine Patientenverfügung niedergelegt) über Sterbehilfe denken. Forscher der Universität Köln befragten dazu alle Vormundschaftsrichter Deutschlands. Zwei Antworten verraten, was die Bürger der Republik von ihnen zu erwarten haben, wenn sie zum Beispiel über den Abbruch einer ärztlichen Behandlung befinden müssen.

Die Hochschullehrer stellten zwei Aussagen zur Wahl. Die erste: „Ich finde, dass es eine Möglichkeit geben muss, das Leben unheilbar Kranker straffrei zu beenden, wenn ein Patient dies ausdrücklich wünscht." Die zweite: „Über Leben und Tod darf nur Gott entscheiden. Das Leben ist heilig und muss es auch bleiben. Keinesfalls darf das Leben vorzeitig beendet werden, auch wenn ein Patient dies ausdrücklich wünscht."[15]

Ergebnis der Studie: 80 Prozent der befragten Richter stimmten der ersten Variante zu. Doch es blieben immerhin 20 Prozent, die sich zum religiösen Credo bekannten. Besser lässt sich der Glücksspielcharakter des Rechts nicht demonstrieren. Sterbewilligen und ihren Angehörigen ergeht es wie beim russischen Roulette. Mit jedem fünften Richter ziehen sie eine Niete.

4

RAZZIA IM SCHLAFZIMMER
Wenn Staatsanwälte übers Ziel hinausschießen

Vor ihrem Zugriff legen Beamte, Staatsanwälte
und Richter Gesetze aus – eng oder weit, wortgetreu oder sinngemäß, progressiv oder konservativ.
Der Spielraum für Interpretationen, „Ermessen"
genannt, ist unendlich groß. Nicht wenige gefallen
sich in der Rolle von Machthabern, die ihre Deutungshoheit bis zur Neige ausschöpfen.

Ob der Staat seine freundliche oder seine hässliche Seite zeigt,
hängt von den handelnden Personen ab. Beamte, die Bürger
schikanieren, repräsentieren ihn ebenso wie Richter, die solche
Übergriffe verurteilen. Das Ansehen geht und kommt wie Ebbe
und Flut: Die Obrigkeit steht schlecht da, wenn sie eine Streitfrage täppisch behandelt; sie gewinnt, wenn sie sichtbar um das
Recht ringt; sie erntet Beifall, wenn sie eine überzeugende Lösung
gefunden hat. Im Idealfall schlägt sich der Zuwachs an Weisheit in
einem klarsichtigen Urteil nieder – dieses letzte Wort wiederum
kommt oft aus der „Residenz des Rechts" (wie der Sitz der Obersten Gerichtshöfe in Karlsruhe genannt wird).

Bürger, die hier obsiegen, freuen sich nicht nur über ihren Erfolg –
sie kehren auch verändert nach Hause zurück. Die meisten haben
auf dem Weg nach Karlsruhe ihre Naivität verloren und gelernt,
dass sie dem Staat mit einem gesunden Misstrauen begegnen sollten. Warum solche Skepsis angebracht ist, mögen zwei Grundsatzurteile zeigen; sie beantworten die Frage, ob und wann sich der
Einzelne Eingriffe in seine Privatsphäre gefallen lassen muss.

Die beiden Fälle haben, so verschieden ihr Hintergrund immer
sein mag, eine Gemeinsamkeit – den Überfall aus heiterem Himmel. Er geschah jedes Mal „von Amts wegen": Uniformierte standen vor der Tür, zeigten einen Durchsuchungsbefehl, drangen in

die Wohnung ein, kehrten das Unterste zuoberst und verschwanden mit oder ohne Beute. Die Opfer des Überfalls fühlten sich wie im Fernsehkrimi.

Doch hier waren sie nicht Zuschauer, die innerlich zustimmen, wenn es dem Filmschurken an den Kragen geht. Nein, hier erlebten sie die Prozedur am eigenen Leibe – und zwar als Albtraum: Einer wühlt im Wäscheschrank, ein anderer sichtet die Bankbelege, ein Dritter ergötzt sich an Fotos und Privatbriefen.

Recht oder Unrecht? In den beiden Fällen hatte der Einbruch in die private Sphäre obskure Gründe. Die Beamten drangen jedenfalls nicht in fremde Wohnungen ein, weil sie einen Verbrecher suchten – und auch nicht, um eine Diebesbeute sicherzustellen. Es ging jeweils um eine abwegige Spielart amtlicher Neugier. Genau besehen waren es Lehrstücke – vor allem für brave Bürger, die gern selbstsicher verkünden, dass ein untadliges Leben vor Eingriffen der Staatsmacht schützt.

Der naive Glaube, dass der gesetzestreue Untertan Staatsanwälte nicht zu fürchten braucht, bekam einen gewaltigen Riss. Gegen solche Alltagskonflikte mit der Obrigkeit ist offenbar keiner gefeit. An ihnen zeigt sich, warum auch der Folgsame und Angepasste dankbar sein muss, wenn er auf den Schutz des Grundgesetzes (GG) zurückgreifen darf.

Amtlich abgesegnete Schnüffelei

Tatsächlich stellte das Verfassungsgericht in beiden Fällen einen Verstoß gegen Artikel 13 GG fest. Dort heißt es kurz und bündig: „Die Wohnung ist unverletzlich." Doch Papier ist geduldig. Manche Staatsdiener nehmen es mit den Bürgerrechten nicht so genau. Wer die zwei höchstrichterlichen Urteile zu lesen bekam, traute seinen Augen nicht. Da wurden Vorfälle geschildert, die jeder vorher für unmöglich gehalten hätte. Staatsanwälte schienen außer Rand und Band geraten. In Karlsruhe bekamen sie für ihre rüden Übergriffe die Quittung.

Die Vorfälle, die den Richtersprüchen zugrunde lagen, lösten in der Fachwelt leidenschaftliche Debatten aus. Bedauerliche Ausnahmen, sagten die einen. Andere widersprachen. Sie hielten das, was da zum Vorschein kam, nur für die Spitze eines Eisbergs.

Von der juristischen Aufarbeitung der Fälle fühlte sich ein breites Publikum angesprochen. Es war einer der seltenen Momente, in denen Urteile nicht nur Unrecht beseitigen, sondern auch die Sehnsucht nach Gerechtigkeit erfüllen – und damit im wahrsten Sinne des Wortes Rechtsfrieden herstellen.

Zum Glück für die Bürger konnten wenigstens die Verfassungsrichter – anders als ihre Kollegen in den Vorinstanzen – offenbar nachfühlen, wie einem unbescholtenen Zeitgenossen zumute ist, der erleben muss, wie Fremde in seinen Sachen wühlen. Infrage stand: Muss der Einzelne hinnehmen, wenn ohne Not amtlich abgesegnete Schnüffelei betrieben wird – von Polizisten, die schließlich auch nur Menschen sind?

Blick ins Schlafzimmer

Was geht in den Opfern einer Razzia vor, wenn die Beamten mit vielsagendem Blick die Reizwäsche der Hausfrau hochheben oder sich über die Kondome des Hausherrn hermachen; wenn sie über alles grinsen, was sie in Nachttischen und Schubladen finden; wenn sie beim Blättern in den Büchern der Bibliothek Erotika entdecken und ihre Kommentare abgeben; wenn ihre Neugier beim Studium der Kontenunterlagen unübersehbar wird; wenn sie Briefe und Tagebücher brockenweise laut vorlesen, natürlich nur, um sich zu vergewissern, ob sie wegen eines etwa strafbaren Inhalts beschlagnahmt werden müssen.

Es bedarf keiner großen Phantasie, um sich mit den Gefühlen der Betroffenen zu identifizieren, denn in fast jeder Wohnung, die überraschend durchsucht wird, finden sich intime Details, die viel oder gar alles über den Menschen verraten – Zeugnisse eines ganz individuellen Lebens, deren Entdeckung aus unterschiedlichen Gründen peinlich ist.

Kein Wunder, wenn bei vielen Betroffenen ein Trauma zurückbleibt – eines, das sich nur wenig von dem unterscheidet, das Menschen erleiden, deren Wohnung von Einbrechern durchwühlt worden ist. Beide Male waren – unbefugt oder befugt – Eindringlinge im Haus. Folge solcher Heimsuchung ist oft, dass sich die Sensiblen unter den Opfern in ihren eigenen vier Wänden nicht mehr zurechtfinden, und mitunter gerät sogar ihre Psyche durcheinander. Schuld daran sind Staatsanwälte, die einen Verdächtigen unbedingt „zur Strecke bringen" wollen und dabei den Sinn für die Proportionen verlieren.

Wie unbekümmert Strafverfolger zuweilen mit diesem Grundrecht des Bürgers umgehen, zeigte sich bereits im ersten der beiden Fälle, die das Verfassungsgericht entschied: Es geschah im rheinischen Ratingen. Eines Morgens stand die Kripo bei Wolfgang Meinecke vor der Tür – mit einem Durchsuchungsbefehl des Amtsrichters. Die Beamten hatten den Auftrag, einen sogenannten Allbereichsempfänger (mit großer Bandbreite) sicherzustellen. Meinecke wurde ein „Verstoß gegen das Fernmeldeanlagengesetz" unterstellt.[1]

Was da in Ratingen geschah, verrät mehr über die Denkweise von Staatsanwälten als über den Rechtsungehorsam von Bürgern. Die Vorgeschichte: Ermittler hatten ein Versandgeschäft gefilzt und waren dabei auf eine Rechnung gestoßen, aus der hervorging, dass Meinecke so ein Gerät gekauft hatte. Dessen Besitz ist zwar nicht mit Strafe bedroht. Doch die Staatsanwälte argwöhnten: „Nach allgemeiner Lebenserfahrung ist davon auszugehen, dass Herr Meinecke das Gerät in betriebsbereiten Zustand versetzt und auch betrieben hat." Was, wenn er das wirklich getan hätte, rechtswidrig gewesen wäre.

Doch der Verdacht fiel in sich zusammen. Meinecke hatte das Gerät nicht gekauft, um verbotenerweise den Polizeifunk abzuhören, sondern weil er bei Auslandsaufenthalten über Kurzwelle deutsche Sender empfangen wollte. Nachdem er seine Reisen belegt und seine Unschuld glaubhaft gemacht hatte, erhielt er das beschlagnahmte Gerät zurück. Für die Gerichte war der Fall damit erledigt.

Auch beim zweiten Verfahren, das in Karlsruhe zu Ende ging, spielte das Denken und Fühlen von Staatsanwälten eine entscheidende Rolle. Hier wurde offenbar, wie sich Experten – nicht anders als Laien – im Dickicht ihrer Vorurteile verheddern. Traurig, aber wahr: Sie vergessen in so einem Moment alles, was sie im Studium gelernt haben. Sie reagieren wie der kleine Mann von der Straße.

Wenn einfache Bürger den „Beklagten" im Zivilrecht mit dem „Angeklagten" im Strafrecht verwechseln, gilt das als Beweis für ihre mangelnde juristischen Bildung. Doch in den besagten Karlsruher Fällen waren es studierte Volljuristen, die das eine nicht vom anderen trennen konnten. Ihr Versagen legt den Verdacht nahe, dass womöglich nicht Defizite des Wissens in die Irre führen, sondern Fehlschaltungen der Psyche. Staatsdiener sind da nicht besser dran als Normalsterbliche. Auch sie folgen bisweilen dem Urtrieb, immer und überall nach strafbarer Schuld zu suchen.

Die Büttel des enttäuschten Liebhabers

Opfer dieser irrigen Haltung war zunächst eine Studentin aus Ludwigshafen. Später geriet auch noch ihr Bruder in die Fänge der Fahnder.[2] Die Staatsanwälte untersuchten nicht einmal, ob sich die „Beschuldigte" bloß danebenbenommen oder ob sie sich auch strafbar gemacht hatte. Klar war, dass es um das Bankkonto eines jungen Mannes ging. Offen blieb, ob seine verflossene Freundin ihm einfach nur Geld schuldete oder ob sie ihn um eine bestimmte Summe betrogen hatte? Staatsanwalt und Richter nahmen, ohne diese Frage zu prüfen, Letzteres an – und machten sich damit zum Büttel des enttäuschten Liebhabers.

Im Nachhinein ist kaum erklärbar, warum den übereifrigen Strafverfolgern nicht sofort aufgefallen war, dass es sich in diesem Fall um eine Affäre handelte, die junge Leute von heute als „Beziehungskiste" zu bezeichnen pflegen. Als Peter Hager eines Tages bei der Polizei auftauchte, um die Studentin Waltraud Waldow wegen „Betruges bzw. Untreue" anzuzeigen, deutete schon der Sachverhalt, den er zu Protokoll gab, in diese Richtung.

Unübersehbar war, dass hier einer seine ehemalige Freundin vor den Kadi bringen wollte. Die beiden waren eine Zeitlang liiert. Er hatte ihr in den Tagen der ersten heißen Liebe bei seiner Bank eine sogenannte Partnerkarte ausstellen lassen. Das heißt: Sie konnte genauso wie er über sein Konto verfügen. Als die Beziehung in die Brüche ging, gab sie die Karte nicht zurück, sondern hob, wie er behauptet, noch einige Monate lang Geld ab; es waren damals – noch zu Zeiten der DM – genau 3300 Mark.

Daraufhin erstattete Peter Hager seine Anzeige. Kein Staatsanwalt kam auf die naheliegende Idee, dass ein enttäuschter Liebhaber versuchen könnte, seinen immateriellen Verlust durch einen materiellen Anspruch zu kompensieren – so wie das Scheidungsgegner tun. Die Wechselbeziehung zwischen Geld und toter Liebe ist eine Binsenweisheit. Doch so ein Streit gehört nicht vor die Straf-, sondern vor die Zivilgerichte.

Denkbar war immerhin, dass Waltraud Waldow begründete Ansprüche in der fraglichen Höhe verrechnen durfte. Vielleicht hatte der Liebste monatelang umsonst bei ihr gewohnt. Oder er war noch seinen Anteil für eine von ihr ausgelegte gemeinsame Reise schuldig. Womöglich hatte sie ihm auch Geld für den Kauf eines Computers geborgt oder die Kosten für die Reparatur seines Autos vorgeschossen.

Ob es so oder anders war, interessierte keine der Amtspersonen. Dabei gab es Umstände, die eine Aufklärung dringend geboten erscheinen ließen. Hager hatte Waltraud Waldow durch seinen Anwalt zur Rückgabe der Karte auffordern lassen. Die Exfreundin schrieb postwendend (zwei Tage später) zurück und begründete ihre Weigerung: Sie habe „einen vertraglichen Anspruch auf Benutzung der Karte"; wenn er anderer Ansicht sei, möge er sie zivilrechtlich verklagen. Die selbstbewusste Antwort machte den zuständigen Staatsanwalt nicht stutzig. Dass Hager den strafrechtlichen Weg bevorzugte, der nicht nur bequemer ist, sondern auch einem etwa vorhandenen Rachebedürfnis entgegenkommt, muss nicht überraschen. Doch warum ihm die Staatsanwälte dabei folgten, bleibt unerfindlich.

Als Polizisten dann eilfertig die Wohnung der abwesenden jungen Frau durchsuchten, fanden sie nichts. Dafür ließen sie einige „Zufallsfunde" mitgehen, wie im Amtsdeutsch Gegenstände heißen, die mit der Sache eigentlich nichts zu tun haben. Deren Wegnahme macht dem Opfer der staatlichen Gewalt seine eigene

Ohnmacht und Hilflosigkeit in der Regel überhaupt erst richtig klar. Da ist es auch kein Trost, wenn, wie im konkreten Fall, den Zufallsfunden im Nachhinein Harmlosigkeit attestiert wird: „Bei der späteren staatsanwaltlichen Prüfung wurde deren fehlende strafrechtliche Bedeutung festgestellt.“

Sippenhaft für den Bruder

Dieser Stempel „Unbedenklich“ kann dem Betroffenen das Gefühl, vergewaltigt und gedemütigt worden zu sein, zumeist nicht mehr nehmen, besonders dann nicht, wenn die Beamten, wie im Fall der Studentin, „bei der Durchsuchung auch einen an sie gerichteten verschlossenen Brief geöffnet und gelesen“ haben. Ein Indiz für die mangelnde Sorgfalt bei der ganzen Staatsaktion war zudem, dass sie einer Kreditkarte galt, die „zur Zeit der Durchsuchung bereits abgelaufen“ war. In ihrer Beschwerde gegen die Maßnahme des Amtsgerichts hielt Waltraud Waldow ein weiteres schwerwiegendes Versäumnis fest: Der Beschluss erwähne mit keinem Wort, auf welche Weise sie eigentlich den Tatbestand der betrügerischen „Untreue“ erfüllt haben solle.

Am Ende schließlich nahm die Suche nach der längst ungültigen Kreditkarte Züge einer Realsatire an. Unversehens war auch der Student Georg Waldow, ein Bruder der Verdächtigen, ins Fadenkreuz der Strafverfolger geraten. An dem Tag, an dem sie mit leeren Händen vor Waltraud Waldows Tür standen, war ihnen plötzlich ein rettender Engel erschienen – ein Wohnungsnachbar, der sich erinnerte, dass der Bruder regelmäßig ihre Post abhole. Blind vor Verfolgungseifer setzten sich die Beamten auf diese neue Fährte. Die Suggestion, kurz vor dem Ziel zu stehen, muss sich auch auf den Ermittlungsrichter übertragen haben. Jedenfalls hatten sie ihm weisgemacht: Er könne „davon ausgehen, dass sich die gesuchte Karte in der Wohnung des Bruders befinde, und da „Gefahr im Verzuge“ sei, müsse er schleunigst seine Einwilligung zur Durchsuchung geben.

Tatsächlich ordnete der Richter daraufhin telefonisch die Durchsuchung der Wohnung von Georg Waldow an – eine Aktion, an die er sich in einem späteren Aktenvermerk für das Verfassungsgericht nur ungern erinnerte. Es sei ein Tag voller Hektik gewesen, alle drei Minuten habe das Telefon geklingelt, andauernd hätten ihn unangemeldet Leute von der Arbeit abgehalten. Im Rückblick erkannte der Richter, „dass die Polizei so ziemlich alles falsch gemacht hat, was man falsch machen kann".[3] Und er wohl auch.

Diese späte Einsicht nützte Georg Waldow nichts mehr. Er hätte sie am Tag seiner Heimsuchung gebrauchen können. Doch da half ihm niemand. Seine Wohnung wurde auf den Kopf gestellt, die gesuchte Karte fand sich aber nicht. Stattdessen notierten die Beamten alle „beim Telefon des Studenten liegenden Aufzeichnungen über dessen Telefonate". Schließlich bekamen sie auch noch ihren Zufallsfund, einen Videofilm mit dem Titel „Seventeen, Teen-Sex" – ein harmloser Streifen, der jedoch beinahe zu einem Verfahren wegen Verbreitung pornographischer Schriften geführt hätte. Um eine nachträgliche Rehabilitierung kämpfte Georg Waldow ebenso wie seine Schwester vergebens.

Ob der Seelenaufruhr, den alle Razzien zurückgelassen hatten, hinterher mit dem lapidaren Satz „geschehen ist nun mal geschehen" abgetan werden konnte, war in Karlsruhe die eigentliche Frage. Tatsächlich hatten die Richter der unteren Instanzen keinerlei Interesse gezeigt, die Rechtmäßigkeit der Amtshandlungen im Nachhinein zu untersuchen. Ihre lapidare Begründung: Die Durchsuchung sei „durchgeführt", also beendet, „die Beschwerde deshalb überholt und unzulässig". Auf diese Weise blieb unbeantwortet, ob Unrecht geschehen war. Ökonomisch gesehen schien diese Reserve sogar vernünftig: Kein Richter konnte noch irgendetwas verhindern – und rückgängig zu machen war auch nichts.

Es blieb ein ungesättigter Rest. Deshalb war in Karlsruhe zu entscheiden, ob die betroffenen Bürger wirklich jedes Anrecht auf eine gerichtliche Kontrolle der Geschehnisse verloren hatten. Es ging im wahrsten Sinne des Wortes um Gerechtigkeit. Denn die nachträgliche Feststellung, dass der Staat rechts- oder gar verfassungswidrig gehandelt habe, machte den amtlichen Übergriff zwar nicht ungeschehen, verschaffte aber dem unschuldigen Opfer wenigstens eine späte Genugtuung.

Für solche Fälle, so zeigte sich, hatten die Schöpfer des Grundgesetzes (GG) vorgesorgt. Artikel 19, Absatz 4 bestimmt: „Wird jemand durch die öffentliche Gewalt in seinen Rechten verletzt, so steht ihm der Rechtsweg offen." Diese Garantie, so die Verfassungsrichter, gewährleiste einen „effektiven und möglichst lückenlosen richterlichen Rechtsschutz"; die unteren Instanzen, die zur Kontrolle der Staatsanwälte aufgerufen seien, hätten dieses Grundrecht nicht, wie geschehen, einfach ignorieren dürfen; ihre Bereitschaft, die Übergriffe unbeanstandet hinzunehmen, sei ein Verstoß gegen das Grundgesetz.

Kritische Kontrolle ist aus Karlsruher Sicht schon deshalb geboten, weil der Ermittlungsrichter, wenn er eine Durchsuchung anordne, „in der Regel ohne Anhörung der Betroffenen" entscheide. Wenn dann auch noch jede nachträgliche Überprüfung entfalle, laufe der im Grundgesetz garantierte Rechtsschutz des Bürgers „weitgehend leer".

Warum die Verfassungsrichter die Beschlüsse in Sachen Allbereichsempfänger und Kreditkarte als willkürlich empfanden, geht aus zwei Passagen hervor. Wolfgang Meinecke zum Beispiel sei mit dem Hinweis auf „die zutreffenden Gründe" der Durchsuchungsanordnung abgespeist worden. Doch danach suche man vergebens, der Beschluss habe keine Gründe enthalten. Waldtraud Waldow schließlich habe im Schriftwechsel mit dem gegnerischen Anwalt gerade betont, dass sie sich für berechtigt halte, die Karte zu benutzen. Damit sei hinreichend belegt gewesen, „dass sie im Besitz dieser Karte war".

Der wahre Qualitätssprung des Urteils liegt in der Fortentwicklung der Bürgerrechte. Die Verfassungsrichter machten Deutschlands Strafverfolgern, Staatsanwälten wie Kriminalbeamten, unmissverständlich klar, dass sich die Strafprozessordnung (mit ihrem Durchsuchungsparagraphen) dem Grundgesetz unterzuordnen hat. Was eine Razzia – angesichts ihres demütigenden Charakters – wirklich bedeutet, steht im Obersatz der Karlsruher Entscheidung: Sie enthalte „einen erheblichen Eingriff in die grundrechtlich geschützte Lebenssphäre des Betroffenen".

Deshalb haben Staatsanwälte, die eine Wohnungsrazzia beantragen, und Ermittlungsrichter, die sie anordnen, seit dem Karlsruher Spruch drei Gebote zu beachten. Erstens: „Die Durchsuchung muss im Blick auf den bei der Anordnung verfolgten gesetzlichen Zweck *erfolgversprechend* sein." Die Methode: Suchen wir mal, irgendetwas wird sich schon finden, verbietet sich damit von selbst.

Zweitens: „Ferner muss gerade diese Zwangsmaßnahme zur Ermittlung und Verfolgung der Straftat *erforderlich* sein." Dies sei nicht der Fall, warnen die Verfassungsrichter, „wenn andere, weniger einschneidende Mittel zur Verfügung stehen". Der Einbruch in die Privatsphäre ist mithin das allerletzte Mittel.

Drittens: Zu beachten sei vor allem der „*Grundsatz der Verhältnismäßigkeit*". Der jeweilige Eingriff müsse „in angemessenem Verhältnis zur Schwere der Straftat und der Stärke des Tatverdachts stehen". Bei Lappalien verbietet sich daher eine Durchsuchung von selbst.

Aus diesen drei Geboten folgt, dass ein Ermittlungsrichter nicht mehr unbesehen unterschreiben darf, was ihm Staatsanwälte vorlegen. Er hat sich eigenverantwortlich davon zu überzeugen, dass die Maßnahme verhältnismäßig ist. Außerdem muss er durch geeignete Formulierungen in seinem Durchsuchungsbeschluss sicherstellen, dass der Grundrechtseingriff begrenzt, messbar und kontrollierbar bleibt. Das heißt: Er muss „Rahmen, Grenzen und Ziel der Durchsuchung definieren".

Alle Urteile zeigen: Die Schutzgarantien für den Bürger, die sich in mehr oder weniger abstrakten Texten des Grundgesetzes niederschlagen, erhalten ihre volle Wirksamkeit erst dann, wenn die Karlsruher Richter einen konkreten Sachverhalt auf die Goldwaage legen. Jedem, der liest, was sie zum Grundrecht auf „Unverletzlichkeit der Wohnung" geschrieben hatten, ist ohne weitere Nachhilfe klar: Nach diesem Stoppsignal kann es Durchsuchungen wie bei Wolfgang Meinecke und Waltraud Waldow künftig nicht mehr geben.

Bei der Beschlagnahme des Allbereichsempfängers würde einem Ermittlungsrichter schon die Begründung schwerfallen. Er müsste überlegen, ob ein Verstoß gegen das Fernmeldeanlagengesetz nicht weit unter der Karlsruher Meßlatte „Schwere der Straftat" liegt. Und eine „Stärke des Tatverdachts" ließe sich mit der allgemeinen Lebenserfahrung des Staatsanwalts (So ein Gerät kauft man nur, um es zu missbrauchen) sicher nicht begründen. Ergo: Auch ein noch so tief verwurzeltes Misstrauen der Obrigkeit gegenüber den Untertanen ist kein Durchsuchungsgrund.

Bei Waltraud Waldow schließlich war klar erkennbar, dass andere, weniger einschneidende Mittel zur Verfügung standen. Mal abgesehen davon, dass die Kreditkarte am Tag der Razzia bereits abgelaufen war – die Staatsanwälte musste das Corpus Delicti nicht suchen lassen, sie wussten, wer es besaß. Sie hätten nur eine richterliche Verfügung auf Herausgabe der Kreditkarte erwirken müssen.

Für Wolfgang Meinecke und Waltraud Waldow gab es ein Happy End. Wer auf die Rationalität des Rechts baut, hält das Ergebnis für selbstverständlich. Wer an der Irrationalität leidet, erlebt eine Sternstunde. Für ihn bricht ein kurzer Moment an, der glauben lässt, dass sich der Traum von einer heilen Welt gerade erfüllt. Weil viele Zeitgenossen das „Untertanenschicksal" der beiden Kläger nachempfunden haben, bekam deren Weg nach Karlsruhe repräsentativen Charakter. Was sie erlebten, sind Lehrstücke des Rechts – Lektionen, von denen alle profitieren können. Der interessierte Zuschauer erfährt ganz beiläufig, wodurch ein Konflikt entsteht, wann daraus eine Prozesssache wird, warum Rechtsfindung mühsam ist und lange dauert und wie der Schlagabtausch von Argumenten zu einem guten Ende führen kann.

„Grob unverhältnismäßig und willkürlich"

Die Lektion bewirkt: Aufmerksam gewordene Bürger horchen auf, wenn wieder mal Durchsuchungen auf dem Terminzettel in Karlsruhe stehen, wie im Oktober 2006. Im schlimmsten Fall hatten Fahnder in Aachen eine Anwaltskanzlei auf den Kopf gestellt. Es ging um zwei Bußgeldbescheide über je 15 Euro. Der Übergriff wegen dieser Lappalie empörte die hohen Richter. Sie nannten das staatliche Fehlverhalten „grob unverhältnismäßig und will-kürlich".[4]

Wenn die höchste Instanz – wie bei allen Durchsuchungen – Ergebnisse präsentiert, die jedem einleuchten, liegt die Frage nahe: Warum nicht gleich so? Urteile, die auf Anhieb überzeugen, ähneln Erfindungen, die durch ihre Einfachheit so verblüffen, dass jeder sagt: Darauf hätte man auch früher kommen können. Doch was am Ende leicht aussieht, kann am Anfang verwickelt und kompliziert gewesen sein. Wenn Amtspersonen den Bürger als Objekt behandeln, dann vielleicht noch nicht mal aus bösem Willen, sondern weil sie es nicht anders gelernt haben. Sie leben noch in der Vorstellung, dass der Bürger alles, was die Obrigkeit tut, schweigend hinzunehmen hat. Diese Ansicht ist zwar nicht mehr herrschende Meinung, aber sie flackert immer wieder auf.

Mithin spiegeln die vielen Stationen eines Gerichtsverfahrens auch die vielen Stationen eines Bewusstseinswandels in der Gesellschaft wider – und nebenbei auch die Erkenntnis, dass es im Recht keine fertigen Antworten gibt, jedenfalls keine eindeutigen. Je weniger präzise eine Vorschrift daherkommt, desto größer ist der Spielraum für Interpretationen. Staatsanwälte, Beamte und Richter legen Generalklauseln und unbestimmte Rechtsbegriffe aus – eng oder weit, wortgetreu oder sinngemäß, progressiv oder konservativ. Da sind der Versuchung, den Gefühlen freien Lauf zu lassen, kaum Grenzen gesetzt. Und nicht wenige gefallen sich in der Rolle von Machthabern, die ihre Deutungshoheit bis zur Neige ausschöpfen.

Versuch und Irrtum

Wenn daraus Missbrauch wird, und das Publikum Übergriffe klaglos hinnimmt, leidet der Staat früher oder später Not. Auch aus Gründen des Gemeinwohls darf sich der Bürger nie zum Objekt staatlichen Handelns degradieren lassen. Das gelingt ihm nur, wenn er den Anfängen wehrt und jede wie immer geartete

Zumutung überprüfen lässt. Die Repräsentanten der öffentlichen Gewalt handeln nach dem Prinzip von Versuch und Irrtum (trial and error). Es liegt in der menschlichen Natur, dass sie ständig testen, wie weit sie gehen dürfen.

Deshalb ist Kontrolle vonnöten. Staatsdiener müssen ständig daran erinnert werden, dass sie „Diener" sind, und die Bürger, mit denen sie es zu tun haben, keine Untertanen. Wer sich schikaniert fühlt, darf die Gerichte anrufen. Die wiederum rügen und korrigieren unverhältnismäßiges Tun. Das Ganze ist ein dynamischer Prozess, der nie endet und immer wieder von vorn beginnt. Selbst das Bundesverfassungsgericht kann keine dauerhafte Sicherheit garantieren. Auch in Karlsruhe gilt: Der Erfolg von heute ist morgen einer von gestern.

5

SELBSTHERRLICHKEIT UND GRÖSSENWAHN
Wenn sich unter der Robe Querulanten verbergen

> Macht verführt. In den Gefilden der Justiz werden die Irrationalismen, die aus den Tiefen der Psyche kommen, mehr verdrängt als anderswo. Ob das Sein wirklich das Bewusstsein bestimmt, will keiner so genau wissen. Der bekannte Satz von Karl Marx gehört nicht zu den geflügelten Worten der Jurisprudenz.

Wenn Richter abheben, leidet der Rechtsstaat. Oft können sie nichts dafür. Sie verändern sich, ohne es zu merken. Macht verführt – und ihre ist nahezu unbegrenzt. Bisweilen trübt diese Omnipotenz auch den Sinn für die Proportionen. Psychologen nennen den Zustand „Déformation professionelle". Die Berufskrankheit wird gemeingefährlich, sobald ein Robenträger anfängt, den Bürger als Objekt zu demütigen und die Oberinstanzen der eigenen Zunft zu verleugnen.

Mitunter überschreitet er sogar die Grenze zwischen Selbstherrlichkeit und Größenwahn. Wenn es schlimm kommt, kollabiert ein ganzes Kollegium. Dann bleibt die Gerechtigkeit auf der Strecke. Opfer so einer kollektiven Verwirrung war Kazimir Görgülü (Name nicht geändert). Er kämpfte um das Sorgerecht für seinen Sohn. „Seine" Richter straften nicht nur ihn mit Verachtung, sondern das Bundesverfassungsgericht gleich mit.

Irgendwann zweifelte Görgülü an seinem Verstand: Hatte er wirklich viermal in Karlsruhe obsiegt? Oder war er einer Fata Morgana aufgesessen? Das Oberlandesgericht (OLG) in Naumburg an der Saale stellte sich blind und taub. Die Richter des XIV. Senats wollten nicht sehen, was offensichtlich war. Sie taten so, als ob die höchstrichterlichen Urteile zu seinen Gunsten nie ergangen wären. Doch er war sich sicher, dass er sie schwarz auf weiß nach Hause getragen hatte.

Wer Anteil nimmt an dieser Odyssee, lernt viel über die irrationalen Kräfte, die dem Recht innewohnen. Der türkische Einwanderer bekam die Bedeutungsschwere einer deutschen Metapher zu spüren – einer, die zwar ziemlich abgegriffen ist, dafür aber in ihrer Aussagekraft unübertroffen. Sie besagt, der Mensch sei vor Gericht und auf hoher See in Gottes Hand. Beschworen wird hier nicht ein Gott, der für höhere Gerechtigkeit steht, sondern sein Alter Ego – ein unberechenbarer Schamane. Er ist am Werk, wenn der Bürger das Recht als Naturgewalt erlebt, die über ihn hereinbricht.

Was die Justiz mit Kazimir Görgülü angestellt hat, lässt ich nur schwer begreifen. Sein Fall ist kurz skizziert. Er war mit einer deutschen Frau liiert. Die Verbindung ging auseinander. Sie brachte im August 1999 ein Kind zur Welt – und gab es gleich nach der Geburt in fremde Hände. Der Sohn Christopher lebte fortan bei einer Pflegefamilie, die ihn auch adoptieren wollte. Görgülü erwirkte im Jahr 2000 die gerichtliche Feststellung seiner Vaterschaft. Seitdem bemühte er sich um das Sorgerecht; er wäre auch schon mit einem Umgangsrecht zufrieden gewesen.

Doch er stieß jahrelang nur auf Widerstand. Das Jugendamt Wittenberg, die Pflegeltern und das OLG Naumburg bildeten eine verschworenen Gemeinschaft. Sie sabotierten seinen Wunsch – und kämpften nicht nur gegen ihn, sondern auch gegen den Rest der Welt. Sie kultivierten einen bislang einmaligen Rechtsboykott. An die Spitze stellten sich die Oberlandesrichter – und zwar von Anfang an.

Bockige Richter

Was sie dem Vater antaten, ist einmalig in der Geschichte des deutschen Rechts. Zunächst untersagten sie jeden Kontakt zwischen ihm und seinem Kind. Als dann der Europäische Gerichtshof für Menschenrechte im Februar 2004 zu seinen Gunsten entschied, setzten sie sich dreist über dieses Urteil hinweg. Dabei hatten die Straßburger Richter nur Menschlichkeit angemahnt: Dem Vater müsse „zumindest der Umgang mit seinem Kind" ermöglicht werden.[1]

Das war ein Appell, dem das Familiengericht in Wittenberg bereitwillig folgte. Doch die Naumburger Oberrichter stellten sich wieder quer. Görgülü blieb nur der Gang nach Karlsruhe. Die Roten Roben rügten: Das OLG habe es versäumt, sich mit den Argumenten des Menschenrechtsgerichtshofes auseinanderzusetzen.[2] Auch diese Ermahnung kam nicht an, die Naumburger mauerten weiter. Der nächste Akt endete mit einer einstweiligen Anordnung und dem Vorwurf an die Kollegen in der Provinz: Sie hätten noch nicht mal „ansatzweise" geprüft, „wie der Vater eine Familienzusammenführung überhaupt erreichen kann, wenn ihm der Aufbau jeglicher Kontakte mit seinem Kind versagt bleibt".[3]

Fakt ist: In Naumburg geschah ein bislang einmaliger Justizskandal. Es sah fast so aus, als ob Sachsen-Anhalt nicht mehr zur Bundesrepublik gehörte. Das OLG zeigte sich weiterhin renitent. Karlsruhe musste immer wieder ran[4] – ein drittes, ein viertes und ein fünftes Mal. Zuletzt platzte den Verfassungsrichtern der Kragen. Sie wurden scharf im Ton und nannten die Obstruktion beim Namen: „Willkür". Die Oberlandesrichter hätten das Menschenrechtsurteil „nicht nur nicht beachtet, sondern dessen Vorgaben in ihr Gegenteil verkehrt". Was hier passiere, sei ein glatter „Verstoß gegen die Bindung an Gesetz und Recht".[5]

Dünkel und Anmaßung

Die „Weisen von Karlsruhe" hielten den Naumburger Widerstand für „nicht mehr nachvollziehbar". Heribert Prantl brachte das einmalige Fehlverhalten auf den Punkt. Der bekannte Publizist attackierte die schwarzen Schafe: „Die Robe ist keine Tarnkleidung für Rechthaberei, für Selbstherrlichkeit, Dünkel und Anmaßung." Richterliche Unabhängigkeit sei „auch kein Freibrief für Eskapaden abseits der Gesetze".[6]

Opfer der Willkür ist das Kind, ist Christopher. Die Naumburger Querulanten in Robe tragen die Verantwortung dafür, dass in diesem Fall Recht und Realität bis zum St. Nimmerleinstag auseinanderklaffen werden. Während sich das Familiengericht Wittenberg sehr früh (schon 2001) um die Herstellung von Kon-

takten bemühte, machte das OLG alle diese Versuche zunichte –
und stärkte die Position der unversöhnlichen Pflegeeltern. Wie
sie das ihnen anvertraute Kind manipulierten, ist in den Zeitungen der Region nachzulesen. Die Verfassungsrichter zeigten sich
irritiert über das von ihnen bislang gezeigte Verhalten: Es lasse
„Zweifel aufkommen, ob die von ihnen gewünschte Adoption aus
Kindeswohlgesichtspunkten überhaupt angezeigt wäre".[7]

Doch wie sieht nach alledem Christophers Zukunft aus? Familienrichter wissen, dass jedes Urteil über das Kindeswohl ein kur-
zes Verfallsdatum hat. „Der Faktor Zeit" spielt eine wesentliche
Rolle. Soll ein Kind, das gerade Wurzeln geschlagen hat, wieder
verpflanzt werden? Oft hat die zweite und dritte Instanz gar nicht
mehr über die gleichen Sachverhalte und die gleiche Situation zu
entscheiden wie die erste.[8] Das am Kindeswohl orientierte Urteil
kann, wenn es mit Zeitverzug verwirklicht wird, dem Kindeswohl
schaden. (Anfang 2007 versuchten andere OLG-Richter die Kehrt-
wende: Sie räumten Görgülü das Umgangsrecht ein.)

Allumfassend und allgegenwärtig

Der XIV. Senat des OLG Naumburg ist nicht repräsentativ für
die deutsche Justiz. Doch die Oberlandesrichter haben demons-
triert, was Einzelne vermögen, ja dass ihre Macht ausreicht, um
im Extremfall die Rechtsordnung aus den Angeln zu heben. Wer
diesem Phänomen nachgehen will, tut gut daran, sich das Reich,
über das die Robenträger herrschen, genau anzusehen. Es reicht
weiter, als die meisten denken.

Das Recht ist allumfassend und allgegenwärtig. „Es gibt keinen
Menschen, der nicht unter dem Recht lebt und ständig von ihm
berührt und gelenkt ist", notierte einst der Münchner Juraprofessor Karl Engisch.[9] Eine zutreffende Beschreibung!

Das Recht ergreift Besitz von den Menschen – bis in die letzten
Winkel ihrer Persönlichkeit. Doch der betroffene Bürger nimmt
diese Allmacht nicht in ihrer Gänze wahr. Er erlebt sie als Gewitter-
himmel, aus dem von Zeit zu Zeit Blitze zucken. Und mancher
schlägt bei ihm persönlich ein – etwa wenn der Bundestag ein

neues Gesetz beschließt oder wenn (wie in Naumburg) Richter in sein Leben eingreifen.

Paragraphen, die den Kündigungsschutz für Arbeitnehmer oder den für Mieter verändern, können seine Existenz bedrohen. Ein Urteil, das den Führerschein kassiert, stellt seinen Alltag auf den Kopf. Wie oft er bei Zerrüttung der Ehe seine Kinder sehen darf, bestimmt ein Familienrichter. Ein Sozialrichter befindet über die richtige Rente, ein Finanzrichter über die Steuerschuld. Zwei andere entscheiden über das A und O des Lebens, über die beiden Abhängigkeitsverhältnisse, von denen das Wohl und Wehe der Menschen abhängt: der Arbeitsrichter über Lohn und Brot, der Mietrichter über die Sicherheit der eigenen vier Wände.

Der Wille bestimmt das Recht

Sie alle haben – mehr oder weniger gut – ihr Handwerk gelernt. Sie alle gehen – mehr oder weniger gern – ihrer Arbeit nach. Sie alle nehmen – mehr oder weniger überzeugt – die Weisheiten ihrer Oberen zur Kenntnis. Ein Außenstehender, der lange genug zuschaut, kann diese Mechanismen sogar erkennen. Manche irritieren. Vor allem der Dissens zwischen den höheren Chargen der Justiz gibt Rätsel auf. Wie kann es angehen, dass sich zwei hochrangige Spruchkörper, etwa ein Oberlandesgericht (OLG) und der Bundesgerichtshof (BGH), von Fall zu Fall mit der Bewertung desselben Sachverhalts und mit der Interpretation derselben Rechtsvorschriften befassen – und trotzdem zu unterschiedlichen Ergebnissen kommen?

Beide Spruchkörper sind mit hochkarätigen Juristen besetzt. Jeder Oberlandesrichter ist ein potentieller Bundesrichter. Mancher Bundesrichter war noch kurz zuvor Oberlandesrichter. Er hat auf dem Weg von Hamburg, München oder Köln nach Karlsruhe sicher keinen zusätzlichen Qualitätssprung durchgemacht. Trotzdem sieht er, auf der obersten Sprosse der Leiter angekommen, die juristische Welt mit anderen Augen als vorher.

Wer diese Spur weiterverfolgt, kommt dem Rätsel näher. Er muss nur noch eins und eins zusammenzählen: Wenn sich zwischen

Bundesrichtern und Oberlandesrichtern Gegensätze auftun, liegt das offenbar nicht an einem unterschiedlichen Wissen, sondern an einem unterschiedlichen Wollen. Denn Ursache für Divergenzen können schwerlich die objektiven Vorgaben des Rechts sein; sie verändern sich auf dem Weg durch die Instanzen um keinen Deut.

Den Ausschlag dürften vielmehr subjektive Impulse geben: Der BGH – genauer: einer seiner Senate, noch genauer: dessen Richtermehrheit – will im konkreten Fall etwas anderes als die Vorinstanzen.

Testfall „Kohl"

Ob dieses, im Bereich der Subjektivität angesiedelte Wollen überzeugt, ist eine Frage der Begründungen. Wenn sie plausibel sind, hat die Rechtsprechung eine Chance, akzeptiert zu werden. Im Lichte solcher Kriterien wird Justitia allerdings auf Normalmaß zurechtgestutzt – oder vielmehr vom Kopf auf die Füße gestellt. Was bekommt einer zu sehen, der das Recht durch diese Brille sieht? Neben dem schönen Schein auch ein hässliches Sein? Mehr Subjektivität als Objektivität? Womöglich stellt er dabei fest, dass ihm nur eine Alternative bleibt – zynisch oder weise zu werden.

Wer will, kann die Probe aufs Exempel machen. Was erwartet er (und was befürchten andere), wenn die Justiz gegen einen Prominenten ermittelt? Dem Skeptiker dürfte es wie den meisten Zeitgenossen ergehen: Er wird Objektivität – unter bestimmten Bedingungen – schlechterdings für unmöglich halten. Angenommen, das Verfahren gegen Helmut Kohl (wegen der illegalen Parteispenden) wäre nicht gegen eine hohe Geldbuße eingestellt worden: Dann hätten Richter entscheiden müssen, ob der einst so Mächtige schuldig geworden ist – mit ihrem höchstpersönlichen Kanzlerporträt im Hinterkopf.

Wäre ihnen „der Angeklagte" (in Erinnerung) zu groß oder (aus Enttäuschung) zu klein erschienen? Hätten sie deshalb besondere Milde oder besondere Härte walten lassen? Wie wären sie damit fertig geworden, dass ihnen keiner ein unparteiliches Urteil zutraut? Zweifel wie im Fall Kohl verlocken zu Folgefragen. Sie lenken den Blick auf die Menschen, die sich unter der Robe verbergen – und auf die Arbeitsatmosphäre, in der sie arbeiten.

Abhängigkeiten gibt es, wie in jedem Betrieb, auch in den heiligen Hallen der Justiz. Schon der Wunsch, befördert zu werden, erzwingt Anpassung. Die Dominanz von Parteien und Kirchen ist mancherorts erdrückend. Sympathien oder Antipathien zwischen einem Vorsitzenden und seinen Beisitzern bleiben nicht ohne Einfluss auf die Rechtsprechung. Psychische Zwänge und Schikanen, die sich heute „Mobbing" nennen, sind auch den Robenträgern nicht fremd.

Und was keiner gerne hört: Nach den Regeln der Statistik dürften sich unter rund 21 000 amtierenden Richtern etwa ebenso viele Alkoholiker und Labile verbergen wie in der vergleichbaren Gruppe von Normalsterblichen: 5 Prozent Alkoholiker und 10 Prozent Suchtgefährdete.

Bis vor wenigen Jahren wurde die Tatsache, dass es in der Justiz nicht anders zugeht als an jedem anderen Arbeitsplatz, perfekt verdrängt. Wer darüber auch nur eine Andeutung wagte, beging ein Sakrileg. Das – nach wie vor – gültige Gesetz des Schweigens ähnelt auf verblüffende Weise der sizilianischen „Omerta" – mit einem Unterschied: Wer aus der Schule plaudert, wird nicht kaltgemacht, sondern kaltgestellt.

Kaum überraschend: Auch die Oberen der Justiz beherrschen die Gesetze der Verhaltenspsychologie. Sie vermitteln, fein dosiert, Lust und Unlust. Angepasste dürfen Belohnung erhoffen, Widerspenstige müssen Bestrafung fürchten; beides geschieht subtil und ist zumeist unangreifbar. Doch das Glasperlenspiel wird allmählich sichtbar. Im letzten Jahrzehnt haben kritische Richter mit der Diskretion aufgehört.

Die Revolution fand, von der Öffentlichkeit unbemerkt, im Stillen statt – in einer Fachzeitschrift, die sich schlicht „Betrifft: Justiz" nennt. Das Geheimnis, das hier gelüftet wurde, spiegelt Glanz und Elend der Justiz.[10] Neu und bemerkenswert daran ist, dass die Erfahrungen – anders als früher – nicht mehr hinter vorgehaltener Hand weitergegeben werden, sondern mit vollem Namen gezeichnet und zitierfähig sind.

Das Sein und das Bewusstsein

Die Geständnisse der richterlichen Rebellen brachten zumindest eine Wahrheit an den Tag: In den Gefilden des Rechts werden die Irrationalismen, die aus den Tiefen der Psyche kommen, stärker verdrängt als anderswo. Ob das Sein wirklich das Bewusstsein bestimmt, will keiner so genau wissen. Der bekannte Satz von Karl Marx gehört nicht zu den geflügelten Worten der Jurisprudenz. Er passt auch schwerlich zum Selbstverständnis von Richtern.

Gleichwohl fußte die Erkenntnis, die der linke Vordenker einst notierte, auf präziser gesellschaftskritischer Beobachtung. Nun, nach rund 150 Jahren, ist sie von den Neurowissenschaften verifiziert worden. Was die moderne Hirnforschung über die Wechselbeziehung von Gefühl und Verstand herausgefunden hat, geht sogar über Marx weit hinaus. Nach dem neuesten Stand der Wissenschaft spielt für das Verhalten des Menschen – anders, als viele glauben möchten – der Verstand nur eine untergeordnete Rolle. Es sind in erster Linie Gefühle, die ihn antreiben und steuern – eine Einsicht, die intellektuelle Bescheidenheit nahelegt.

Die Vorgänge sind ziemlich profan. Ein Teil des Gehirns speichert alle Sinneseindrücke – also das Gelesene, das Gehörte und das Empfundene. Diese Daten melden sich, wenn nötig, von selbst zu Wort; das Gehirn gleicht ständig ab zwischen einem neuen Eindruck und den alten Erfahrungen; es sortiert nach gut oder schlecht und trifft dann seine Bewertung.

Stellenwert der Logik

Der Allgemeinplatz, dass Richter auch nur Menschen sind, gewinnt unter dem Eindruck dieser Forschungen folgenschwere Bedeutung. Es bleibt zwar den Medizinern vorbehalten, individuelle Diagnosen zu stellen. Auch der Streit über die Willensfreiheit, der zwischen Hirnforschern und Geisteswissenschaftlern entbrannt ist, muss hier und heute nicht entschieden werden. Doch eine Schlussfolgerung sei erlaubt: Was in einem Richter vorgeht, wenn er urteilt, scheint von dem Ideal einer lupenreinen Logik weit entfernt.

Die Interaktionen in seinem Hirn, die Wechselbeziehungen zwischen erlerntem Wissen und prägenden Erlebnissen, sind ebenso geheimnisvoll wie multikausal und bleiben nicht nur anderen, sondern weitgehend auch ihm selbst verborgen. Der „Erfahrungsschatz", der in jedem Richter schlummert, gehört – anders als sein Examenswissen – zum individuellen Reservoir. Was aber kommt zum Vorschein, wenn die Schaltstelle im Gehirn neue Eindrücke und alte Erfahrungen miteinander abgleicht? Wie geht er mit den Reflexen „gut" oder „schlecht" um? Die Rückmeldungen lassen sich – so ist zu vermuten – nur selten bis zu ihren Ursprüngen verfolgen. Von Fall zu Fall mag die Lebenserfahrung weiterhelfen – etwa wenn es um kollektive Vorprägungen geht, wie sie die Religion bewirkt.

Der Glaube spielt vor Gericht öfter eine Rolle, als die meisten vermuten – mal direkt, oftmals indirekt. Direkt, das ist evident, wenn es darum geht, ob ein Kruzifix im Klassenzimmer hängen soll. Indirekt zum Beispiel, wenn geschiedene Eheleute um das Sorgerecht streiten und der eine vorträgt, dass der andere – weil Atheist – nicht imstande sei, die Kinder gottesfürchtig zu erziehen. Unterstellt, der Richter ist bekennender Christ. Dann hat er in einem strenggläubigen Elternhaus Gott kennengelernt, im Kommunions- oder Konfirmandenunterricht die Lehren seiner Kirche verinnerlicht, seiner Frau vor dem Traualtar das Jawort gegeben und sein Kind über das Taufbecken gehalten. Alle diese Erinnerungen sind im Gehirn gespeichert. Welchen Einfluss nehmen sie, wenn er zwischen einem frommen und einem gottlosen Elternteil zu wählen hat? Dem „rechtsunterworfenen" Bürger bleibt nur die Hoffnung, dass der Richter gelernt hat, seine mögliche innere Abhängigkeit zu erkennen und den Vorgaben von Lehre und Rechtsprechung zu folgen.

Was bei einem Urteil den Ausschlag gibt, fällt unter das Beratungsgeheimnis, doch der neutrale Beobachter entdeckt immer wieder, dass Richter ohne erkennbaren Grund Normen mal mit formaler Akribie und mal mit rechtsschöpferischer Phantasie auslegen. Warum sind Sitzblockaden für die einen, die Richter des Bundesgerichtshofs, kriminelles Unrecht und für die anderen, die

Richter des Bundesverfassungsgerichts, nur eine Ordnungswidrigkeit, also eine lässliche Sünde?

Es lohnt sich, näher zu untersuchen, warum sie das eine tun und das andere lassen, was sie im Einzelnen müde oder wach macht, welchen Fall sie mit spitzen Fingern anfassen, und welcher andere ihre kreativen und innovativen Kräfte weckt, wie etwa der Frankfurter Spruch, der den Anblick von Behinderten als „Urlaubsschaden" qualifizierte. Rechts- und Wahrheitsfindung hängen offenbar auch von Initialzündungen ab, deren Auslöser keiner kennt, weil sie aus dem Unterbewusstsein kommen.

Ohne Emotionen ein Wrack

Die Ursache dafür, dass Richter mal in Routine verharren und mal über sich hinauswachsen, dürfte im Bereich der Gefühle liegen. Eine Annahme, die schnurstracks zu den Wurzeln des Berufs führt – zu der Existenzfrage, nämlich ob nicht Subjektivität zu den unabänderlichen Bedingungen des Richtens gehört. Jeder, der bereit ist, diese Erkenntnis zuzulassen, gewinnt zwangsläufig eine neue Sicht. Er begreift vielleicht sogar die Macht der Gefühle als individuellen Gewinn. Er verdrängt sie nicht länger, sondern empfindet sie als Kraftquelle.

Die Risiken, die in so einem qualitativen Sprung liegen, wiegen nicht allzu schwer. Sie werden neutralisiert durch die interne Kontrolle der Instanzen und die externe Kontrolle der Öffentlichkeit. Im Familienrecht, um das es im Fall Görgülü geht, sind die subjektiven Elemente ohnehin unübersehbar. Wer Bescheid weiß, kennt das Nord-Süd-, kennt das Stadt-Land-Gefälle – und die persönlichen ideologischen Einflüsse. Denn die Vorstellungen der Richter entstehen nicht im luftleeren Raum. Welche Prioritäten sie setzen, hat mit ihrem Elternhaus, ihrer Biografie, ihrer eigenen Ehe zu tun. Entscheidend kann sein, ob einer in der katholischen Jugend oder bei den Falken sozialisiert worden ist, ob unter der Robe eine emanzipierte Großstadtfrau oder ein chauvinistischer Provinzonkel steckt. Doch die Willkür der Naumburger Richter geht über diese subjektiven Spielräume weit hinaus.

Was dem Deutschtürken widerfuhr, betrifft nicht nur ihn allein, sondern alle Adressaten des Rechts. Die Bürger akzeptieren das Gewaltmonopol des Staates, weil er ihnen Rechtssicherheit verspricht. Für die Justiz bedeutet diese Zusage: Obere Instanzen überprüfen die Urteile der unteren auf ihre Richtigkeit; eine höchste Instanz spricht das letzte Wort. Sie stellt einen Zustand her, den Theorie und Praxis einhellig „Rechtsfrieden" nennen – und den haben alle zu respektieren, auch Richter.

Mit der Akzeptanz dieser Regel steht und fällt die Rechtsordnung. Doch die Oberlandesrichter haben den Konsens aufgekündigt und damit irreparablen Schaden angerichtet. Was in Naumburg geschah, lässt sich, wenn überhaupt, nur mithilfe eines Begriffs aufhellen, den der deutschenglische Philosoph Raimund Popper „Falsifikation" nannte.[11] In seinem Denksystem gibt es keine Wahrheiten, sondern nur Hypothesen. Das können Bräuche, Lehrsätze oder Paragraphen sein. Sie gelten als „verifiziert", solange keiner ihren Geltungsanspruch infrage stellt. Sie fallen unter das Verdikt „falsifiziert", wenn ein Gegenbeispiel die Beweiskette durchbricht.

Eine Annahme, die viele Widerlegungsversuche überstanden hat, gilt als bewährte Hypothese. Ein größeres Lob hat Popper nicht zu vergeben. Der unbeirrbare Glaube an die Funktionstüchtigkeit der Justiz (die untere Instanz beugt sich dem Urteil der oberen) war so eine Hypothese. Indem sie dem Bundesverfassungsgericht mehrfach die Gefolgschaft versagten, haben die Oberlandesrichter in Naumburg diese eherne Grundregel „falsifiziert" – das heißt: außer Kraft gesetzt.

Rechtsungehorsam von dieser Qualität entwickelt unweigerlich seine Eigendynamik. Wer am Rechtsstaat zweifelt, muss nur das Stichwort „Naumburg" fallen lassen – und schon erstirbt jedem, der ihn verteidigen will, das Wort im Munde.

6

ZAUBERER IN ROBE
Wenn die Gerechtigkeit mehr wiegt als das Gesetz

> Recht kursiert in kleiner Münze und in großen Schei-
> nen. Mancher klagt voller Pathos, ihm sei „schrei-
> endes" Unrecht widerfahren. Doch der Begriff meint
> höchst Verschiedenes. Auf „Gerechtigkeit" berufen
> sich alle: die Opfer von Betrugsmanövern ebenso
> wie die Opfer brutaler Gewalt. Die deutsche Sprache
> kennt nur dieses eine Wort.

Anfang 1945 feierten Irina Zapek und ihr Mann Silberhochzeit.
Wenige Wochen später war er tot – von Soldaten der Roten Armee
durch Genickschuss „liquidiert". Das ging in jenen Tagen schnell.
Sie blieb mit zwei Kindern in der Trümmerwohnung zurück – und
fand nicht mal Zeit, zu trauern, da sie ums Überleben kämpfen
musste. Doch Irina Zapek brachte die beiden nicht nur durch die
Notjahre – sie zog sie auch rechtschaffen groß. Die Tochter wurde
Ballerina an der Städtischen Oper, der Sohn Pilot in England. Die
Witwe blickte stolz zurück. Sie hatte, wie sie sagte, ein „Haus der
Erinnerungen" gebaut. Das konnte ihr keiner nehmen.

Die Zerstörung einer Biografie

Doch da irrte sie. 1955 brachte ein Beamter ihr Lebenswerk mit
einem Satz zum Einsturz. Es passierte im Polizeipräsidium zu Berlin. Irina Zapek wollte ihren Pass verlängern lassen, um den Sohn
in London zu besuchen. Der freundliche Inspektor, mit dem sie
es sonst zu tun hatte, war in Pension gegangen. Sein Nachfolger
wirkte unnahbar. Sie brauchte mehr als eine Schrecksekunde, um
zu verstehen, was er sagte. Seine Worte lähmten Herz und Hirn:
„Ich werde Ihnen keinen Pass ausstellen, bevor Ihr Personenstand
nicht geklärt ist."

Irina Zapek begriff nur allmählich, was der „mündliche Bescheid" bedeutete. Danach trug sie ihren Namen zu Unrecht. Danach war sie nie verheiratet. Danach hatte sie ihre Kinder unehelich geboren. Die amtliche Zerstörung ihrer Biografie wühlte nicht nur sie auf – auch das Publikum litt mit. Es kam zum Prozess vor dem Verwaltungsgericht. Dort wurde offenbar, wie weit Recht und Gesetz auseinanderliegen können – meilenweit. So deutlich wie hier zeigt sich die Kluft allerdings ganz selten. Man muss lange suchen, um in der Rechtsgeschichte einen ähnlich aufwühlenden Fall zu finden.

Das Verfahren enthielt alle Elemente eines Dramas: Da kämpfte eine Witwe um ihren Namen, um die Legalität ihrer Ehe und um ihre Reputation. Sie war Weißrussin und, wie ihr Mann, während der Oktoberrevolution nach Deutschland geflüchtet. In einem Auffanglager bei Quedlinburg hatten sich die beiden kennengelernt und sehr bald vor einem russisch-orthodoxen Priester die Ehe geschlossen.

Das Paar wurde eingebürgert, aus der Ehe gingen die beiden Kinder hervor. Die vier lebten in Berlin. Der Ehemann und Vater machte Karriere, er wurde Dolmetscher im Auswärtigen Amt. Bei Kriegsende stellten ihn, wie gesagt, Soldaten der Sowjetarmee als „Verräter" an die Wand.

Das alles war 1955 zehn Jahre her. Die Kinder hatten längst das Haus verlassen. Irina Zapek flog zweimal im Jahr nach London, um zu sehen, wie ihre Enkel heranwuchsen.

Der Stempel fehlte

Dafür hatte ihr das Passamt mehrmals – ohne jede Beanstandung – die nötigen Papiere ausgestellt. Doch dann entdeckte der besagte übereifrige Beamte Ungereimtheiten. Er stellte fest, dass die Eheschließung in Quedlinburg nicht vor einem Standesbeamten stattgefunden hatte, dass sie somit rechtlich gar nicht zustande gekommen war. Der Stempel fehlte. Es gab keine Heiratsurkunde.

Fazit: Irina Zapek hatte Jahrzehnte in wilder Ehe gelebt, sie trug ihren Namen zu Unrecht, die Kinder waren illegitim, ihre Rentenansprüche als Witwe obsolet. Und das Schlimmste: Der Fehler konnte nachträglich nicht korrigiert werden, denn ihr Mann lebte nicht mehr.

Das Gericht heilte die Wunde: Ihrer Klage wurde stattgegeben – zugegebenermaßen mit einer Begründung, die ins Raritätenkabinett der Justiz gehört. Der Zauberer in Robe war in diesem Fall ein einzelner Mann: Verwaltungsgerichtsrat Rolf Clauß, der als Urlaubsvertreter den Vorsitz führte. Seine „Kammer" bestand aus einem weiteren Berufsrichter und drei Laienbeisitzern. Ihr Urteil erregte Aufsehen. Animiert von Clauß, verließen die fünf ausgetretene Pfade. Sie bewiesen, dass die Zunft, wenn sie will, auch liebenswerte Phantasie entwickeln kann.

Sie beriefen sich auf ihren Amtseid, der verspricht, Gerechtigkeit zu üben, und auf den Gedanken der Rechtssicherheit, der in Verjährungsfristen steckt: Die Ehe habe um vieles länger gedauert als die Verjährungsfrist für Mord (die es damals noch gab). Was die Parallele ausdrücken sollte, begriff jeder Zuhörer: Dass sich die bedauernswerte Frau den Anspruch auf Anerkennung ihrer Ehe quasi ersessen hat.

Mag sein, dass die Analogie gequält, vielleicht sogar abwegig und juristisch unhaltbar war. Trotzdem ging ein Aufatmen der Erleichterung durch den Saal. Es gab kaum einen, der diesen Ausgang erwartet hatte. Und warum nicht? Weil ein tief verwurzeltes Gefühl besagt, dass Humanität im Recht keine Selbstverständlichkeit ist, sondern eher vom Zufall abhängt. Der Bürger macht allzu oft die Erfahrung, dass Legalität und Legitimität weit auseinanderklaffen. Deshalb hat ein befriedendes Urteil wie dieses Seltenheitswert.

Im konkreten Fall verließen die Witwe und ihre Kinder, mit dem Recht versöhnt, den Gerichtssaal. Pressevertreter, Freunde der Familie und Zuhörer, die der Klägerin den Daumen gedrückt hatten, fühlten sich in ihrem Judiz bestätigt. Die Richter konnten sich in allgemeinem Wohlwollen sonnen. Nur wenige Eingeweihte wussten, dass Clauß mit der Terminierung „seines" Falles gewartet hatte, bis der eigentliche Vorsitzende, ein verknöcherter alter Mann, in Urlaub ging und er dessen Vertretung übernahm. Auch der Justitiar des Polizeipräsidenten mochte nicht als Spielverderber

dastehen. Er ließ, bevor sein eigener Chef aus den Ferien zurück-
kam, das Urteil stillschweigend rechtskräftig werden. Der Beifall,
den der Spruch im In- wie im Ausland hervorgerufen hatte, war
auch an ihm nicht spurlos vorübergegangen.

Es gab hier genau besehen keinen eigentlichen Verlierer. Verlierer war allenfalls – und hier ist das Klischee ausnahmsweise
mal erlaubt – der tote Buchstabe des Gesetzes. Gleichwohl ist zu
vermuten, dass Richter Clauß ambivalente Gefühle hatte, wenn
ihn jemand an das Urteil erinnerte. Vor seinem Herzen wird es
Bestand gehabt haben, vor seinem Verstand eher weniger. Er hat
noch Karriere gemacht, war Mitglied des Bundesverwaltungs-
gerichts und hätte vielleicht in der Revisionsinstanz seine eigene
Entscheidung nicht passieren lassen. Doch gerade der Spruch aus
seinen Anfangsjahren gehörte zu den sympathischen Offenbarun-
gen, mit denen die Zunft nicht eben häufig glänzt.

Ein priesterliches Amt?

Was Clauß (und seine Beisitzer) mit ihrem Befreiungsschlag
bewirkten, lenkt den Blick auf die Rolle, die der Richter hierzulande spielt. Eigentlich soll er, wie alle bis zum Überdruss betonen,
nicht mehr sein als der „Mund des Gesetzes". Uneigentlich ist er
aber, wie Kleists Dorfrichter Adam, ein Halbgott, dessen schwarze
Robe Distanz signalisiert. Dabei ist sicher kein Zufall, dass sich
Richter wie Pfarrer kleiden. Beide bedürfen des Respekts, den ihre
Amtstracht dem Publikum abverlangt.

Der Rechtsgelehrte Herbert Tröndle vermutete sogar, die Ehrfurcht sei „eine Spätfolge der archaischen Vorstellung, wonach der
Richter ein priesterliches Amt verwaltet".[1] In dieses Bild passt, dass
Robenträger Urteile „verkünden". Mitunter wirkt ihr Spruch sogar
wie ein Glaubens-, nicht wie ein Rechtssatz. Gesetze sind, der Bibel
ähnlich, auslegungsfähig. Allein die Tatsache, dass es von Instanz
zu Instanz oft zwei diametral entgegengesetzte Meinungen gibt,
zeugt von der Relativität des Rechts – ja von seiner Subjektivität.

Dafür ist der Spruch zugunsten von Irina Zapek ein Paradebeispiel. Wo er einzuordnen ist, lässt sich nur schwer beantworten.

Er kann natürlich als Rarität in die Annalen des Rechts eingehen. Doch taugt er auch zum Vorbild? Löst er dogmatische Fesseln? Ebnet er den Weg aus der juristischen Enge? Wenigstens einen Spaltbreit? Wer sich so weit vorwagt, ist vom revolutionären Seitensprung nicht mehr weit entfernt – und riskiert die Frage, ob manches befriedigende Urteil womöglich nur unter Verstoß gegen die Regeln der Kunst machbar ist?

Die Regeln der Kunst

Dabei wird unversehens deutlich, dass dieser Begriff, der so leicht in die Feder fließt, einen doppelten Boden hat. Was sind das für Regeln der Kunst, die – korrekt angewendet – den Blick mehr auf die Form als auf den Inhalt lenken? Weitere Nachdenklichkeit könnte ein Rechtsvergleich erzeugen. Das Witwenurteil, in dem sich das Ideal der Gerechtigkeit auf so wunderbare Weise widerspiegelt, würde in Amerika, wo Richter von Fall zu Fall entscheiden, kein bisschen Aufsehen erregen. Doch was dort tägliche Übung ist, zwingt den deutschen Richter, der dem geschriebenen Wort gehorchen muss, zu extremen Anstrengungen, wenn nicht sogar zu Verrenkungen.

Dazu muss es nicht kommen, wenn er einem Fingerzeig der Verfassung folgt: Sie verpflichtet ihn nämlich nicht nur auf das Gesetz, sondern auch auf die übergeordnete Idee des Rechts. Diesen Wink aufzugreifen, lohnt sich zumindest dann, wenn es um originäre Grund- und Menschenrechte geht. Dann beginnt, was Juristen „Rechtsschöpfung" nennen. Auf dieser höheren Ebene dreht sich der edle Wettstreit zwischen Mehrheiten und Minderheiten bei Gericht um das Wesen der Gerechtigkeit – mithin um ein Phänomen, bei dem auch der nachdenkliche Laie mitreden kann.

Dass sich Gesetz und Recht oft nicht zur Deckung bringen lassen, ist zunächst einmal nur eine abstrakte Erkenntnis. Was Gesetz ist, lässt sich leicht feststellen – es liegt gedruckt vor, man kann es nachlesen. Was Recht ist, erschließt sich nicht auf Anhieb. An diesen Begriff muss sich jeder herantasten. Ein innerer Kompass gibt zumeist die Richtung an. Das Gefühl für die Grundwerte ist vorhanden. Eine Parallele macht sie sichtbar: So wie jemand, der immer satt war, erst wieder lernen muss, was Hunger bedeutet – so wird ihm, wenn (etwa in einem Ausnahmezustand) das Recht abhanden kommt, auf bedrückende Weise bewusst, was dessen institutionelle Verbürgung bedeutet. Um das zu begreifen, muss keiner Jura studiert haben. Wann Recht in Rechtlosigkeit übergeht und diese in Barbarei, spürt jeder.

Kants Suche nach dem Recht

Selbst die Juristen sind, wie Werner Maihofer mit einem Zitat von Immanuel Kant bekräftigt, „noch immer auf der Suche nach einer ‚Definition zu ihrem Begriffe von Recht‘“.[2] Beleg für diese immerwährenden Bemühungen ist ein Sammelband, in dem Maihofer, von Hause aus Rechtsprofessor und einst auch Bundesinnenminister, die größten Rechtsgelehrten aus drei Jahrhunderten zu Worte kommen lässt. Deren Stimmen, die „nachdrücklich Zeugnis“ von dieser Suche ablegen, lassen deutlich werden, dass nur schwer zu beschreiben ist, was den Wert des Rechts ausmacht. Es setzt sich aus winzigen, unübersichtlichen Elementen zusammen, die erst in ihrer Gesamtheit Größe entfalten. In weiter Ferne blinkt ein Wunsch, der die Menschen eint: Sie alle sehnen eine Utopie herbei – Gerechtigkeit.

Diese Idee vom Recht, die sich jedem, der denkt und fühlt, von selbst erschließt, bedarf – für sich genommen – keiner Gesetze. Sie ist seit Menschengedenken von Philosophen und Gelehrten einfühlsam und zugleich präzise beschrieben worden. Von der Bedeutung, die ihr zu allen Zeiten beigemessen wurde, berichtet der Münchner Rechtsprofessor Arthur Kaufmann: „Gerechtigkeit wird im philosophisch-theologischen Verständnis neben Klugheit, Tapferkeit und Maßhaltung als eine der vier Kardinalstugenden bestimmt.“[3] Schon das römische Recht habe definiert: „Gerechtigkeit ist der feste und beständige Wille, jedem das Seine zu gewähren.“

Der Bogen spannt sich von Aristoteles über die Bergpredigt bis zum kategorischen Imperativ Kants. Alle stellten den Menschen in den Mittelpunkt – als Individuum, aber auch als Teil des Ganzen, also in seiner Beziehung zu anderen. Über das „suum cuique" (jedem das Seine) von Aristoteles sagt Kaufmann: „Das mindeste, was jedem als das Seine zukommt, ist sein eigenes, individuelles, unverwechselbares Leben, ist seine Identität."[4] Mithin habe jeder auch das Recht, ein seinen Anlagen gemäßes Leben zu führen – und sei es auch nur ein „durchschnittliches" oder „defektes" Leben.

Die „goldene Regel" aus der Bergpredigt hat einen Gedanken zum Inhalt, den jedes Kind lernt, zumeist ohne die Quelle zu kennen: „Was du nicht willst, dass man dir tu, das füg auch keinem anderen zu." Kants kategorischer Imperativ verschärft das Postulat: Handle stets nach solchen Maximen, von denen du dir auch vorstellen kannst, dass sie zu allgemeinen Gesetzen erhoben werden. Allen weisen Sentenzen liegt der gleiche Gedanke zugrunde – die Erkenntnis, dass eine Gesellschaft ohne Toleranz und Humanität nicht gedeihen kann. Weltweit ist das immer noch ein frommer Wunsch.

Kleine Münzen und große Scheine

Der Terror gegen Menschen – sei es in der Vergangenheit unter Hitler und Stalin, sei es heute im Orient oder irgendwo in Afrika – zeigt, dass Gewaltherrscher die Daseinsrechte ihrer Bürger immer wieder auf kriminelle Weise verletzen. Unrecht hat viele Gesichter. Manches, wie die Missachtung von Leib und Leben, ist schier unerträglich. Anderes wirkt schlimm, aber lässlich. Unterscheiden tut not. Denn vergleichsweise kleinlicher Ärger, etwa der über die Lieferung von schlechter Ware für gutes Geld, hat nun einmal eine andere Dimension als die Folterberichte von Amnesty International.

Recht kursiert – wie Währungen – in kleiner Münze und in großen Scheinen. Jeder zieht gelegentlich, begründet oder nicht, im Streit den Kürzeren. Mal ist es ein Mieter, der aus seiner Wohnung geworfen wird, mal ein Arbeitnehmer, der seine Stellung verliert, und dann wieder ein geschiedener Vater, der seine Kinder der Exfrau überlassen muss. Sie alle behaupten bisweilen, dass ihnen

„schreiendes" Unrecht geschehen sei. Oft ist ihre Empörung sogar nachvollziehbar. Der Verlierer hätte ebenso gut gewinnen können. Das sind Kratzer im Vergleich zu den Wunden, die nie heilen. Denn die Frauen, deren Männer und Söhne verschleppt, gemartert, ermordet und dann irgendwo verscharrt worden sind, verzweifeln ebenfalls am Recht. Es irritiert, dass sowohl die geprellten Prozessparteien als auch die trauernden Witwen die gleichen Prinzipien für sich reklamieren. Beides kann unmöglich dasselbe meinen. Das Recht krankt daran, dass sich unsere Sprache mit dieser einen Vokabel „Gerechtigkeit" begnügt, um unvergleichbare Schutzgüter zu beschreiben und zu bewerten.

„Wie das Gras, das niemand wachsen sieht"

Der Unterschied liegt auf der Hand: Auf der einen Seite gibt es das einfache, mehr oder weniger nachgiebige Recht, auf der anderen Seite elementare Prinzipien: die „unveräußerlichen Menschenrechte". Auch sie sind freilich nicht immer auf den ersten Blick erkennbar. Um sie hervorzuheben und ins Zentrum zu rücken, hat die Verfassung den imposanten Katalog der „Grundrechte" aufgestellt – und das Bundesverfassungsgericht zum Wächter dieses kostbaren Guts berufen. Mancher Karlsruher Spruch spannt einen kühnen Bogen über den Graben zwischen Gesetz und Recht.

Konrad Hesse, zu Lebzeiten Nestor des deutschen Verfassungsrechts und früher selbst Richter in Karlsruhe, hat versucht, diesen Wachstumsprozess mit einem Rückgriff auf Thomas Manns Meditationen über das Fortschreiten der Zeit zu erläutern. Auch „für den Staat und seine Verfassung" sei die Zeit, so Hesse, „von großer, freilich meist übersehener oder doch unterschätzter Bedeutung".[5] Der Dichter komme mit seinem Zeitbegriff der schwer messbaren Entwicklung des Rechts ziemlich nahe. Laut Mann sei die Zeit „weniger von der Art der Bahnhofsuhren, deren großer Zeiger ruckweise, von fünf Minuten zu fünf Minuten fällt, sondern eher von der Art jener ganz kleinen Uhren, deren Bewegung überhaupt untersichtig bleibt". Oder – ein anderes Bild des Dichters: Zeit sei „wie das Gras, das niemand wachsen sieht".

Der Freiburger Gelehrte verglich die Signale, die von den großen Leitentscheidungen des Gerichts, etwa zum Datenschutz, ausgehen, mit den Sprüngen des großen Zeigers an der Bahnhofsuhr. In der leisen kontinuierlichen Weiterentwicklung des Rechts sah er dagegen Parallelen zum Gang „jener ganz kleinen Uhren" – „kaum merkbar und zuweilen selbst von der Fachöffentlichkeit nicht zur Kenntnis genommen".[6]

Bisweilen müssen sogar Jahrzehnte vergehen, wie die Emanzipation der nichtehelichen Kinder im Recht zeigt. Einst galten der „Bankert" und sein leiblicher Vater nicht mal als miteinander verwandt. Dann stellten die Verfassungsrichter dem Gesetzgeber im Januar 1969 ein bis dato einmaliges Ultimatum: „Reform des Unehelichenrechts" bis zum Sommer 1969.[7] Im Laufe der Jahre kippten sie eine Hürde nach der anderen. Heute sind uneheliche und eheliche Kinder gleichgestellt.

Hesses Gedanken über Raum und Zeit galten dem Grundgesetz, das er und seine Verfassungsrichterkollegen mit Leben erfüllt haben. Sein Beweggrund wurde schnell deutlich. Er sprach – eher untypisch für einen nüchternen Juristen – mit Wärme vom „Inhalt der Verfassung, die nicht eine Ordnung um der Ordnung willen konstituiert, sondern eine gute und gerechte Ordnung des Gemeinwesens sein will".[8]

Mit dieser menschenfreundlichen Vision vor Augen entwickelten die Verfassungsrichter allmählich den Begriff der „Wertordnung". Und sie haben sich dabei – im Gegensatz zu weiten Teilen der Zunft – nie von der Realität entfernt. Auch darin neue Wege gehend, vermieden sie, so Hesse, „eine Isolierung von rechtlicher Norm und sozialer Wirklichkeit" , und zwar durch „sorgfältige und tief eindringende Sachverhaltsanalysen". Das erklärt, warum sich Karlsruher Urteile wie Arztprotokolle lesen: Krankengeschichte, Krisis, Diagnose. Die Therapie kann radikal sein: Wenn sich die Kluft zwischen Recht und Gesetz nicht überbrücken lässt, muss das Gesetz weichen; es wird für null und nichtig erklärt.

Was der Wertekanon meint, haben mittlerweile Generationen von Juristen gelernt und Generationen von Bürgern zumindest in Umrissen wahrgenommen, nämlich „dass Grundrechte nicht nur individuelle Rechte der Menschen und Bürger, sondern zugleich objektive Prinzipien der Ordnung des politischen Gemeinwesens enthalten". Hesse verweist auf ein Glanzlicht dieser Rechtsprechung: Danach ist jede „Beschränkung von Freiheitsrechten" an den „Grundsatz der Verhältnismäßigkeit" gebunden.

Dieser Gedanke findet sich mindestens einmal in jedem der über hundert Entscheidungsbände des Gerichts. Er besagt: Wenn Staatsorgane in das Leben von Bürgern eingreifen, haben sie mehrere Gebote strikt zu beachten. Erstens: Jede Maßnahme muss „zur Erreichung des angestrebten Zwecks geeignet und erforderlich" sein. Zweitens: „Der mit ihr verbundene Eingriff" darf „nicht außer Verhältnis zur Bedeutung der Sache und zur Stärke des Tatverdachts" stehen.[9] Mit dieser Begründung billigte das Gericht den „genetischen Fingerabdruck" bei einem gefährlichen Straftäter; er war „wegen fünf Verbrechen der Vergewaltigung", jeweils „in Tateinheit mit Freiheitsberaubung" verurteilt worden. Der DNA-Test war zur Vorsorge gedacht – für den Fall, dass er nach Verbüßung seiner Strafe wieder Frauen überfällt.

Zu fragen, was angemessen ist, haben sich mittlerweile viele Bürger angewöhnt. Die Karlsruher Lektion ist in dem Maße, in dem sie Allgemeingut wurde, zum Wesenselement der neuen Demokratie geworden. Der dialektische Sprung fand im Kopf und in den Herzen der Menschen statt. Fast jeder konnte dabei auf frühe eigene Erfahrungen zurückgreifen. Denn schon Kinder entwickeln ein untrügliches Gefühl dafür, bis zu welcher Obergrenze die Bestrafung von Fehlverhalten verhältnismäßig ist und wann sie anfängt, unverhältnismäßig zu werden. Eine innere Orientierung für die Angemessenheit der Mittel ist mithin vorhanden.

Das hohe Gericht förderte und verstärkte die Erkenntnis, dass dieser innere Richtungsmesser, vernünftig angewandt, auch zum Beurteilungsmaßstab für rechtsstaatliches Handeln taugt. So wurde das Gefühl für Verhältnismäßigkeit in den Adelsstand eines Prinzips erhoben. Und viele Karlsruher Urteile lieferten handfestes Anschauungsmaterial.

Die Erfolge sind erfreulich: Laien, die im Zweifel nicht mal alle Grundrechte kennen, geschweige denn deren Auslegung, haben diese Lektionen begriffen und tatsächlich das Prinzip der Verhältnismäßigkeit verinnerlicht. Von diesem Lernfortschritt ist ihre Beziehung zum Staat geprägt. Eine rote Lampe leuchtet auf, wenn die Obrigkeit gegen diesen speziellen Gedanken der Gerechtigkeit verstößt. Das neue Wissen zahlt sich aus: Es fällt auf, dass Nichtjuristen von Jahr zu Jahr ihre Einwände besser begründen – in einfachen Worten und mit sicherem Gespür für das Wesentliche. Sie ziehen aus einer Summe von Beobachtungen und Erfahrungen den Schluss, dass ihr Fall einer zum Aufbegehren ist – notfalls in Form einer Verfassungsbeschwerde.

Hinter dieser bemerkenswerten Veränderung des Bewusstseins versteckt sich eine Kulturleistung der Nachkriegsepoche. Sie ist zuvörderst vom Bundesverfassungsgericht bewirkt und geprägt worden. Der Untertan von einst wurde zum Citoyen promoviert – eine Revolution „von oben" hat stattgefunden. Das erklärt, warum nicht selten der Fortschritt in Karlsruhe, in der „Residenz des Rechts", seinen Ausgang nimmt.

Was noch fehlt, ist Flexibilität in den unteren Instanzen. Dort könnten die Richter den Widerspruch zwischen Legalität und Legitimität ruhig öfter mal herausarbeiten. Mit einer Prise Phantasie, wie im Witwenurteil, lässt sich eine Menge bewirken. Bislang haben sie die Chancen, die Artikel 20 des Grundgesetzes bietet, kaum wahrgenommen, geschweige denn ausgeschöpft. „Rechtsprechung ist", heißt es da wörtlich, „an Gesetz und Recht gebunden." Das Wortpaar legt den Schluss nahe, dass der Verfassunggeber bewusst darauf verzichtet hat, eine verbindliche Wahl zwischen den beiden Schulen des Rechts zu treffen.

Legalität und Legitimität

Der „Positivismus", der nur das geschriebene Wort gelten lässt, und das „Naturrecht", das übergesetzliche Auslegungen erlaubt, stehen mithin gleichberechtigt nebeneinander. Das war eine weise Neutralität. Nach einer Epoche, in der – wie unter Hitler – pervertierte Normen zum Rechtsalltag gehörten, war diese Zurückhaltung ebenso verständlich wie angebracht.

Es wäre einem Wunder gleichgekommen, wenn die Verfassungsrichter diesen Fingerzeig nicht irgendwann mal aufgegriffen hätten. Sie sprengten in einer richtungweisenden Entscheidung das
überlieferte subalterne Denken der Zunft. Artikel 20 halte, notierten sie, „das Bewusstsein aufrecht, dass sich Recht und Gesetz zwar
im allgemeinen, aber nicht notwendig und immer decken".

Zur Hochform aufgelaufen waren die „Hüter" der Verfassung, als
sie 1973 über einen unfassbaren Presseskandal urteilen mussten.
Auf ihrem Tisch lag ein „Sonderbericht", den das „Neue Blatt", eine
Zeitung aus dem Springer-Konzern, über die geschiedene Ehefrau des Schahs von Persien veröffentlicht hatte. Die Überschrift
lautete: „Soraya: Der Schah schrieb mir nicht mehr." Neben der
Prominentenstory stand ein „Exklusiv-Interview". Da plauderte
die Prinzessin über Intimitäten ihres Privatlebens. Es war ein span-
nendes Interview – mit einem kleinen Schönheitsfehler: Es hatte
nie stattgefunden. Der Text war von der ersten bis zur letzten Zeile
frei erfunden.

„Willenhafte" Elemente

Für diese Unbill sprach der Bundesgerichtshof Soraya Schaden-
ersatz in Höhe von 15 000 Mark zu. Die höchsten Zivilrichter wollten – auch ohne gesetzliche Grundlage – den Übergriff ahnden. Sie
erlaubten daher zum ersten Mal „eine Genugtuung in Geld". Und
das Verfassungsgericht wies die Beschwerde des Springer-Konzerns
zurück: Bei schweren Verletzungen des allgemeinen Persönlich-
keitsrechts könne „Ersatz in Geld auch für immaterielle Schäden
beansprucht werden".

Den Einwand der Interviewfälscher, über diese Art von Schaden-
ersatz stehe nichts im Gesetz, wischten die Verfassungsrichter vom
Tisch. „Das Recht ist nicht mit der Gesamtheit der geschriebenen
Gesetze identisch. „Über sie hinaus könne „unter Umständen ein
Mehr an Recht bestehen". Das habe seinen Ursprung „in der ver-
fassungsmäßigen Rechtsordnung als einem Sinnganzen". Es wirke
„dem geschriebenen Gesetz gegenüber als Korrektiv". Und dann
ermuntern die Karlsruher Spitzenjuristen ihre Kollegen in den

unteren Instanzen zu mehr Kreativität. Das Quäntchen mehr „zu finden und in Entscheidungen zu verwirklichen", sei Aufgabe der Rechtsprechung.[10]

Das heißt ins Deutsche übersetzt: Wenn sie nur wollen, dürfen Richter auch zeigen, was sie können. Sie müssten, meinen die Verfassungsrichter, nicht von einer Lückenlosigkeit des Rechts ausgehen, denn die sei praktisch unerreichbar. Stattdessen sollen sie Ungewohntes tun, nämlich Phantasie entwickeln. Die Weisen von Karlsruhe stellen sich vor, dass ihre Kollegen in den unteren Instanzen Wertvorstellungen, die der Verfassung innewohnen, sich aber in Gesetzen nicht wörtlich wiederfinden, „in einem Akt der bewertenden Erkenntnis ans Licht bringen". Dabei seien auch „willenhafte Elemente" erlaubt. Oder anders: Sie dürfen ihre eigenen Vorstellungen realisieren.

DAS TAGEBUCH DES MÖRDERS
Wenn Urteile und Vorurteile ineinanderfließen

> Namhafte Rechtsgelehrte fanden heraus, dass Richter niemals „keusch und jungfräulich" an einen Fall herangehen: Individuelles Wünschen und Wollen beeinflusse ihren Spruch; vorurteilsfreies Verstehen gelinge nur selten; die Wahrheitsfindung hänge letztlich von biografischen Daten und lebensgeschichtlichen Erfahrungen ab.

Es war ein Anblick, der sich in die Seele brennt. Die verstümmelte Leiche lag auf einer einsamen Wiese – eine Frau. Sie hatte dort offenbar ein Sonnenbad genommen. Die Kripo rekonstruierte: Sie musste auf dem Bauch gelegen, geträumt oder geschlafen haben; der Mörder war von hinten an sie herangetreten und hatte ihr viermal auf den Kopf geschlagen – „mit einem scharfkantigen Schlagwerkzeug, höchstwahrscheinlich mit einem scharfen Beil".

Ein Verdächtiger wurde verhaftet, verhört und verurteilt. Doch er bestritt den Mord. Gegen ihn sprach nur sein Tagebuch. Der Fall, der Rechtsgeschichte geschrieben hat, beschäftigte in letzter Instanz das Bundesverfassungsgericht. Dort ging es um eine Rechtsfrage: Durften die Notizen des mutmaßlichen Täters zu seinen Lasten verwertet werden?

Auf dem Richtertisch lagen nur Papiere – die persönlichen des Angeklagten und ein Protokoll der Kripo. Zwei Beamte hatten notiert, was sie im Zimmer des Mordverdächtigen – „in einem Sideboard" – fanden: „ein gelbes Notizheft" und „einen Stapel orange-beigefarbener Zettel mit tagebuchartigen Aufzeichnungen". Die Schrift wirkte ungelenk, doch der Text legte eine Spur. „Bei einer groben Durchsicht", registrierten die Fahnder, hätten sie Passagen entdeckt, „die auf ein gestörtes Verhältnis zu Frauen hindeuten".[1]

Tatsächlich gaben die schriftlichen Gedankenfetzen Aufschluss über die Seelenqualen eines Mannes, der unter sexueller Not litt und seine eigenen gewalttätigen Phantasien fürchtete. Sein Tagebuch brachte ihn erst in Haft, dann vor Gericht und schließlich hinter Gitter. Zuletzt musste dann der Zweite Senat des Karlsruher Gerichts darüber befinden, ob der Zweck (Aufklärung einer schweren Straftat) jedes Mittel heiligt – also auch das Eindringen in die Intimsphäre.

Gegen den Tagebuchautor lag nicht viel vor. Die Kripo war auf ihn gekommen, weil er Ähnlichkeit mit der Beschreibung des gesuchten Täters hatte. Doch letztlich sprachen gegen ihn nur Indizien, vor allem seine eigenen Aufzeichnungen, die zwar nichts mit dem Verbrechen, wohl aber mit seiner Disposition für so eine Tat zu tun hatten.

„Ich kann", schrieb der Angeklagte, „keine Frau als Partnerin mit Liebesleben halten; das macht mich kaputt." Mädchen, die einer Vergewaltigung zum Opfer fielen, täten ihm leid – „ich weiß aber nicht, wie lange noch ..." Und in einer anderen Eintragung hieß es: „Ich spürte richtig, wie ich mit allerletzter Kraft meiner Tat ausweichen konnte."

Die „unantastbare" Sphäre

Das Landgericht Dortmund verurteilte den Mann wegen Mordes zu einer lebenslangen Freiheitsstrafe, der Bundesgerichtshof verwies den Fall an die Vorinstanz zurück. In diesem erneuten Verfahren wurde der Täter für 14 Jahre in ein psychiatrisches Krankenhaus zwangseingewiesen. Er legte Verfassungsbeschwerde ein. Sein Verteidiger trug vor: Die privaten Notizen gehörten zur unantastbaren Sphäre höchstpersönlicher Lebensgestaltung. Ein Eingriff in diesen, von der Verfassung absolut geschützten Kernbereich sei nicht statthaft. Deshalb gelte für die beschlagnahmten Papiere eine strenge Regel des Strafprozessrechts: das „Beweisverwertungsverbot".

Der Prozess in Karlsruhe endete mit einem Patt. Der achtköpfige Senat war gespalten. Beide Lager – vier Richter auf der einen, vier auf der anderen Seite – brachten ihre Gründe zu Papier, Gründe und Motive von einem gleichwertigen ethischen Anspruch. Wer sie liest, nimmt Teil an den Skrupeln bei der Wahrheitsfindung – und schwankt, mit welcher der beiden Seiten er sich identifizieren soll.

Der 4:4-Spruch spiegelte die Empfindungen, die den grausigen Mordprozess durch die Instanzen begleitet hatten: den Widerspruch zwischen Gefühl und Verstand. Beide Positionen fanden sich auch in der Reaktion des Publikums wieder. Hier zeigte sich: Bisweilen überfordert das Beweisverwertungsverbot die Menschen. Der Richter soll vergessen, was er weiß, und einen Angeklagten, den er für schuldig hält, laufen lassen. Da regt sich bei vielen ein massiver innerer Widerstand.

Die Gegenseite schwebt in abstrakter Höhe. Sie folgt ehernen verfassungsrechtlichen Grundprinzipien. Ihr Credo: Der Staat darf in der Intimsphäre seiner Bürger nicht schnüffeln – und er darf vor allem illegale Funde nie und nimmer gegen sie verwenden.

Richter contra Richter

Angesichts des Dilemmas zerfiel der Senat in zwei Hälften. Die eine wollte der Verfassungsbeschwerde stattgeben, die andere wollte sie ablehnen. Damit waren die Fronten klar. Es gab keine Mehrheit; mindestens fünf von acht Stimmen wären nötig gewesen, um der Beschwerde zum Erfolg zu verhelfen. Bei Stimmengleichheit geben laut Gesetz die vier, die den Antrag ablehnen, den Ton an. Sie verantworten den Spruch. Er beginnt deshalb auch mit ihren Argumenten.

Sie sind Teil eines faszinierenden Wettstreits. Wer dem Wesen von Begründungen auf die Spur kommen will, wird bei der Gegenüberstellung fündig. Er begreift, dass nicht die Sache, um die es geht, den Ausschlag gibt, sondern oft genug der Mensch, der die Gründe niederschreibt. Seine Beweisführung ist nicht induktiv, sondern deduktiv. Das heißt: Nicht die Gründe führen zum Ergebnis. Sondern: Das Ergebnis, das herauskommen soll, sucht sich seine Gründe.

Im Fall des Frauenmörders hatte der Leser des Urteils die Wahl zwischen zwei Argumentationsketten – die Kontrahenten im Gericht vertraten entgegengesetzte Prinzipien. Für die einen hatte das „Strafverfolgungsinteresse des Staates" Vorrang, für die anderen der Schutz individueller Freiräume. Keine der beiden Positionen präsentierte zwingendes Recht. Sie waren jeweils Ausfluss richterlicher „Überzeugung" – nicht mehr, aber auch nicht weniger.

Dieser Begriff, der bewusst das Persönliche hervorhebt, ist gleichsam ein Synonym für Subjektivität. Er stammt nicht aus der Feder eines Ignoranten, sondern steht wortwörtlich in Gesetzen, zum Beispiel in der Strafprozessordnung (StPO). Das Gericht entscheide, heißt es da, „nach seiner freien, aus dem Inbegriff der Verhandlung geschöpften Überzeugung": Der Rechtslehre genügt „ein nach der Lebenserfahrung ausreichendes Maß an Sicherheit, demgegenüber vernünftige Zweifel nicht aufkommen"; die Würdigung muss „rationaler Argumentation standhalten"; eine „mathematische Gewissheit" wird nicht verlangt.

Kontroverse Beweisziele

Es kann nicht verwundern, dass der Begriff der „Überzeugung" allen Bereichen der Rechts- und Wahrheitsfindung innewohnt. Der Richter schöpft seine Überzeugung – so ist zu vermuten – nicht nur aus Verhandlungen, sondern auch aus den Erfahrungen seines gesamten Lebens. Wenn er an einen Fall herangeht, tut er das so gut wie nie ohne einen präparierten Blick, den die Rechtswissenschaft „Vorverständnis" nennt – ein Phänomen, von dem noch die Rede sein wird.

Im Fall des Tagebuchmörders steuerten die uneinigen Richter nicht nur kontroverse Beweisziele an, sie mussten sich auch mit unterschiedlichen Widerständen auseinandersetzen. Der Vierergruppe, die das Tagebuch zulasten des Beschwerdeführers verwenden wollte, stand die ständige Rechtsprechung des eigenen Hauses im Wege, die den absoluten Schutz der Privatsphäre befürwortet und garantiert.

Zu erwarten war natürlich, dass die Vertreter der Gegenmeinung auf ebendieser Linie argumentieren würden. Umgekehrt standen aber auch die Anhänger der reinen Lehre (Schutz der Privatsphäre um jeden Preis) vor einer hohen Hürde. Was sie vorhatten, war nicht gerade populär. Sie mussten mit der Schlagzeile rechnen: Höchstrichterliche Milde für einen brutalen Mörder!

In einem Fall wie diesem lohnt der Versuch, Atmosphäre einzufangen. Mitunter zeigt sich dabei, dass Leidenschaft oder Überzeugungskraft die Feder führen. Engagement und Sprache fließen dann ineinander. So konnten diejenigen, die den „Täter" nicht frei herumlaufen lassen wollten, weil sie ihn für eine Zeitbombe hielten, nur ein Ziel haben: Sie mussten beweisen, dass „die Aufzeichnungen nicht dem unantastbaren Bereich privater Lebensgestaltung zuzurechnen" seien.[2]

Unter dieser hohen Messlatte durchzuschlüpfen war nicht leicht. Zunächst sprach viel dafür, dass Notizen, die in einem separaten Zimmer und dort in geschlossenen Schränken verwahrt waren, eben gerade zum „unantastbaren Bereich" gehören. Wer das Gegenteil beweisen wollte, benötigte dialektisches Geschick. Die Richter lösten diese Aufgabe denn auch nicht mit den Gesetzen der Logik, sondern per Dekret.

Sie nannten keine Gründe, sondern stellten apodiktisch fest: Der Schutz des privaten Kernbereichs sei hier „schon deshalb in Frage gestellt, weil der Beschwerdeführer seine Gedanken schriftlich niedergelegt hat". Sie gaben das Tagebuch neugierigen Blicke frei: Der Schreiber habe seine Gedanken, indem er sie schwarz auf weiß festhielt, „aus dem von ihm beherrschten Innenbereich entlassen und der Gefahr eines Zugriffs preisgegeben".

Satz für Satz wurde klar: Hier waren Richter am Werk, die der konservativen Devise folgten: Sicherheit geht vor Freiheit! Sie kamen der Kriminalitätsfurcht entgegen und entschieden deshalb ganz unsentimental: Das grundsätzlich als schutzwürdig anerkannte Geheimhaltungsinteresse des Einzelnen müsse in so einem Fall hinter überwiegenden Belangen des Gemeinwohls zurücktreten.

Warum, zählten sie noch mal auf: Die Notizen hätten sich zwar nicht mit der konkreten Planung oder mit der Schilderung der hier in Rede stehenden Straftat befasst, wohl aber eine psychische Disposition des Verdächtigen offenbart. Sachverständige sprächen von dieser krankhaften Fehlentwicklung des Tagebuchschreibers: Er habe „seit längerer Zeit einen Drang zur Begehung von Gewalt gegen Frauen" verspürt, „ein Verlangen, das zusehends übermächtiger wurde".

Extreme Positionen

Mag sein, dass die Notizen – wie die konservativen Richter meinten – erst den Schlüssel zum Verständnis des eigentlichen Tatgeschehens lieferten. Doch die zentrale Frage, ob die Aufzeichnungen nun verwertet werden dürfen oder nicht, haben die vier Weisen mit einem Zirkelschluss beantwortet. Sie betonten die enge Verknüpfung zwischen dem Inhalt der Aufzeichnungen und dem Verdacht der außerordentlich schwerwiegenden strafbaren Handlung. Um dann kühn zu folgern: Deshalb verbiete sich „ihre Zuordnung zu dem absolut geschützten Bereich persönlicher Lebensgestaltung, der jedem staatlichen Zugriff entzogen ist". Mit diesem „Basta", das jede Logik ignoriert, erklärten sie kurzerhand für bewiesen, was sie eigentlich hätten beweisen sollen.

Die vier, die dem Begehren stattgeben wollten, machten deutlich, dass für sie der Schutz des persönlichen Kernbereichs nicht bei einem brisanten Fall endet, sondern dort überhaupt erst beginnt. So eindringlich wie in diesem Urteil ist selten dafür geworben worden, das Tagebuch als unantastbaren Bestandteil des Individuums zu respektieren. Da das Votum der vier Neinsager das Urteil bestimmte, hatten die vier Unterlegenen quasi die Funktion von Minderheitenrichtern.

Was sie sagten, erinnerte an die Vorstellung des „Nie wieder", das nach dem Ende der Hitlerdiktatur zu neuen Ufern des Rechts geführt hatten. Der totale Zugriff auf den Menschen sollte fortan ausgeschlossen sein. Deshalb garantiert die Strafprozessordnung: Beweise, die auf unredliche Weise – etwa durch Folter oder Täuschung – gewonnen werden, dürfen nicht verwendet werden. Briefe an nahe Angehörige unterliegen, auch wenn sie das volle

Eingeständnis einer schweren Straftat enthalten, einem absoluten Beschlagnahmeverbot. Keiner muss sich hierzulande selbst ans Messer liefern.

Folgerichtig hielten die Minderheitenrichter auch die Verwertung der Tagebuchnotizen für unstatthaft. Ihre Begründung: Die Aufzeichnungen hätten ausschließlich höchstpersönlichen Charakter. Der Autor habe – ohne sich selbst zu schonen – seine Gemütszustände wiedergegeben und durch ungeschminkte Reflexionen die eigene Persönlichkeitsstruktur offenbart. Es sei der Versuch gewesen, sich „durch eine schonungslose Darstellung seiner Gefühlswelt" selbst zu ergründen; erkennbar habe er „auf diese Weise über zentrale, ihn quälende Probleme mit sich ins Reine" kommen wollen. Es handele sich hier um eine Auseinandersetzung mit dem eigenen Ich. Sie habe „nur so, wie geschehen", geführt werden können, „weil sie in der Einsamkeit des Selbstgesprächs, also geschützt vor fremden Augen und Ohren stattfand, und auch in diesem Bereich verbleiben sollte". Die Selbstanalyse habe ihren höchstpersönlichen Charakter nicht deshalb verloren, weil sie dem Papier anvertraut wurde.

Das Recht hängt an einer Stimme

Am Beispiel dieser beiden Argumentationsketten lässt sich verdeutlichen, wie Recht entsteht. Im erkennenden Senat des Gerichts hat es zwei Strömungen gegeben. Beide haben miteinander um Wahrheit und Gerechtigkeit gerungen. Zuletzt gab es zwei gleich starke Positionen, vertreten von vier Richtern auf der einen und von vier auf der anderen Seite. Zu vermuten ist, dass jedes der beiden „Lager" bis zum letzten Moment versucht hat, dem Gegner eine weitere Stimme abzutrotzen. Von dieser einen hängt es oft genug ab, ob eine glatte 5:3-Mehrheit zustande kommt. Genau betrachtet bestimmt dann im Endeffekt ein Richter, welche Worte verbindliches Recht werden.

Dieser Erfolg war den vier Beschützern der Intimsphäre nicht vergönnt. Doch sie haben ihre Ideen in Worte gemeißelt: „So gewiss es ist, dass die Gedanken frei sind, so gewiss muss gleicher Schutz für das schriftliche mit sich selbst geführte Gespräch gelten." Diese Schlussfolgerung könnte sich noch als Beleg für die Allmacht der Worte erweisen. Ihre Dynamik ist so stark, dass sie im Laufe der Jahre das Votum der formellen Beratungssieger verdrängen und vergessen machen könnte.

Recht ist nicht eindeutig. Das Patt der Richter im Fall des Tagebuchmörders illustriert, dass zwei (und mehr) Meinungen nebeneinander bestehen können. Ganz beiläufig wurde auch sichtbar, dass Gefühle zu Überzeugungen führen – und „Überzeugungen" zu Urteilen. Noch im letzten Drittel des vorigen Jahrhunderts gehörte zum Selbstverständnis des richterlichen Berufsstandes der feste Glaube, dass ein „richtiges" Urteil gleichsam das Ergebnis logischer Rechtsanwendung sei – etwa nach dem Schema: das Gesetz als Obersatz, der zu entscheidende Sachverhalt als Untersatz, der Richterspruch als Schlussfolgerung aus beiden Prämissen. Die meisten hielten diesen Vorgang für ebenso zwingend wie die Regel, nach der zwei und zwei vier ergeben.

In der Regel funktioniert das Schema auch: Auf Totschlag steht zum Beispiel „Freiheitsstrafe nicht unter fünf Jahren" (Obersatz). Wenn bewiesen ist, dass der Angeklagte getötet hat (Untersatz), spricht das Gericht eine angemessen Strafe aus (Schlussfolgerung). Doch was so klar erscheint, ist in der Wirklichkeit kompliziert. Zweifel sind immer angesagt. Handelt es sich wirklich um Totschlag? Oder ist es nur eine Körperverletzung? Eine schwere? Eine leichte? Eine vorsätzliche? Wenn ja: Gilt womöglich ein anderes Strafmaß? Haben die subjektiven Überzeugungen des Richters Einfluss auf sein Urteil?

Martin Draht entlarvte das „Subsumtionsdogma" (das glaubt, jeden Fall unter einen Paragraphen zwingen zu können), als richterlichen Selbstbetrug. Er nannte den Irrglauben, mit dem die Zunft der Juristen bislang gelebt hatte, „die Lebenslüge Nr. 1 der Juristen".[3] Der renommierte Verfassungsrechtler sprach als Erster offen aus, dass auch individuelles Wünschen und Wollen den Richterspruch beeinflusse – und dieser Impuls könne „riesengroß sein, sodass mit dem Wechsel der Person des Richters in der Tat eine andere Entscheidung fällt".

Mit ähnlichen Gedanken hatte 1970 der Tübinger Rechtsphilosoph Josef Esser Furore gemacht. Er lenkte den Scheinwerfer auf eine banale, aber bis dahin immer vernachlässigte Alltagsweisheit: Dass Richter nämlich niemals keusch und unschuldig an einen Fall herangehen, sondern immer mit einem bestimmten „Vorverständnis". Dies aber sei „weder homogen noch einheitlich, sondern entstammt Lernprozessen unterschiedlichster Art".[4] In solchen Denkschemata spiegele sich ein „Traditionszusammenhang", der „oft Generationen hindurch wirksam bleibt, bis sich plötzliche neue Zusammenhänge erschließen".

Die Ausrufe- und Fragezeichen, die Draht und Esser gesetzt hatten, blieben nicht ohne Echo. Der große Münchner Rechtsphilosoph Arthur Kaufmann assistierte den beiden: „Dass dieses Subsumptionsdogma nicht stimmt, ist mittlerweile ein Gemeinplatz. Es stimmt aber nicht nur ausnahmsweise nicht, es stimmt überhaupt nicht."[5] Der Wissenschaftler fragte ironisch, wie man sich einen Richter vorstellen müsse, „den nichts, aber auch gar nichts anderes leitet als einzig das Recht?"[6]

Kaufmann illustrierte seine Zweifel mit rhetorischen Fragen: Hat dieser Richter „kein Gewissen, das zum Recht Stellung bezieht, zustimmend, zweifelnd und mitunter auch ablehnend? Hat die ‚Welt', in der er lebt, hat die gesellschaftliche, ökonomische, religiöse, kulturelle Atmosphäre, die ihn umgibt, keinen Einfluss auf sein Denken, Fühlen, Meinen, auf seine Weltanschauung?"

Der Rechtsphilosoph kam zu ähnlichen Schlussfolgerungen wie Esser: „Kein Richter – und überhaupt niemand, der auf methodischem Weg Recht zu finden trachtet", gehe „jungfräulich an die Entscheidung eines Rechtsfalles heran". Er habe vielmehr schon immer – „bevor er die erste Aktenseite gelesen, die erste Vernehmung durchgeführt hat" – eine ganze bestimmte Vorstellung von solchen Fällen und ihrer Beurteilung.[7]

Nahezu kongenial fortgesetzt wurden diese Gedankengänge 1986 von Winfried Hassemer, damals Rechtsprofessor in Frankfurt, seit 1996 Richter und bis 2008 Vizepräsident des Bundesverfassungsgerichts. Er warnte vor dem falschen Eindruck, dass es „zum Vorverständnis eine Alternative gäbe, dass ‚vorurteilsfreies'

Verstehen möglich" sei.[8] Hassemer ist vom Gegenteil überzeugt: Kein Mensch versteht irgendetwas „rein" oder gar „objektiv". Jeder sieht den Gegenstand „mit seinen eigenen Augen, aufgrund seiner eigenen lebensgeschichtlichen Hoffnungen, Enttäuschungen und Ängste". Und weiter: Er selektiert mithilfe „seiner individuellen Vorverständnisse".

Diese müssten, so folgert der Gelehrte und Richter, in der richterlichen Praxis aufgedeckt werden. Er plädiert dafür, dass seine Kollegen das Thema selbst ansprechen und ihr Tun „kontrollierbar" machen. Hassemer hält es jedenfalls für „naiv und gefährlich", den Richter auf eine sogenannte „vorurteilslose" Gesetzesauslegung zu verpflichten. Wer von ihm „die Vermeidung von Vorverständnissen" verlange, argumentiere unredlich. Diese Empfehlung liefe „in praxi auf richterliche Taktiken von Verschleierung und Verschweigen hinaus".

Akt der Rechtsschöpfung

Den Ritterschlag, das Testat der Praxis, erhielten diese Gedanken durch einen Amtsträger, der sich sehr früh, 1987, zur selben Einsicht durchgerungen hatte: durch Gerd Pfeiffer, Präsident der Bundesgerichtshofes von 1977 bis 1987. Er kehrte sogar den Einfluss der Gefühle ins Positive. „Ein Zustand völliger innerer Freiheit zur Ermöglichung einer optimalen Bindung an Gesetz und Recht ist aber", so fand er, „nicht nur unerreichbar – es wäre nicht einmal wünschenswert."[9]

Pfeiffer erläuterte diesen Gedanken, der 1987 noch nicht zum Allgemeingut seines Standes gehörte: Grundeinstellung und Vorverständnis des Richters seien „nicht etwa bedauerliche" Begleiterscheinungen der Rechtsfindung, sondern „notwendige Voraussetzungen". Für den ehemaligen Präsidenten ist die Gesetzesanwendung „kein bloßer Subsumptionsvorgang", er sieht in ihr einen „wertenden Akt der Rechtsschöpfung".

Alle diese Ideen hatten ein merkwürdiges Schicksal: Sie gehören zum Wissensstoff, aber nicht zum Selbstverständnis der Zunft. Es gab und gibt da offenbar innere Widerstände.

Viele Richter würden Pfeiffers These wohl gern den Stempel „streng vertraulich" aufdrücken. Sie wissen (oder ahnen zumindest), dass ein Urteil, das wie das Ergebnis einer mathematischen Operation daherkommt, eher Akzeptanz findet als ein Kunstwerk, das stets dem Geschmack unterworfen ist. Über den kann man bekanntlich streiten. Das Bemühen um Gerechtigkeit zeigt, wenn es als kreativer Vorgang („wertender Akt") begriffen wird, naturgemäß mehr offene Flanken.

Besonders dann, wenn ein Ideologieverdacht in der Luft liegt. Kaufmann hatte geargwöhnt, dass ein Richter unabhängig vom konkreten Fall recht genaue Vorstellungen davon habe, wie die Reaktion auf bestimmte Phänomene aussehen müsse (etwa wie gegen Mitglieder von Terroristen- und Anarchistengruppen vorgegangen werden soll).

Die Art und Weise, wie die höchste Instanz mit dem Tagebuch des Verdächtigen umging, sagt mehr über das „Vorverständnis" der Richter aus, als ihnen lieb sein dürfte. Beide Voten basierten erkennbar auf tief verwurzelten Überzeugungen. Sie gingen von entgegengesetzten Grundwerten aus – und beantworteten (zumindest indirekt) eine prinzipielle Frage der Demokratie: Ob nun der Bürger vor dem Staat oder der Staat vor dem Bürger geschützt werden muss.

BGH-Präsident Günter Hirsch sieht die Wechselbeziehung zwischen Vorurteil und Urteil nicht anders als sein Vor-Vorgänger Pfeiffer. Er warb um Verständnis für seine Kollegen: „Wir sollten uns keine Richter ohne Vorverständnis wünschen. Solange Menschen richten, wird es dieses geben – und der Justiz ihr menschliches Antlitz geben."[10]

MIT DER HOHLNADEL INS RÜCKENMARK
Warum der Schutz von Leib und Leben unverzichtbar ist

Die Garantie der „körperlichen Unversehrtheit"
ist ein zartes Gut: Sie wird schon bei jedem ärztlichen Eingriff berührt; sie hängt am seidenen Faden,
wenn es um Lösegeld geht; sie steht zur Disposition,
wenn Beamte im Katastropheneinsatz ihr Leben
riskieren. Wer über Wohl und Wehe entscheidet,
hat nur einen Maßstab: seine innere Uhr.

Was als Aufklärung gedacht war, tat schon beim Zuhören weh.
„Ich steche", sagte der Arzt, „mit einer Hohlnadel ins Rückenmark,
um dort Liquor zu entnehmen." Er demonstrierte am Skelett, wo
der Eingriff erfolgen sollte – wahlweise an zwei Stellen: entweder
im Bereich der oberen Lendenwirbel oder am Hals zwischen dem
Schädel und dem oberen Nackenwirbel. „Das eine heißt Lumbal-,
das andere Okzipitalpunktion."

Der Adressat dieser Belehrung stand auf und ging. Ihm fehlte
nichts. Er war bei bester Gesundheit. Warum sollte er sich freiwillig malträtieren lassen? Den Zwang, den ein Richter angeordnet hatte, empfand er als Schikane. Er setzte, um der Prozedur zu
entgehen, Himmel und Hölle in Bewegung. Seinem Widerstand
verdankt die Republik ein Leitsatzurteil, das den Anspruch „auf
körperliche Unversehrtheit" definierte.

Sprüche des Verfassungsgerichts haben ihre eigene Qualität. Sie
klären nicht nur den Einzelfall, sondern setzen oft Recht, fast so
wie der Bundestag. Manches, was die Roten Roben entschieden
haben, liegt Jahrzehnte zurück – und gilt heute noch, so etwa die
Schutzgarantien für den Bürger aus dem Jahre 1963, von denen
hier die Rede sein soll.[1]

Kläger war Robert Niederreuter – ein bayerischer Querkopf,
der sich gern mit Behörden anlegte. Vor allem die Beamten der

Münchner Handwerkskammer bekamen seinen Eigensinn zu spüren. Der Kaufmann und die Körperschaft öffentlichen Rechts waren sich zunächst auf harmlosen, auf bürokratischen Pfaden in die Quere gekommen. Niederreuter sollte in seiner Eigenschaft als Geschäftsführer einer Firma für Modellstrickwaren Fragebögen der Handwerkskammer ausfüllen. Er betrieb, was ihm später zum juristischen Verhängnis wurde, das Geschäft als GmbH, als Gesellschaft mit beschränkter Haftung. Deren Stammkapital betrug 20 000 Mark; er war mit 19 000 Mark beteiligt, seine bei ihm lebende Mutter mit 1000 Mark. Als Hauptgesellschafter hatte er die Pflicht, Schaden von der GmbH abzuwenden. Den aber sollte ausgerechnet er verursacht haben, wie später die Staatsanwaltschaft behauptete. Und das kam so.

Als Niederreuter die Formulare auf den Tisch bekam, kritzelte er aufmüpfige Kommentare an den Rand, da er die Fragen für albern und überflüssig hielt. Die Kammer verstand da keinen Spaß. Sie verhängte mit der Begründung, er habe die Fragebögen „nicht ordnungsgemäß ausgefüllt", zwei Bußgelder von je 500 Mark gegen seine Firma. Das war 1958 viel Geld. Aus der ganzen Affäre war über Nacht eine Strafsache geworden. Zwar hatte er den Schaden zulasten der Firma nur auf dem Papier angerichtet (weil der Betrieb ohnehin zahlungsunfähig war). Die Buße wurde deshalb „als uneinbringlich niedergeschlagen". Doch die Staatsanwälte erhoben trotzdem Anklage. Vorgeworfen wurde ihm „Untreue"; das ist ein Straftatbestand, den jeder erfüllt, der einem anderen, „dessen Vermögensinteressen er zu betreuen hat, Nachteil zufügt".

Zynische Randbemerkungen

Schuld auf sich geladen hatte Niederreuter nach Ansicht der Anklagebehörde durch sein renitentes Verhalten. Begründung: Er habe die amtlichen Fragebögen „mit ungenügenden, zynischen und teils völlig sinnlosen Vermerken versehen". Der Amtsrichter zweifelte sogar am Verstand des Kaufmanns. Er ordnete eine ärztliche Untersuchung des Angeklagten zur Prüfung seiner Zurechnungsfähigkeit an. Niederreuter lernte, wie schnell ein scheinbar abgegriffenes Klischee wirklich werden kann. Er war im wahrsten Sinne des Wortes in die Mühlen der Justiz geraten. Und weil er nicht der Justiz zuliebe Schmerzen erdulden wollte, nahm das Verfahren seinen Lauf – durch etliche Instanzen.

Niederreuters Odyssee begann beim Gerichtsarzt, der bei einer ersten ambulanten Untersuchung nichts fand, aber meinte, es könne vielleicht eine Erkrankung des Zentralnervensystems vorliegen. Ein genauer Befund, sagte er, sei aber nur möglich nach einer Blutuntersuchung und nach einer Entnahme von Liquor (Gehirn- und Rückenmarksflüssigkeit). Das war der Moment, in dem Niederreuter den Raum verließ.

Diesen Eingriff, der als Vorstufe zur Heilung eines Kranken unumgänglich sein mag, wollte er nicht über sich ergehen lassen – jedenfalls nicht, um die Neugier von Gerichtspersonen zu befriedigen. Doch seine Weigerung half nicht. Durch Beschluss ordnete der Amtsrichter die Untersuchung zwangsweise an: „Vornahme durch die Nervenklinik der Universität München."[2]

Lumbal- oder Okzipitalpunktion?

Niederreuter legte Beschwerde beim Landgericht ein. Doch auch in dieser nächsten Instanz wurden seine Einwände kurzerhand verworfen. Er hatte vorgetragen, dem Zwangsbeschluss fehle „die notwendige Bestimmtheit". Der Amtsrichter habe versäumt, genau zu sagen, welcher körperliche Eingriff vonnöten sei – die Lumbal- oder die Okzipitalpunktion? Eine solche Präzisierung hielt das Landgericht für überflüssig. Begründung: „Nach fernmündlich eingeholter Auskunft des Gerichtsarztes seien beide Eingriffe gleichwertig, daher könne dem durchführenden Arzt die Wahl überlassen bleiben."[3]

Niederreuter nahm das nicht hin. Da das Landgericht München die telefonische Auskunft des Arztes verwertet hatte, ohne ihm Gelegenheit zur Stellungnahme zu geben, sah er seinen Anspruch auf rechtliches Gehör verletzt und legte Verfassungsbeschwerde ein. Beide Arten der Liquorentnahme, so seine Rüge, hätten unangenehme Folgen, die eine – wie er gehört habe – mehr als die andere. Doch die Tatsache, dass er gar nicht zu Wort kam, war eigentlich nur der letzte Anlass für seinen Gang nach Karlsruhe. Sein Aufbegehren wurzelte in dem Gefühl, dass die Obrigkeit in seinem Fall zu weit gegangen war. Was im weiteren Verlauf passierte, ist oft zu beobachten – ein gesunder Bürgerinstinkt führt zur Weiterentwicklung des Rechts. Im Zentrum der Klarstellungen, die Niederreuter bewirkte, stand denn auch eine der wichtigsten Garantien der Verfassung: der Schutz von Leib und Leben. Oder die Frage: Wie geht der Staat mit der Gesundheit seiner Bürger um?

Die Schatten der Vergangenheit

Die Gründe, die den Verfassunggeber bewogen hatten, diesen Gedanken an die Spitze des Grundgesetzes zu stellen, hatten – wie so vieles – mit den Erfahrungen im Hitlerreich zu tun. In jener Zeit war schon das Leben eines Menschen nichts wert, noch viel weniger respektierten die Machthaber seine Gesundheit. In den Konzentrationslagern und in den Gefängnissen der Geheimen Staatspolizei (Gestapo) wurde gefoltert und geschlagen. SS-Ärzte missbrauchten Häftlinge als Versuchskaninchen. Sie experimentierten mit ihren „Objekten". Sie erprobten, wie lange sie Kälte aushielten, ob sie Giftgas und chemische Waffen überlebten, wie ihr Körper auf künstlich beigebrachte Infektionen oder Knochenbrüche reagierte. Unschuldige Bürger wurden zu wehrlosen Opfern von Sadisten in Uniform.

So etwas sollte nach dem Willen der Bonner Verfassungsväter und -mütter auf deutschem Boden nie wieder möglich sein. Die Karlsruher Verfassungshüter aber sahen ihre wichtigste Aufgabe darin, allen Anfängen zu wehren. Sie wussten, dass sich Geschichte nie auf die gleiche Weise wiederholt. Sie wussten auch, dass die Auswüchse der Diktatur in einer Demokratie nicht zu befürchten sind. Ihnen ging es daher vor allem darum, gedankenlose und bürokratische Eingriffe in die körperliche Unversehrtheit aufzuspüren und abzuwehren.

Niederreuters Beschwerde betraf so einen Fall. Der Amtsrichter, daran gewohnt, bei alkoholisierten Autofahrern nachträglich eine Blutprobe zu genehmigen, war nur einen Schritt weiter gegangen. Einen zu weit?

Die Verfassungsrichter nahmen – anders als die Vorinstanzen – das Problem nicht auf die leichte Schulter. Sie forderten von der Neurologischen Universitätsklinik in Hamburg ein Sachverständigengutachten an. Sie wollten wissen, welche Bedeutung und welche körperlichen und seelischen Folgen beide Punktionen für den Betroffenen haben könnten.[4] Die Antwort: Lumbalpunktierte litten in zehn Prozent aller Fälle mehrere Tage lang an Kopf-, Rückenschmerzen und Übelkeit; die Okzipitalpunktion sei im Allgemeinen weniger schmerzhaft.

Der Vertrauensbonus des Gerichts

Im „Klinischen Wörterbuch" von Willibald Pschyrembel fanden die Richter sogar Hinweise auf ernste Komplikationen in besonderen Fällen. Damit war deutlich, was Niederreuter drohte. Die Vorinstanzen hatten sich um diese Information, die leicht zu beschaffen war, gar nicht erst bemüht. Tatsächlich versuchen die Roten Roben – mehr als alle anderen – die Sorgen der Bürger ernst zu nehmen. Das Vertrauen beim Volk verdanken sie nicht nur ihren Urteilen, sondern auch der Sorgfalt, mit der sie den Dingen auf den Grund gehen.

Sie bestätigten jedenfalls Niederreuters Befürchtungen: „Die Entnahme von Gehirn- und Rückenmarksflüssigkeit mit einer langen Hohlnadel ist ein nicht unerheblicher operativer Eingriff, ein Eingriff in die körperliche Unversehrtheit."[5] Die Tatsache, dass er „normalerweise ungefährlich" sei, ändere daran nichts. Es genüge, dass „Störungen des Gesundheitszustandes wie Schmerzen und Übelkeit" und „ernste Komplikationen" nicht gänzlich auszuschließen seien. Sie gaben seiner Beschwerde recht.

Niederreuters Erfolg widerlegte die Richter der Vorinstanzen. Er lenkte zugleich – wieder einmal – den Blick auf die Lebenslüge von Juristen, die überzeugt sind, dass sie alleine wissen, was rechtens ist. Der Fall zeigte, dass manche an ihrer Unfehlbarkeit nicht mal zweifeln.

Geprüft hatten die Verfassungsrichter auch, ob es überhaupt ein Gesetz gibt, dass Eingriffe wie den gegen Niederreuter gestattet. Tatsächlich gibt es eins. Nach Paragraph 81a der Strafprozessordnung darf „eine körperliche Untersuchung des Beschuldigten" einfach angeordnet werden. Zuständig ist ein Einzelrichter – mit einer erkennbar weitreichenden Blankovollmacht. Doch die Karlsruher Richter zogen Grenzen: Ob und wann Eingriffe erlaubt seien, hänge von einer Güterabwägung im Einzelfall ab. Es müsse „auch in Betracht gezogen werden, welches Gewicht die zu ahndende Tat hat".[6]

Angespielt wurde damit auf zwei Prinzipien, die (wie bereits vielfach erwähnt) dem gesamten Rechtsdenken innewohnen – auf die „Verhältnismäßigkeit der Mittel" und auf das „Übermaßverbot". Das Gericht hielt fest: Hier wurde niemand geschädigt. Daher sei die Voraussetzung, dass ein Eingriff in angemessenem Verhältnis zur Tat stehen müsse, nicht erfüllt. Die Moral: Auch im Recht darf nicht mit Kanonenkugeln auf Spatzen geschossen werden. Mit einem Seitenhieb sprachen die Richter dem Publikum aus dem Herzen: „Im Ganzen handelt es sich um eine Bagatellsache."[7]

Stopp für die Halbgötter in Weiß!

Es war ein Sieg für Artikel 2 des Grundgesetzes. Wer gern vom „toten Buchstaben des Gesetzes" spricht, kann diese Vorschrift nicht meinen. Denn sie atmet Leben, sie verkörpert die Idee der Humanität. Während Artikel 1 GG die Achtung der Menschenwürde fordert, verspricht Artikel 2 dreierlei: die freie Entfaltung der Persönlichkeit, die Freiheit der Person und die körperliche Unversehrtheit. Das breite Spektrum dieser Versprechen erklärt, warum dieses Grundrecht häufiger als alle anderen herangezogen und zitiert wird – sowohl in den Verfassungsbeschwerden als auch in den Entscheidungen des obersten Gerichts.

Im normalen Leben spielt die Frage, wer wen wann anrühren darf, nur bei Krankheit eine Rolle. Doch auch hier liegt die

Verfügung über den eigenen Körper, was die Halbgötter in Weiß nicht so gern hören, ausschließlich bei dem, der Hilfe sucht. Tatsächlich steht, so das Bundesverfassungsgericht und mit ihm alle übrigen Instanzen, „die Entscheidung über einen ärztlichen Eingriff grundsätzlich dem betroffenen Patienten zu". Die Garantie der Unversehrtheit sei ein Freiheitsrecht und mache deshalb den ärztlichen Heilversuch vom Willen des Patienten abhängig.[8] Jede Behandlung, die sich darüber hinwegsetzt, erfüllt daher den Straftatbestand der Körperverletzung. Davon war auch schon bei der Patientenverfügung die Rede.

Über die Frage, welche Eingriffe ein Bürger hinnehmen muss, wird sonst nur noch gestritten, wenn es um die Aufklärung von Straftaten geht. Da fallen dann medizinische Begriffe wie Blutprobe und Gentest oder, weniger harmlos, wie „Liquorentnahme" und „Hirnkammerlüftung". Letztere sind, wenn überhaupt, nur in Ausnahmefällen erlaubt – und die Hürden sind hoch: Der Grundsatz der Verhältnismäßigkeit fordert, „dass die Maßnahme unerlässlich ist, dass sie in angemessener Relation zur Schwere der Tat steht und dass die Stärke des bestehenden Tatverdachts sie rechtfertigt".[9] Oder anders: Der beabsichtigte Eingriff darf „den Täter nicht stärker belasten als die zu erwartende Strafe".[10]

Die „fliegende Bombe"

Im Zeitalter des Terrors sind solche ehernen Regeln nicht mehr viel wert. Der Filmausschnitt, der dies symbolisiert, dauert nicht mal eine Sekunde. Er zeigt, wie am 11. September 2001 das erste Flugzeug den Turm rammt und explodiert.

Das Inferno am World Trade Center hat das kollektive Bewusstsein geprägt – und das individuelle. Mancher stellt sich vor, dass er als Urlauber selbst in einer Todesmaschine sitzen könnte. Wer mit dem Gedanken spielt, kann einer Frage nicht ausweichen: Würde er wollen, dass ein Abfangjäger das Drama vorzeitig beendet? Er thematisiert damit das Dilemma der Neuzeit: Darf ein Staat die „fliegende Bombe", bevor sie wie in New York Tausende in den Tod reißt, abschießen lassen?

Die Frage zielt ins Zentrum der politischen Moral. Nach der Hitlerära, in der Menschenleben nichts bedeuteten, hat das Grundgesetz im Jahr 1949 eine neue Rangordnung der Werte geschaffen. Die Verfassung schützt, wie mehrfach gesagt, die Menschenwürde und sie garantiert „das Recht auf Leben und körperliche Unversehrtheit". An diesen Fundamenten hat seit mehr als fünfzig Jahren niemand gerüttelt.

Zum Abschuss freigegeben?

Doch die apokalyptischen Bilder vom 11. September 2001 haben die Gewichte verschoben. Nach dem Terrorakt kamen Güterabwägungen ins Spiel, die zuvor undenkbar gewesen wären. Politiker begannen, Leben gegen Leben aufzurechnen. Sie verabschiedeten 2005 ein sogenanntes Luftsicherheitsgesetz, das den Abschuss eines Flugzeugs erlaubt, „wenn nach den Umständen davon auszugehen ist", dass es „gegen das Leben von Menschen eingesetzt werden soll". Das hieß: Mord von Amts wegen.

Die neue Norm entfachte leidenschaftliche Kontroversen. Fünf Gegner des Gesetzes zogen vor das Bundesverfassungsgericht. Dort prallten zwei entgegengesetzte Standpunkte aufeinander. Beide Seiten trugen Beachtliches vor. Ihre Wortführer verzichteten ausnahmsweise auf den sonst üblichen Selbstbetrug. Keiner versuchte, sich und anderen weiszumachen, dass es nur einen richtigen Standpunkt gibt – den eigenen.

Die einen wie die anderen wollten Leben schützen – allerdings auf unterschiedliche Weise. Diese Ambivalenz zeigte einmal mehr die Subjektivität des Rechts; es ist nicht nur mehrdeutig, sondern lässt viele Antworten zu, die gleichwertig nebeneinander stehen und bestehen.

Lebensschützer hier, Lebensschützer da – im Endeffekt ging es um die Frage, ob sich das ethische Problem überhaupt durch ein Gesetz lösen lässt. Der Bundestag hatte das mit der erforderlichen Mehrheit versucht. Die Anhänger dieser Position argumentierten: Das Verbot, dass der Staat nicht töten darf, könne nicht stärker sein als das Gebot, Leben zu schützen und zu retten.[11] Das Leben der Passagiere sei ohnehin verloren, ihre Situation ähnele der von Soldaten, die sich für das Ganze aufopfern. In vergleichbaren Situationen, etwa bei Geiselnahmen, erlaube das Polizeirecht den finalen Todesschuss.

Die Parallele offenbart allerdings auch die Schwäche der Argumentation. Ein Scharfschütze der Polizei zielt nicht auf Unschuldige, sondern auf den Verbrecher. Dagegen gerät der Pilot, der eine Passagiermaschine abschießen soll, in schwere Gewissensnöte. Auf ihn nimmt das Gesetz keine Rücksicht. Er muss, wenn es darauf ankommt, ein paar hundert harmlose Fluggäste umbringen.

Vieles sprach dafür, dass sich der Staat mit dieser Norm übernommen hatte. Heribert Prantl schrieb in der „Süddeutschen Zeitung": Der Todesschuss „sprengt das Rechtssystem".[12] Das Luftsicherheitsgesetz sei „der untaugliche Versuch, das Unregelbare zu regeln". Es suggeriere, rügte der Kommentator, „die Legalisierung des nicht Legalisierbaren".

Wie dünn das Eis ist, auf dem Befürworter wie Gegner einer Abschusserlaubnis balancieren, zeigte der Zwischenruf des berühmten Harvard-Juristen Alan Dershowitz. Er ging von dem Fall aus, den alle kennen: „Ein entführtes Flugzeug mit 300 Passagieren fliegt auf einen Wolkenkratzer zu." Dershowitz provozierte: Wenn sich nur zehn Leute im Gebäude aufhielten, greife man die Maschine besser nicht an. Wenn 1000 im Turm seien, müsse man den Aggressor abschießen. „Die Zahlen entscheiden über die moralische Abwägung."[13]

Es gab viele Fragen und ebenso viele Antworten, als die Sache in Karlsruhe aufgerufen wurde. Angesichts ihrer Brisanz entwickelte der Prozess eine eigene Dynamik. Die Kontrahenten stritten und merkten kaum, wie der Disput die Richtung wechselte – vom umstrittenen Gesetz zur Moral, vom Recht zur Philosophie und Theologie. Wer nach einer Antwort suchte, erkannte bald, dass ihm – wenn überhaupt – nicht die Logik, sondern die Ethik weiterhelfen würde.

Das Gewissen war gefragt. In der Verfassung fand sich sogar eine Antwort. Die Richter erklärten: Das Luftsicherheitsgesetz sei „mit dem Grundgesetz unvereinbar und nichtig". Sie stützten sich auf die Garantien der Menschenwürde und der körperlichen Unversehrtheit: Es sei daher schlechterdings unvorstellbar, unschuldige Menschen in hilfloser Lage vorsätzlich zu töten. Die Annahme, dass Passagiere in die eigene Tötung einwilligten, sei eine lebensfremde Fiktion.[14]

Die weitere These schließlich, dass die Geiseln selbst „Teil einer Waffe geworden seien und sich als solche behandeln lassen müssten", empörte die Verfassungsrichter. Sie reagierten entsprechend scharf: Diese Auffassung bringe geradezu unverhohlen zum Ausdruck, dass die Opfer nicht mehr als Menschen wahrgenommen werden. Sie würden dadurch, „dass ihre Tötung als Mittel zur Rettung anderer benutzt wird, verdinglicht und entrechtlicht".

Juristisch wurde die Streitfrage mit dem höchstrichterlichen Urteil verbindlich beantwortet. Danach verstößt jedes Gesetz, dass Töten von Amts wegen erlaubt, gegen die Verfassung. Doch damit ist der denkbare Konflikt nicht gelöst. Wenn sich der 11. September wiederholt, muss einer entscheiden. Das Recht lässt ihn nun allein – und hinterher muss er sich verantworten. Der Senat habe nicht entschieden, sagte Gerichtspräsident Hans-Jürgen Papier, wie ein gleichwohl vorgenommener Abschuss strafrechtlich zu beurteilen wäre.[15]

Heribert Prantl kommentierte: Das Recht könne „nur die furchtbare Situation entschuldigend berücksichtigen, in der sich ein Befehlshaber befindet – und von Strafe absehen, wenn er den Abschuss angeordnet hat". Doch das sei kein Freibrief: „Der Abschuss ist und bleibt eine Straftat, auch wenn diese wegen der besonderen Umstände straflos bleiben sollte."[16]

Mitsprache der Laien

Es gab, wie so oft, Steine statt Brot – eine theoretische, keine praktische Lösung. Mithin hilft, wenn es hart auf hart kommt, die Juristerei nicht weiter. Warum also sollte der mündige Bürger da nicht mitreden dürfen? Bei kontroversen Themen versucht er dasselbe wie der Richter – nämlich ein Urteil zu fällen. Das „Kollegium", in dem er Argumente austauscht, ist sein Umfeld: Familie,

Freunde, Kollegen. Und es steht zu vermuten, dass die Laien bei ihrer „Beratung" keine anderen Güterabwägungen treffen als die Juristen. Ob einer für oder gegen den Todesschuss stimmt, ob er die Bekämpfung des Terrors zu seiner Sache macht, ob er als Passagier bereit wäre, fünf Minuten früher zu sterben – die Antwort auf diese Fragen hängt von vielen Unwägbarkeiten ab, mit Recht haben sie nur wenig zu tun. Trotzdem lassen sich auch Richter von solchen Einflüssen leiten – und sei es nur unbewusst.

Allerdings reden sie nicht gern darüber. Am liebsten würden sie die Gemengelage zwischen Kopf und Bauch als „streng geheim" behandeln. Doch wenn es (wie hier) um Leib und Leben geht, sind ihre Spielräume nicht sehr groß. Wer auch immer zu entscheiden hat, findet eine gefestigte Spruchpraxis vor. Sie hält unverrückbar fest, was „körperliche Unversehrtheit" bedeutet.

Die Schutzpflicht ist umfassend.[17] Sie erstreckt sich selbst auf das Ungeborene im Mutterleib. So bestimmen es die beiden Karlsruher Entscheidungen zum Schwangerschaftsabbruch.[18] Das Grundgesetz verlange vom Staat, so lautet die Botschaft vieler Richtergenerationen, dass er „jedes menschliche Leben" schützt; er müsse es „auch vor Eingriffen von Seiten anderer" bewahren.

Der Staat in Geiselhaft

Letzteres kann die politische Klasse überfordern. Niederreuters Odyssee war symptomatisch für die eine Seite des Grundrechts: den Schutz vor dem Staat. Die andere – der Schutz durch den Staat – hat ihre eigene Dynamik, die etwa bei Geiselnahmen sichtbar wird. Da nimmt die ganze Fernsehnation Anteil. Jeder erwartet, dass sich die Regierung für das Opfer einsetzt. Und jeder begreift, dass hier ein Mensch wirklich der Fürsorge bedarf – einer, der vielleicht sogar um Hilfe bettelt, weil er nicht sterben will.

Bei Geiselnahmen geraten die Machthaber in eine Zwickmühle. Sie werden, ob sie wollen oder nicht, unversehens zu Herren über Leben und Tod. Wenn das Ultimatum der Entführer auf dem Tisch liegt, können sie nur zwischen Pest und Cholera wählen: Sich erpressen lassen und damit ein Menschenleben retten oder

der Staatsräson folgen, die Forderungen der Entführer ablehnen und damit den Tod der Geisel billigend in Kauf nehmen.

Wer auch immer in so einem Fall das letzte Wort hat – mit dem menschlichen Dilemma muss er allein fertig werden. Das juristische Dilemma ist gelöst. Bei einer tödlichen Geiselnahme, die Deutschland aufwühlte, hatte das Bundesverfassungsgericht den Spitzenpolitikern Absolution erteilt.[19] Der Arbeitgeberpräsident Hanns-Martin Schleyer war von Killern der RAF (Rote Armee Fraktion) am 5. September 1977 entführt worden. Sie drohten mit seiner Hinrichtung. Ihr Ultimatum: Die Bundesregierung solle elf namentlich benannte Terroristen aus der Haft entlassen und ihnen die Ausreise gestatten.

Schleyers Sohn kämpfte vor dem Verfassungsgericht um das Leben seines Vaters. Karlsruhe erlebte am 15. Oktober 1977 eine mündliche Verhandlung, die keinen unberührt ließ. Schleyer junior fand in seinem Plädoyer Worte, die nicht nur den Verstand erreichten, sondern auch zu Herzen gingen. Er wehrte sich gegen einen Gedanken, der die öffentliche Debatte beherrschte. Weil der „Schutz höherwertiger Rechtsgüter" Vorrang habe, forderten Prinzipientreue, müsse die Bundesregierung alle Forderungen der Terroristen ablehnen. Der Sohn flehte das Gericht an: „Es gibt kein höherwertiges Rechtsgut als das Leben."[20]

Zwar müsse „alles Menschenmögliche" getan werden, um das Leben Schleyers zu retten, erwiderte der Justizminister. Doch zu bedenken sei auch, dass jeder, der auf die Forderungen der Entführer eingehe, „das Leben weiterer Unbeteiligter in höchstem Maße" gefährde.[21] Die Bedenken waren nicht von der Hand zu weisen, schließlich gehörten zu den Freigepressten die führenden Köpfe der ersten RAF-Generation. Tatsächlich standen die Behörden vor einem schier unlösbaren Problem. „Es gebe", so die Juristen der Regierung, „keine Entscheidung, die – an den Maßstäben des Grundgesetzes gemessen – als die allein richtige bezeichnet werden könne."

Die Verfassungsrichter sahen sich außerstande, den zuständigen staatlichen Organen ein bestimmtes Handeln vorzuschreiben. Fürsorgepflichten bestünden nicht nur gegenüber dem Einzelnen, sondern auch gegenüber der Gesamtheit der Bürger.[22] Wie der Staat reagiere, dürfe für Terroristen nicht von vorneherein kalkulierbar sein. Die Karlsruher Richter verzichteten auf jede Einmischung und gaben den Organen der Regierung freie Hand: Es liege in ihrem Ermessen, „welche Maßnahmen zur Erfüllung der ihnen obliegenden Schutzpflichten zu ergreifen sind".

Varianten der Prinzipientreue

Das Urteil erging am 16. Oktober 1977. Am 19. Oktober war Schleyer tot. Die Kausalität war offenkundig. Regierung und Gericht hatten sich nicht erpressen lassen. Schleyer musste ihre Härte mit dem Leben bezahlen. Zwei Jahre zuvor war ein anderer freigekommen. 1975 hatte der Staat nachgegeben und den Berliner CDU-Politiker Peter Lorenz gegen sieben Häftlinge ausgetauscht. Genau besehen handelte es sich um zwei Varianten von Prinzipientreue – im einen Fall Vorrang für den Staat, im anderen Vorrang für das Individuum. Alan Dershowitz könnte mit seiner resignierenden Schlussfolgerung recht haben: „Moralität ist eine Frage von Abstufungen, absolute Moralität gibt es nicht."[23]

HALBGÖTTER IN ROT
Wenn Richter Politik treiben

> Die Deutschen verdanken dem Bundesverfassungs-
> gericht in Karlsruhe, dass sie in einem weltweit
> beneideten Rechtsstaat leben. Doch anders, als
> viele glauben möchten, sind die Roten Roben keine
> Heiligen, sondern Menschen, die irren können;
> sie verkünden bisweilen Urteile, die der Hälfte des
> Publikums missfallen.

Staatsakt oder Staatstheater? Diese Frage stellt sich immer dann,
wenn vor dem hohen Haus in Karlsruhe Existenzfragen der Nation
verhandelt werden. Tatsächlich hat die Inszenierung von beidem
etwas: Sie wirkt ebenso majestätisch wie dekorativ.

Punkt zehn Uhr beginnt das feierliche Ritual, fast so, wie im
englischen Unterhaus. Ein Wachtmeister im blauen Tuch sorgt für
Würde und Aufmerksamkeit. Er ruft – vernehmbar, aber betont
unsoldatisch – in den Saal: „Das Bundesverfassungsgericht!" Alle
Anwesenden verstummen und erheben sich ehrfürchtig von ihren
Plätzen. Minister, Professoren und Bürger richten ihre Blicke auf
die holzgetäfelte Stirnwand, aus der die Weisen von Karlsruhe im
Gänsemarsch aufs Podium schreiten.

Je acht Richter gehören dem Ersten und Zweiten Senat an, darunter derzeit drei Frauen. Ihre scharlachroten Roben, 1951 vom
Kostümbildner des örtlichen Theaters entworfen, erzeugen die
weihevolle Aura, an der zumindest die Traditionsbewussten unter
den Demokraten Gefallen finden. Doch außerhalb des Karlsruher Glaspavillons verfliegt der Spiritus Sanctus – da stellt sich
nur die Frage: Sieg oder Niederlage? Wenn das Gericht öffentlich
tagt, geht es zumeist um die Prüfung von Gesetzen, Normenkontrolle genannt. Oft sind Millionen von Bürgern betroffen. Das
Urteil, das später ergeht, ist im Idealfall die juristische Reaktion

auf eine politische Aktion – nicht selten aber nur die Fortsetzung der Politik mit anderen Mitteln.

Für den Balanceakt zwischen Recht und Politik war 1992 der zweite Prozess zum Thema Schwangerschaftsabbruch ein Parade-beispiel. Besonders in diesem Verfahren wurde offenkundig, dass bisweilen Emotionen den Ton angeben – im höchsten Gericht wie im Bundestag. Hier wie dort stoßen Ideologien aufeinander. Zur Disposition stand ein Gesetz, das die Gemüter erhitzt hatte: die „Fristenlösung", die den Abbruch bis zur zwölften Woche erlaubte. In Karlsruhe fand die Kontroverse ihren Höhepunkt.[1]

Der Gerichtssaal war bis auf den letzten Platz besetzt. Jeder hatte sein persönliches Votum im Gepäck: „dafür" oder „dagegen" – ein „dazwischen" gab es nicht. Die beiden Positionen – Gesetzesbefür-worter auf der einen, Gesetzesgegner auf der anderen Seite – prall-ten unversöhnlich aufeinander. Zunächst aber rekonstruierten die Richter und die Kontrahenten den Gang des umstrittenen Gesetzes – von den Anfängen der Frauenbewegung über das Rin-gen um einen Kompromiss bis zum Abdruck im Bundesgesetz-blatt.

Von der Fülle erschlagen

Was die Zuhörer im Gerichtssaal und fast alle anderen über die Medien zu hören, zu sehen und zu lesen bekamen, war Politik im Zeitraffertempo. Wer wollte, konnte an einem kostenlosen Anschauungsunterricht teilnehmen – einem, den es so nur selten gibt. Denn paradoxerweise ist das Entstehen eines Gesetzes ziem-lich undurchsichtig – obwohl es vor den Augen der Öffentlichkeit im Bundestag beraten wird, obwohl die Politiker unentwegt und überall ihre kontroversen Standpunkte vortragen, obwohl sich die Medien mit Kommentaren überbieten.

Vielleicht behindert gerade diese Fülle von Informationen den Durchblick – was wiederum an den vielen Stationen liegen mag, die ein Gesetz durchlaufen muss. In jeder Phase des Gesetz-gebungsverfahrens wird verbessert oder verschlechtert, verändert oder gestrichen – bisweilen so oft, dass nur noch Experten den letzten Stand kennen (wie bei der ominösen Gesundheitsreform 2006). Die Bürger, von denen die wenigsten das Bundesgesetzblatt lesen, erfahren von dem Gesetz erst wieder, wenn sie persönlich betroffen sind.

Vor diesem Hintergrund wirkt eine öffentliche Verhandlung des Bundesverfassungsgerichts in Karlsruhe wie ein Seminar, in dem der Bürger lernen kann, wie sich Politik in Gesetzen manifestiert. Auch der Prozess um die Fristenlösung war so eine Lektion. Sichtbar wurde noch einmal die Vorgeschichte des Gesetzgebungsverfahrens im Bundestag. Im konkreten Fall war ein parteiübergreifender Konsens von den Linken über die Liberalen bis in die Reihen der Unionschristen zustande gekommen – eine Fristenlösung ohne Wenn und Aber. Es war letztlich ein Sieg der Frauen, vor allem der aus dem Osten des Landes.[2]

Es schien so, als ob der Einigungsvertrag zwischen der Bundesrepublik und der DDR, der die neue Regelung erzwang, einen jahrzehntelangen Religionskrieg beendet hätte. Doch die Abtreibungsgegner im konservativen Lager gaben sich nicht geschlagen. Sie spekulierten (wie sich zeigte, mit Erfolg) darauf, im vergleichsweise „kleinen" Zweiten Senat des Verfassungsgerichts jene Mehrheit zu finden, die ihnen im „großen" Parlament gefehlt hatte. Im Glaubensstreit, der auch ein Geschlechterkampf war, hatten 248 Unionsabgeordnete das Gericht angerufen – 215 gebärunfähige Männer und 33 Frauen.

Deshalb meinten viele, die Normenkontrollklage beruhe auf Überzeugungen, für die das Recht nur als Fassade herhalten müsse. Tatsächlich hatte der Bundestag eine originär politische Entscheidung getroffen. Glücklicherweise konnte sich das Gesetz nicht nur auf die Stimmen der Repräsentanten (355 dafür, 283 dagegen) stützen, sondern obendrein auf eine breite Zustimmung der Bürger, besonders der Frauen. Drei Viertel der Bevölkerung sprachen sich für die Fristenlösung aus.

Doch gerade den Frauen kam das ganze Verfahren nicht geheuer vor. Im Vorfeld des Prozesses wollte eine Frage nicht verstummen: Boten alle Richter die Gewähr für ein unparteiisches Urteil? Oder waren womöglich einige befangen? Die Sorge der Frauen schien nicht völlig unbegründet. Vier der acht Richter waren Katholiken: Ernst-Wolfgang Böckenförde, Paul Kirchhof, Konrad Kruis und Klaus Winter. Das Glaubensbekenntnis eines Robenträgers, das normalerweise niemanden etwas angeht, konnte im konkreten Fall prozessentscheidende Bedeutung haben. Jedenfalls nährte (und nährt) die katholische Kirche selbst ebendiesen Eindruck – bewusst und unentwegt. Für Gläubige gilt, was schon Papst Paul VI. verkündete: Abtreibung sei die „direkte und gewollte Tötung menschlichen Lebens", sei „ein verabscheuungswürdiges Verbrechen", sei „Mord". Seine Nachfolger bekräftigten das Verdikt.

Zwischen zwei Pflichten

In der Öffentlichkeit kamen Zweifel auf: Können angesichts dieser Gebote aus dem Vatikan Katholiken ein Urteil mittragen, das sich auch nur in der Nähe eines „Ja" zur Fristenlösung bewegt – noch dazu, wenn die Blicke aller Priester und Gläubigen auf sie gerichtet sind? Wie löst ein Richter, der seinen Eid auf die Verfassung geleistet hat, den Konflikt zwischen zwei widerstrebenden Pflichten? Und wie zerstreut er die öffentliche Besorgnis, dass er, was den Prozessstoff anbelangt, in seiner Entscheidung nicht frei sei?

Der Richter Böckenförde, auf den sich das Hauptaugenmerk richtete, weil er in seiner Doppeleigenschaft als Sozialdemokrat und Katholik das Zünglein an der Waage hätte sein können, gehörte jahrelang der militanten „Juristen-Vereinigung Lebensrecht" an. Er trat 1990 aus, ersichtlich, um dem Vorwurf der Befangenheit zu begegnen. War er dadurch plötzlich unbefangen?

Dem Richter Klaus Winter war im Vorfeld die Bemerkung „Luxusabtreibungen" entschlüpft, Richter Hans Hugo Klein gehörte im ersten Abtreibungsprozess 1974, damals noch aktiver CDU-Politiker, zu den Klägern. Solche Fakten provozierten den Widerstand engagierter Frauen. Sie bildeten eine Solidargemeinschaft und schrieben einen „offenen Brief" an das Gericht – einen Appell, wie ihn das Hohe Haus vorher noch nie erhalten hatte.

Unterzeichnet hatten lauter prominente Frauen: Ministerinnen, Abgeordnete, Schauspielerinnen, Schriftstellerinnen und sogar eine leibhaftige Kirchentagspräsidentin. Auch die prozessbevollmächtigten Professoren regten eine Prüfung an. Doch der Zweite Senat befand, dass keiner der Richter befangen sei.

Die Neugier und der Argwohn, mit denen die Mehrheitsverhältnisse im Gericht betrachtet wurden, kennzeichnen die Besonderheiten und die Bedeutung dieser (und jeder) Normenkontrolle. Während die Richter bei Verfassungsbeschwerden die Beachtung der Grund- und Bürgerrechte erzwingen, treten sie bei der Kontrolle von Gesetzen an die Stelle des Bundestages. Im Zweifelsfall dürfen sie Mehrheitsentscheidungen kassieren. Die juristischen und die politischen Kompetenzen verschmelzen. Das Gericht schlüpft in die Rolle des Parlaments. Insoweit wird die Gewaltenteilung für eine logische Sekunde aufgehoben.

Vier Konservative, vier Linksliberale

Nicht nur das: Auch das Demokratieprinzip steht nur noch auf schwachen Füßen. So begrüßenswert es sein mag, wenn das höchste Gericht die anderen Staatsgewalten auf den Weg der verfassungsrechtlichen Tugend führt – so fragwürdig ist es andererseits, wenn fünf von acht Richtern die Repräsentanten des Volkes politisch korrigieren. Können sie ein paar hundert Abgeordnete des Bundestages ersetzen?

Die Frage lenkt den Blick auf die 16 Personen, die in Karlsruhe das Sagen haben. Sie werden auf zwölf Jahre gewählt – je zur Hälfte vom Bundestag und vom Bundesrat. Da eine Zweidrittelmehrheit erforderlich ist, müssen sich die Parteien arrangieren. Im Endeffekt sitzen sich in jedem der beiden achtköpfigen Senate vier Richter aus dem konservativen und vier aus dem linksliberalen Lager gegenüber.

Wenn reine Rechtsfragen zu entscheiden sind, mag dieser Querschnitt sogar genügen. Doch sobald es um große Politik geht, verzerren sich die Proportionen. Ein achtköpfiger Spruchkörper ist ungeeignet, die Rolle eines verkleinerten Parlaments zu spielen.

Mehrheiten werden, wenn sie – wie beim Bundesverfassungsgericht – von einer Stimme abhängen, zur beliebigen Größe.

Allein die personell unterschiedliche Zusammensetzung der beiden Karlsruher Senate erhellt, wie leicht Verfassungsrecht zu einer Variablen des Zufalls verkommen kann. So waren beim Abtreibungsprozess alle Insider überzeugt, dass die Fristenlösung den Ersten Senat, falls dieser zuständig gewesen wäre, mit einer satten Mehrheit, wenn nicht gar einstimmig, passiert hätte.

Die Ausgangslage schien auch klar. Alle juristischen Argumente waren ausgereizt – übrig blieben Ermessensfragen. Unter den Kontrahenten bestand Einigkeit, dass werdendes Leben geschützt werden muss. Jeder wusste zudem: Die Abtreibungszahlen lassen sich niemals auf null bringen, sondern nur reduzieren. Deshalb stritten Befürworter und Gegner des Gesetzes letztlich nur um die Prognose – welches der verschiedenen Modelle dient dem Lebensschutz besser?

Für den richtigen Weg gibt es, wie die jahrzehntelange Diskussion in Deutschland und ein Blick über die Grenzen beweist, kein Patentrezept. Doch auch das zweite Karlsruher Abtreibungsurteil, das 1993 erging, trat mit dem Anspruch auf, eine Lösung gefunden zu haben. Das Votum der Mehrheit las sich, als ob es vom Vatikan diktiert worden wäre. Es forderte kategorisch: Der Gesetzgeber erfülle seine Pflicht nur dann, wenn er der Frau „den Schwangerschaftsabbruch grundsätzlich verbietet und ihr damit die grundsätzliche Rechtspflicht auferlegt, das Kind auszutragen".[3]

Eine Frau, die sich diesem Befehl verweigert, handelt rechtswidrig, sie macht sich aber nicht strafbar. Ob diese verquere juristische Konstruktion geeignet ist, die ethische Frage nach der Verantwortlichkeit zu beantworten, mag dahingestellt bleiben. Den Nachweis, dass die Verfassung für diese Ansicht eindeutige Belege liefert, haben auch die Mehrheitsrichter des Zweiten Senats nicht erbracht.

Den stärksten Widerspruch meldeten die beiden Richter Ernst Gottfried Mahrenholz und Bertold Sommer an. Ihre „abweichende Meinung" hob sich wohltuend von dem bombastischen Anspruch der Mehrheitsrichter ab, die den Anschein erweckten, sie könnten das Mammutproblem bewältigen – mit einem Befehlskatalog, der in 17 Positionen die Schutz- und Beratungspflichten bis ins letzte Detail regelt.

Gegen solchen Allmachtsanspruch wirkten die Anmerkungen der beiden „Abweichler" geradezu feinnervig: Der Bundestag „kann sich der Problematik des Schwangerschaftsabbruchs mit einer besseren oder einer schlechteren Regelung nähern; ‚lösen' kann er sie nicht; dem Staat ist hier die Selbstgewissheit zur ‚richtigen' Gesetzgebung verloren gegangen".[4] Diese behutsame und dennoch treffende Beschreibung des Jahrhundertkonflikts markierte zugleich Inhalt und Grenzen des Verfassungsrechts. Sie war von intellektueller Bescheidenheit geprägt.

Nun, Jahre danach, hat sich der Pulverdampf verzogen. Beide Positionen – die der Mehrheit und die der Minderheit – erweisen sich als Momentaufnahmen. Sie sind Teil einer – so ist zu befürchten – unendlichen Geschichte. Ob sie als Fortschritt (oder als Rückfall ins vorletzte Jahrhundert) angesehen werden, hängt von der Perspektive ab. Gemessen am ersten Abtreibungsurteil des Gerichts von 1975 war die Entscheidung ein Sprung nach vorn, gemessen an den Intentionen der Parlamentsmehrheit von 1992 eine Enttäuschung.

1975 hatte der erste Senat eine Fristenlösung („Straflosigkeit des Schwangerschaftsabbruchs in den ersten zwölf Wochen") ohne Wenn und Aber für verfassungswidrig erklärt.[5] An diesem starren Nein hielt 18 Jahre später der Zweite Senat nicht fest. Er stimmte der Fristenlösung im Grundsatz zu – ein Ergebnis, das angesichts der kleinkarierten Einschränkungen aus dem Blickfeld geriet.[6] Die Proteste gegen das höchstrichterliche Korsett verdeckten, dass da eine unumkehrbare Wende stattgefunden hatte – ein Paradigmenwechsel, wie Juristen sagen. Erst allmählich wurde klar: Die Verfassungsrichter hatten der Reformidee prinzipiell ihren Segen gegeben. Seitdem gilt das neue „Schutzkonzept". Es besagt: „In der Frühphase der Schwangerschaft sei ein wirksamer Schutz des ungeborenen menschlichen Lebens nur mit der Mutter, aber nicht gegen sie möglich."[7]

Nicht ausgeschlossen, dass auch diese Entscheidung nur ein vor-
läufiges Ende signalisiert. In der Praxis hat das höchstrichterliche
Votum – trotz aller Vorbehalte – zu einer Freigabe der Abtreibung geführt. Zumindest die katholische Kirche findet sich mit
diesem Zustand nicht ab. Auch in den Vereinigten Staaten von
Amerika propagieren religiöse Kräfte immer wieder die Rückkehr
zum „rechten" Glauben. Irgendwann haben sie vielleicht Erfolg.
Wenn es um den Abbruch von Schwangerschaften geht, stehen
sich überall auf der Welt unversöhnliche Fronten gegenüber. Was
Gesetz wird, bestimmt jeweils die Glaubenspartei, die gerade die
Mehrheit hat.

Seit Adam und Eva sind unerwünschte Schwangerschaften vorzeitig beendet worden. Ob das hingenommen werden darf, war
immer umstritten. Der Dissens wird sich, so ist zu vermuten, auch
nie auflösen lassen. Recht ist – nicht nur hier – eine Sache der
Gefühle – und, namentlich im Verfassungsrecht, eine Sache der
politischen Anschauungen. Solange das Verfassungsgericht existiert, wird eine Frage heiß diskutiert: ob die höchsten Richter nun
Recht sprechen oder ob sie Politik treiben – und wenn ja, ob sie
das eigentlich dürfen. Schon den Verfassungsrichtern der Anfangs-
jahre war das Spannungsverhältnis zwischen Recht und Politik, das
im Grundgesetz angelegt ist, bis in seine Facetten hinein bewusst.
Sie debattierten darüber 1952 und 1953 im Plenum.

In einem inzwischen berühmten Bericht über den eigenen Status
hielten sie fest, dass mit ihren Entscheidungen „außerordentlich
weitreichende politische Folgen" verbunden seien; dass sie zumindest „politische Wirkkraft" entfalten könnten; und dass „im Hintergrund jedes Verfassungsstreits eine politische Frage steht, die
geeignet ist, sich zur Machtfrage auszuwachsen".[8]

Ihr Schluss damals: „Diese Fragen können sogar einen hoch-
politischen Charakter annehmen." Dann folgt ein Satz von seltener Eindeutigkeit: „Verfassungsrecht ist im spezifischen Sinn des
Wortes politisches Recht."[9] Zu beklagen ist nur, dass dieses Bekenntnis im Verlauf der Jahre untergegangen ist. Wenn sich die Richter

der späteren Generationen klar zu dieser Aussage bekannt hätten, wäre es ihren Kritikern schwergefallen, diese Erkenntnis scheinbar immer aufs Neue zu entdecken, um sie dann als Wortkeule zu schwingen – gegen Karlsruher Urteile, die mal der einen und mal der anderen Seite missfallen haben.

In manchem Karlsruher Votum steckt eine Explosivkraft, die den Staat zu zerreißen droht. Während sich die Frauen – wenn auch zornbebend und zähneknirschend – mit dem Abtreibungsurteil abfanden, gerieten Unionschristen und Kleriker außer Rand und Band, als die Richter des Ersten Senats Kruzifixe in den Klassenräumen bayerischer Schulen für verfassungswidrig erklärten.[10] Der höchstrichterliche Beschluss wurde am 10. August 1995 veröffentlicht. Noch am selben Tage erlebte die Republik einen Aufschrei der Empörung. Als einer der Ersten rief der damalige stellvertretende CSU-Vorsitzende Ingo Friedrich offen zum Boykott auf. Er forderte: Bayerische Behörden sollten die Karlsruher Entscheidung einfach ignorieren.[11]

Sein Parteikollege Sepp Ranner, CSU-Landtagsabgeordneter aus Bad Aibling, ging noch einen Schritt weiter. Er kündigte den Karlsruher Richtern im „Oberbayerischen Volksblatt" Prügel an: „Die Richter und die Kläger sollen doch selber herkommen und die Kreuze in den Schulen eigenhändig abnehmen. Wir Bauern werden sie jedenfalls gebührend und mit Dreschflegeln erwarten."[12]

Flegelworte: „Juristische Kaziken"

Solche Drohgebärden hätten sich vielleicht sogar relativieren lassen – mit einem entschuldigenden Hinweis aus der Parteispitze, man dürfe nicht jede Entgleisung an der Basis auf die Goldwaage legen. Doch in den oberen Rängen kam keiner auf den Gedanken, die Proportionen zurechtzurücken. Im Gegenteil: Jede Äußerung vonseiten der Parteielite war eher dazu angetan, die Gemüter weiter anzuheizen, statt sie zu beschwichtigen.

Über das „Recht" zur Missachtung des höchstrichterlichen Urteils waren alle einig. Ministerpräsident Stoiber hatte, mit dem Segen des Episkopats, die Losung ausgegeben: „Wir respektieren das Karlsruher Urteil, aber wir werden es inhaltlich nicht akzeptieren."[13]

Der damalige Münchner CSU-Vorsitzende Gauweiler sagte es deutlicher. Er fragte, „ob sich das Volk von diesen juristischen Kaziken" (Häuptlingen) wirklich alles bieten lassen müsse. Er empfahl unverhohlen den Rechtsbruch: „Es wird eine interessante Prüfung für den Feigheitsgrad unserer Politik sein, ob dieser Spruch tatsächlich vollstreckt wird."[14] Hans Maier, Kultusminister a. D., sprang ihm zur Seite: „Gegen den puren Unsinn und Übermut auch der höchsten Gerichte ist Widerstand geboten."[15]

Bei Prozessen, in denen es auch um Ideologien geht, lässt sich häufig eine Gesetzmäßigkeit beobachten: Die Spaltung des Volkes in zwei Lager setzt sich im Gericht fort. Auch die Kruzifix-Entscheidung war nicht einstimmig ergangen: Fünf Richter sahen in dem Kruzifix eine Verletzung der weltanschaulich-religiösen Neutralität, drei Richter meinten, dieses Gebot der Verfassung dürfe „nicht als eine Verpflichtung des Staates zur Indifferenz" verstanden werden.[16] Nicht selten entsteht ein Kuriosum: Die Mehrheit der betroffenen Bevölkerung (hier die der bayerischen Katholiken) stimmt mit der Minderheit im Gericht überein.

Urteile entwickeln ihr Eigenleben

Das hat Konsequenzen: Der juristische Prozess mutiert zum dialektischen Prozess. Urteile entwickeln nach ihrer Verkündung ein Eigenleben, das zumeist anders verläuft, als die Richter, die Kontrahenten und die Zeitzeugen geglaubt haben. Der Konflikt, der allem zugrunde lag, der Prozess, das Urteil und dessen Umsetzung wirken wie vier Eckpunkte, die allesamt ein Parallelogramm der Kräfte bilden.

In dem Konstrukt steckt pulsierendes Leben: starke Gründe und schwache Gefühle wetteifern mit schwachen Gründen und starken Gefühlen. Das alles kommt aus entgegengesetzten Richtungen, vermischt sich und wirkt aufeinander. Wenn es noch eines Beweises bedürfte, dass sich Recht aus irrationalen Quellen speist, dann liefern ihn die beiden Prozesse, von denen die Rede war: die Normenkontrolle zur Fristenlösung beim Schwangerschaftsabbruch und der Verfassungsstreit über das Kruzifix im Klassenzimmer.

Wenn sich Richter auf das Glatteis der Politik wagen, riskieren sie, dass ihre Autorität schrumpft – dass sie nur noch so groß ist wie die der Politiker. Nicht von ungefähr taucht dann die Frage auf, ob die Robenträger nicht beachten müssten, was die Mehrheit der Bürger will. Im Kruzifix-Fall brachte der damalige bayerische Kultusminister Hans Zehetmaier diese Idee ins Spiel: „Das Oberste Gericht urteilt nicht mehr im Namen es Volkes."[17] Landauf, landab wurde der Gedanke unter die Leute gebracht, dass höchstrichterliche Urteile, die „im Namen des Volkes" ergingen, gefälligst auch dessen Willen zu respektieren hätten. Ein Trugschluss! Wer aus der Urteilsformel eine Pflicht zu demoskopischer Zustimmung herleitet, setzt den Bürgern einen Floh ins Ohr.

„Im Namen des Volkes"

Warum, sagte die ehemalige Präsidentin des Bundesverfassungsgerichts Jutta Limbach. „Die Urteilsformel", so die Rechtsgelehrte, stelle „eine Art Invokation, dass heißt eine Anrufung des Souveräns dar, von dem die richterliche Autorität abgeleitet wird"; sie habe nicht die Aufgabe, „den Richter zum bloßen Sprachrohr, das heißt: zum Mund des Volkes zu machen".[18]

Rechtsprofessor Dieter Grimm, Verfassungsrichter a. D., erinnerte in diesem Kontext an juristische Gemeinplätze: Folge von Konfliktentscheidungen sei stets, dass dabei nicht jeder zufriedengestellt wird. Bisweilen finde sich der enttäuschte Teil sogar in der Mehrheit. Das liege „in der Natur von Verfassungen, die nicht zuletzt Minderheiten vor dem beliebigen Zugriff von Mehrheiten schützen sollen".[19]

Der Rechtsfriede, den ein Urteil der letzten Instanz (nach der hehren Theorie) herstellen soll, bleibt aus, wenn sich die Mehrheit dem Richterspruch widersetzt – noch dazu mithilfe von Staatsorganen. Ein am Urteil unbeteiligter Verfassungsrichter brachte das Endresultat auf den Punkt: Jetzt hingen, sagte er, in den Klassenzimmern des Freistaates mehr Kruzifixe als je zuvor.

10

RICHTER CONTRA RICHTER
Was sich hinter dem „Beratungsgeheimnis" verbirgt

> Die höchste Instanz lässt das Publikum – anders
> als alle anderen Gerichte – an der Urteilsfindung
> teilnehmen. Ein überstimmter Richter darf seine
> „abweichende Meinung" kundtun. Damit hat er
> einen Namen und ein Antlitz. Indem er auf Anony-
> mität verzichtet, macht er die anderen sichtbar;
> sie müssen nun ebenfalls Flagge zeigen.

Es schien so, als ob die Zeit stehen geblieben wäre. Als ob sich 2003
wiederholte, was 1933 schief gelaufen war. Als ob die Feinde der
Demokratie, wie 70 Jahre zuvor, ungehindert durchmarschieren
könnten.

Die Geschichte warf in der Karlsruher „Residenz des Rechts"
Schatten. Es ging um dieselbe Ideologie, die Deutschland schon
einmal ins Verderben geführt hatte. Vor Gericht stand eine „Bewegung", die nach herrschender Ansicht in ihrem Gesamtbild natio-
nalsozialistisch, antisemitisch, rassistisch sowie antidemokratisch
geprägt ist: die NPD. Deshalb hatten drei Staatsorgane – Bundesregierung, Bundestag und Bundesrat – beantragt, diese Partei
zu verbieten. Begründung: Sie lege die „Basis für die organisierte
Unterwanderung des Rechtsstaates, vergifte das politische Klima,
erzeuge Angst und verführe junge Menschen zu gewalttätigem
Fremdenhass".[1]

Tatsächlich wurden die Verbotsanträge nach einem Sommer der
rechten Gewalt eingereicht. Anschläge auf Synagogen und jüdische
Friedhöfe erschreckten das In- und Ausland. Neonazis hetzten
Farbige in ostdeutschen Städten zu Tode. Mancherorts errichte-
ten Skinheads „rechtsfreie Zonen". 2002 war das Jahr, in dem das
Innenministerium 10 579 ausländerfeindliche, rassistische oder
antisemitische Straftaten registrierte.[2]

Laut Grundgesetz ist nur eine Instanz befugt, ein Parteiverbot auszusprechen: das Bundesverfassungsgericht. Die Meßlatte liegt hoch. Wegen der politischen Bedeutung müssen sechs von acht Richtern dem Antrag zustimmen. Anders gesagt: Es genügen drei, um ein Parteiverbot scheitern zu lassen. Sie verantworten und begründen dann – wie sonst eine Richtermehrheit – den abschlägigen Bescheid.

So geschah es in diesem Fall. Der Verfassungsschutz hatte die rechtsextreme Partei nicht nur beobachtet, sondern bis in den Vorstand mit V-Leuten durchsetzt. Drei Richter sahen darin „ein nicht behebbares" Hindernis. Für sie war der Verdacht, dass der Staat die NPD mit seinen Vertrauensleuten gesteuert haben könnte, nicht gänzlich auszuräumen. Der Loyalitätskonflikt des Spitzenfunktionärs, der zugleich bezahlte Spitzeldienste leistete, war unübersehbar und warf Fragen auf.

Welchen Wert hatten angesichts der Verquickungen belastende Zeugenaussagen? Durften Hetzparolen, die auch von einem Agent provocateur stammen konnten, der Partei noch angelastet werden? Die drei Richter, die das Verbotsverfahren beendeten, bevor es begonnen hatte, sahen keine Chance mehr für einen fairen Prozess, wie ihn die Verfassung fordert. Sie entschieden, analog zum Strafverfahren, „im Zweifel für den Angeklagten".

Paradoxon: die „unterlegene" Mehrheit

Die übrigen Richter – in diesem Fall paradoxerweise eine „unterlegene" Mehrheit – waren nicht bereit, vorzeitig das Handtuch zu werfen. Ob der Einsatz von V-Leuten die NPD in ihrer Verteidigung beeinträchtige, hätte – so ihr Einwand – in einer ordentlichen mündlichen Verhandlung geklärt werden können und müssen. Der „Grundsatz der Amtsermittlung" erlaube dem Gericht, jeder Zweifelsfrage nachzugehen – auch „möglichen Verstößen gegen den Grundsatz des fairen Verfahrens".[3]

Das NPD-Verbotsverfahren bewies auf eindrucksvolle Weise die Überlegenheit des Prozessrechts, das für das Bundesverfassungsgericht gilt. Wie ein Urteil zustande kommt, wird bei allen anderen

Gerichten ängstlich verschwiegen. Bei der höchsten Instanz erfährt die Öffentlichkeit, wie jeder einzelne Richter abgestimmt hat. Der Vorteil dieser Transparenz zeigte sich bereits beim Urteil über den Schwangerschaftsabbruch (siehe 9. Kapitel). Der interessierte Bürger sieht, dass zwei kontroverse Meinungen aufeinanderprallen, er kann die Gründe der einen wie der anderen Seite nachlesen und gegenüberstellen.

Die drei Richter, die das Verfahren im Frühstadium anhielten, trugen vor: Das verfassungsgerichtliche Parteiverbot sei die schärfste Waffe des demokratischen Rechtsstaates gegen seine organisierten Feinde. Es erfordere deshalb „ein Höchstmaß an Rechtssicherheit, Transparenz, Berechenbarkeit und Verlässlichkeit des Verfahrens". Spitzel auf der Führungsebene schwächten die Stellung der Partei vor Gericht. „Sie verfälschen unausweichlich die rechtsstaatlich notwendige freie und selbstbestimmte Selbstdarstellung der Partei im verfassungsgerichtlichen Prozess."[4]

Gegen den Missbrauch der Freiheitsrechte

Die Richtermehrheit, die das Verfahren gern fortgesetzt hätte, verwies auf die wehrhafte Verfassung: Ihr Grundanliegen sei, sich nicht durch den Missbrauch der von ihr gewährleisteten Freiheitsrechte vorführen zu lassen. Das Gericht kapituliere zu früh, wenn es „ein Verfahrenshindernis" annehme, „ohne die konkrete Gefährlichkeit der Partei" zu untersuchen.[5] Klärungsbedürftig sei vor allem, ob seitens der NPD „in parteitypisch organisierter Weise Angriffe auf die Würde des Menschen erfolgen". In dieser Frage waren die Richter zerstritten. Die „Frankfurter Allgemeine Zeitung" registrierte einen „tiefen Riss" im Senat, der auch bei der Verkündung des Spruchs „spürbar" gewesen und „nicht entlang einer (partei-) politischen Linie" verlaufen sei.[6]

So ein Dissens kann auch segensreich sein. Wenn er geheim geblieben wäre, stünde das deutsche Recht armselig da. Bekannt wäre nur das magere Resultat, mit dem man die Öffentlichkeit schlecht hätte abspeisen können. Denn die Frage nach dem Umgang mit der NPD hat nicht nur den Senat gespalten – sie spaltet auch die Nation. Der Spruch, der auf viele formalistisch wirkte, bedurfte der Transparenz. Sonst wäre das Odium der Einäugigkeit am Gericht haften geblieben. Warum die Publikation „abweichender Meinungen" wichtig ist, mag ein Vergleich illustrieren. Wenn der BGH die Sache zu entscheiden gehabt hätte, wäre nur das Votum zugunsten der NPD bekannt geworden – kein Wort darüber hinaus. Die Verfassungsrichter gewinnen an Glaubwürdigkeit, weil sie sich zu ihren Widersprüchen bekennen dürfen.

Schweigegelübde wie bei Verschwörern

Solcher Freimut ist, wie bereits erwähnt, allen anderen Richtern versagt. Sie zelebrieren das Schweigen und die Anonymität. Zu ihrem Selbstverständnis passt ein Gelübde, das sonst nur Verschwörer ablegen: nie und nimmer das „Beratungsgeheimnis" der Zunft zu verletzen. Das verleiht jedem Urteil obendrein einen eigenen Nimbus – fast einen mystischen Glanz. Für derlei Wirkung sorgt auch das Symbol der Rechts- und Wahrheitsfindung: Justitia mit den verbundenen Augen. Nach außen sind die einzelnen Mitglieder des Kollegiums stumm und sprachlos. Nicht die Richter verkünden die Entscheidung, sondern das Gericht – wie in einer Kapelle. Alle Anwesenden erheben sich von ihren Plätzen und nehmen den Spruch entgegen. Diese Aura vermittelt dem Volk die Vorstellung, eine Gerechtigkeitsgöttin habe den „Spruchkörper" irgendwann erleuchtet – ganz so, wie die Muse, die den Dichter wach küsst und damit seine Kreativität beflügelt.

Die Repräsentanten der Justiz konnten kein Interesse daran haben, diesen Wunderglauben an einen Akt der Eingebung zu zerstören. Sie behielten die Wahrheit schön für sich und erzählten niemandem, dass jedem Urteil eine Abstimmung, mitunter sogar eine Kampfabstimmung vorausgeht – und schon gar nicht, wer im konkreten Fall wie votiert hat.

Doch dieses totale Beratungsgeheimnis, das alle Unwägbarkeiten der öffentlichen Kontrolle entzieht, ist keineswegs zwingend. Es geht auch anders, das beweist die Praxis beim Bundesverfassungsgericht. Wie beim NPD-Verbotsverfahren dürfen dort überstimmte

Richter seit 1971 ihre „abweichende Meinung" zu Protokoll geben. Sie heißt, weil sie dem amerikanischen Vorbild ähnelt, auch „Dissenting Opinion". Jede macht deutlich, dass es auf eine Rechtsfrage mindestens zwei Antworten gibt.

Der intellektuelle Befreiungsschlag für die Neuerung kam 1968 vom damaligen Nestor des Verfassungsrechts Konrad Zweigert. Er notierte scheinheilig: „Publizität und Geheimhaltung verhalten sich in der Demokratie wie Regel und Ausnahme." Mit dieser eher selbstverständlichen Erkenntnis hätte der Hamburger Rechtsprofessor und ehemalige Bundesverfassungsrichter seine Zunft kaum elektrisieren können. Erst ein interpretierender Zusatz verschaffte ihm allseits Gehör: Das Prinzip der „Offenlegung der zu verantwortenden Vorgänge", so der Gelehrte, beanspruche Geltung für alle drei Gewalten im Staate, „mithin auch für die Justiz".[7]

Zweigerts revolutionäre Idee fand nur begrenzt Anklang. Sie wurde aber für eine Instanz Gesetz, fürs Bundesverfassungsgericht in Karlsruhe. Das Bild dieses Gerichts zumindest ist seither keine unterbelichtete Momentaufnahme mit verschwommenen Konturen mehr, sondern ein scharf gezeichnetes Foto, auf dem auch Einzelheiten zu erkennen sind. Bisweilen lassen sich sogar Streithähne ausmachen, die gestikulierend aufeinander losgehen.

Der Rüffel des Kollegen

So wirft einer der Verfassungsrichter seinen Kollegen ziemlich unverhohlen Amtsanmaßung vor: „Der Senat überschreitet seine Kompetenzen."[8] In Rede stand ein Spruch von 1995, der dem Fiskus mehr Steuergerechtigkeit abverlangte.[9] Kern der Rüge: Das Bundesverfassungsgericht habe mit vier von fünf bindenden Geboten unzulässig in die Belange des Gesetzgebers eingegriffen. Tatsächlich war dem Bundestag bis ins Detail vorgeschrieben worden, wie er künftig Geld eintreiben soll – ein Verstoß gegen die gebotene „richterliche Selbstbeschränkung", wie der Kollegenkritiker meinte.

Er unterstrich seinen Einspruch mit einem ironischen Schlenker: Die oberste Instanz sei „nicht als fürsorglicher Praeceptor des

Gesetzgebers", sondern als „nachträglich punktuell kontrollierendes Gericht konstituiert und organisiert".[10] Weiteres Monitum: Den höchstrichterlichen Handlungsanweisungen fehle jede Legitimation; die Verfassung sage nichts dazu, „wie der Gesetzgeber seinen sozialpolitischen Auftrag definiert und welche Steuerpolitik er einschlägt". Im Gegenteil: Dem Parlament komme „gerade im Bereich des Steuerrechts ein großer Handlungsspielraum zu."

Klarer sind dem Bundesverfassungsgericht selten seine Grenzen aufgezeigt worden. Und der Rüffel kam nicht von einem verärgerten Steuerpolitiker, sondern von einem Richter, dem die Kollegen zu weit gegangen waren. Er billigte zwar das Ergebnis, nicht aber die ausführliche Begründung. Mahner war der renommierte Freiburger Staatsrechtler Ernst-Wolfgang Böckenförde. Er hatte offenbar – kurz vor seiner Pensionierung – noch mal ein Zeichen setzen wollen.

Privileg der Verfassungsrichter

Das durfte er sogar. Wie bereits gesagt: Die Möglichkeit, aus der Anonymität des Spruchkörpers herauszutreten und Flagge zu zeigen, gehört zu den unverwechselbaren Markenzeichen des Gerichts, das am 7. Juli 2001 mit einem Bürgerfest sein 50-jähriges Bestehen feierte. Und das Privileg der „abweichenden Meinung", durch das die höchste Instanz populär geworden ist, war am 1. Januar 2008 37 Jahre alt.

Ob Böckenförde mit seiner Philippika im Recht war, muss hier nicht weiter erörtert werden. Immerhin konnten die Mehrheitsrichter gute Gründe für die Zurechtweisung des Gesetzgebers ins Feld führen, denn der Fiskus hatte ihr wiederholtes Gebot, Deutschlands Familien weniger zu schröpfen, jahrzehntelang in den Wind geschlagen. Nun war den Verfassungshütern der Geduldsfaden gerissen. Und die Bürger durften sich freuen.

Obendrein erhielten sie durch das Duell „Richter contra Richter" (Böckenförde gegen den Rest des Senats) zwei Lektionen als Zugabe: Sie lernten, was die Abgrenzung der Kompetenzen zwischen den Staatsgewalten bedeutet, und sie erfuhren, wie sich das Verfassungsgericht und die übrige Justiz voneinander unterscheiden.

Mit der Publikation seiner individuellen Meinung, auch Sondervotum genannt, wird ein Verfassungsrichter – im Gegensatz zu den Kollegen der anderen Instanzen – als Mensch aus Fleisch und Blut erkennbar. Er hat ein Gesicht, er trägt einen Namen, er zeigt Ecken und Kanten, er gibt ein Stück von sich preis. Indem er sagt, welchem Teil des Urteils er zustimmt und welchen er ablehnt, verrät der „Dissenter" seine Position in der Beratung – und zwingt den Senat dazu, das Abstimmungsergebnis zu lüften.

Mitglieder eines anonymen Apparats

Ganz anders die Angehörigen der „normalen" Justiz. Sie arbeiten mehr im Verborgenen. Was sie denken und tun, bleibt streng geheim. Sie gehorchen dem Gerichtsverfassungsgesetz (GVG) aus dem vorvorigen Jahrhundert, das der Öffentlichkeit den Blick auf den Richter verwehrt. Die 1877 erlassenen Vorschriften verlangen von ihm, sich ständig zurückzunehmen. Er hat ein zentrales Gebot des Berufs zu beachten: das Beratungsgeheimnis. Das heißt: Er muss über den Gang der Beratung, über kontroverse Standpunkte und über das Abstimmungsergebnis absolutes Schweigen bewahren. So werden Individuen zu Mitgliedern eines anonymen Apparats degradiert.

Umso größer erscheint die befreiende Wirkung, die vom Sondervotum ausgeht. Gelungene „abweichende Meinungen" illuminieren die höchstrichterliche Rechtsprechung. Ein Karlsruher Urteil ist zudem fast immer juristische Reaktion auf politische Aktion. Ergo: Bei brisanten Streitfragen setzt sich der Dissens der Gesellschaft bis ins Gericht fort. Sondervoten waren die natürliche Konsequenz. Minderheiten in den beiden achtköpfigen Senaten zerpflückten jeweils die Meinung der Mehrheit. Oft ergab sich ein Abstimmungsverhältnis 5:3. Das erklärt, warum „abweichende Meinungen" regelmäßig das Salz in der Suppe von Grundsatzurteilen waren, die Existenzfragen der Nation betrafen.

Um hier nur einige Beispiele zu nennen: friedliche Nutzung der Atomenergie, Nato-Nachrüstungsbeschluss, amerikanische Giftgaslager. Die Mehrheit in den zuständigen BVerfG-Senaten sanktionierte jeweils eine dubiose Rechtslage, die von der Politik verbockt worden war. Doch erst durch die Kritik aus dem Gericht selbst, also durch „abweichende Meinungen", wurde dem Bürger klar, welche Gefahren für Leib und Leben ihm der Staat zumutete.

Prophetische Gaben

Geradezu prophetische Gaben entwickelten Dissenter (übrigens verschiedener politischer Richtungen), als es 1970 um das heiß umstrittene Abhören von Telefonaten durch die Geheimdienste ging.[11] Die Abweichler warnten vor einem Dammbruch. Ihre Befürchtung: Wer, wie die Richtermehrheit, den Einbruch in die Privatsphäre erlaube, nehme in Kauf, dass Politiker irgendwann einmal auch andere wesentliche Rechte preisgäben – etwa die Unantastbarkeit der Wohnung (Artikel 13 des Grundgesetzes). Ihre damals aberwitzig erscheinende Sorge: Womöglich würden die Richterkollegen dann sogar Geheimmikrophone hinnehmen.[12] Tatsächlich ist die Vision inzwischen mit dem „Großen Lauschangriff" traurige Wirklichkeit geworden.

Warner waren die Dissenter immer – beim Radikalenerlass wie beim Thema Meinungsfreiheit in der Bundeswehr. Als das Recht der Kriegsdienstverweigerung zur Entscheidung stand, liefen sie zu großer Form auf. Der Gesetzgeber hatte den Zivildienst gegen den klaren Wortlaut der Verfassung länger angesetzt als den Wehrdienst. Die Senatsmehrheit fand nichts dabei. Sie tröstete sich: Dadurch werde „ein Gleichgewicht der Belastung von Wehr- und Ersatzdienstleistungen" hergestellt.[13]

Die Richter Böckenförde und Mahrenholz hielten dagegen. Das Grundgesetz spreche nur von „Dauer", nicht aber von Belastung. „Dauer" sei, so die ironische Anmerkung, „ein quantitativer Begriff, der sich auf Zeiträume bezieht". Und noch eins drauf: „Die Pointe der Bestimmung war gerade der Ausschluss derjenigen Regelung, die jetzt Gesetz geworden ist."[14]

Dieses und viele andere Sondervoten sind Meilensteine der deutschen Rechtsgeschichte. Doch in der Reihe, die sich beliebig fortsetzen ließe, kommt einer „abweichenden Meinung" besondere Bedeutung zu. Sie illustriert die unendliche Geschichte der deutschen Parteienfinanzierung. Böckenförde bewies,[15] unterstützt von Mahrenholz,[16] auf eindrucksvolle Weise, wie erhellend (und folgenschwer) ein Sondervotum sein kann.

Beide zerpflückten 1986 ein Urteil ihres Senats, das dem Sog der Begehrlichkeit aus der Regierungshauptstadt Bonn erlegen war. Die Politiker hatten damals nicht nur natürlichen, sondern auch juristischen Personen (und damit Konzernen und Verbänden) steuerbegünstigte Parteispenden bis zu 100 000 DM erlaubt. Karlsruhe gab dazu seine Einwilligung.[17]

Vom Gleichheitssatz blieb damit kaum etwas übrig. Der Milliardär Friedrich Flick und der Arbeitslose wurden gleich behandelt: Beide durften hundert Riesen spenden. Die höchstrichterliche Großmut erinnerte an den Aphorismus von Anatole France: „Das Gesetz in seiner erhabenen Gleichheit verbietet Armen und Reichen, unter den Brücken von Paris zu schlafen."

Dieser pervertierte Formalismus liege, so fanden Böckenförde und Mahrenholz, „außerhalb jeder Rechtfertigungsmöglichkeit". Auf einem Umweg erhielten „jene natürlichen Personen, die hinter den juristischen Personen stehen und durch sie agieren, gleichheitswidrig eine zusätzliche Möglichkeit der steuerbegünstigten Einflussnahme auf die politische Willensbildung". Durch die Höchstgrenze von 100 000 Mark schließlich werde der „Bürger mit hohem Einkommen … absolut und proportional stärker begünstigt als der Steuerpflichtige mit geringem Einkommen".

Das Verdikt der Minderheit fand 1992, sechs Jahre später, die Billigung der Mehrheit.[18] Damit wurde dieses neue Urteil zur Sternstunde der „abweichenden Meinung". Der Zweite Senat gab – nunmehr in neuer Besetzung – nicht nur seine alte Rechtsprechung auf, sondern schloss sich ausdrücklich dem Sondervotum von Böckenförde und Mahrenholz an.[19]

„Liebedienerei und Popularitätshascherei"?

Der Schritt aus dem Schatten gehört zu den Freiheiten der Verfassungsrichter. „Es besteht ein Recht, aber keine Pflicht zu einem Sondervotum", heißt es in einem führenden Kommentar. Von der Möglichkeit, die eigene „abweichende Meinung" bekannt zu geben, haben manche Richter gar nicht, andere nur sparsam und einige ausgiebig Gebrauch gemacht. Wie oft, lässt sich, aufs Jahr umgerechnet, an den Fingern einer Hand abzählen. In vielen Entscheidungsbänden, zumal in letzter Zeit, findet sich keine einzige „abweichende Meinung".

Im Februar 2006 hielt das hohe Haus in einer Statistik fest: Seit Einführung der „abweichenden Meinung" im Jahre 1971 haben beide Senate 1879 Entscheidungen gefällt, davon 128 mit Sondervoten (das sind 6,8 Prozent).[20] Doch es kommt weder auf die schiere Zahl noch auf Prozente an. Sondervoten sind originelle Pinselstriche, sie geben dem Gericht Farbe und Kontur.

Für die Richter der anderen Instanzen ist das Sondervotum nach wie vor kein Thema. Sie halten die Geheimnistuerei, wie einst das Reichsgericht, für das „Palladium" ihrer Unabhängigkeit. Doch die Entstehungsgeschichte der Vorschrift sollte ihnen zu denken geben. Die Argumente, mit denen 1877 der Reichstagsabgeordnete Stuckmann die Ablehnung des Minderheitenvotums offiziell begründete, waren für den Stand alles andere als schmeichelhaft.

Ganz offensichtlich bezweifelte der Parlamentarier die Charakterstärke des Personals. Er fürchte, dass durch die Einführung des Sondervotums „Liebedienerei nach oben, Popularitätshascherei, Eitelkeit und Rechthaberei einzelner Richter gefördert werden". Mannesmut traute er den Robenträgern schon gar nicht zu: „Der Friede im Kollegium" werde gefährdet, „wenn die Majorität in den öffentlichen Sitzungen einer vielleicht scharfen Kritik eines Mitglieds der Minorität ausgesetzt" sei.[21]

Der Mangel an Zivilcourage tauchte 90 Jahre später noch mal in einem unfreiwilligen Geständnis auf. Rudolf Pehle, Senatspräsident am Bundesgerichtshof und erklärter Gegner der „abweichenden Meinung", legte es 1968 auf dem 47. Deutschen Juristentag in

Nürnberg ab. Er sprach offen aus, wovor er und die meisten seiner Kollegen Angst haben: Wenn in einem Dreierkollegium einer seine „abweichende Meinung" preisgebe, stelle er „zwangsläufig die beiden anderen Richter als Träger der Verantwortung heraus". Denen drohe dann, dass sie womöglich „zur Rede gestellt werden".[22]

Aber warum eigentlich sollen Richter davor bewahrt werden, ihre Entscheidungen vor der Öffentlichkeit zu verantworten? Das stellte auch Pehles Widerpart in Nürnberg, der Hamburger Staatsrechtler Konrad Zweigert, infrage: „Dunkel ist, warum eigentlich gerade der Richter solchen Schutz benötigen soll, den in einer offenen Gesellschaft wie der unsrigen, über den allgemeinen Persönlichkeitsschutz hinaus, sonst niemand genießt oder auch nur genießen möchte."[23]

Die Verfassungshüter machen seit 1971 vor, dass es auch ohne Anonymität geht. Diese Offenheit trug zur Glaubwürdigkeit ihres Gerichts bei. Dessen Rechtsprechung fand breite Resonanz. Zustimmung und Ablehnung hielten sich auf Dauer die Waage, weil sich mal die eine und mal die andere gesellschaftliche Gruppe missverstanden oder schlecht behandelt fühlte. Deshalb war die Osmose zwischen Rechtsanwendern und Rechtsadressaten auch nie lange gestört.

„Ein politischer Machtfaktor"

Unter dem Strich zählt nicht der momentane Prozesserfolg oder -misserfolg, sondern allein die Existenz eines obersten nationalen Schiedsgerichts. Die Tatsache, dass es da ist, nimmt vielen das Gefühl der Verlorenheit. Wer diese Möglichkeit kennt und notfalls auch wahrnimmt, muss sich nicht länger als Untertan begreifen. Die Landeskinder können Vater Staat in die Schranken fordern. Jutta Limbach charakterisierte das Gericht, auch wenn das „provokant" klinge, als „politischen Machtfaktor".[24]

Zum Rechtsfrieden im Land trug die „abweichende Meinung" wesentlich bei. Sie gab dem Bürger die Möglichkeit, das Pro und Contra im Gericht zu verfolgen. Er sah mit an, wie hier von Fall zu Fall um ein gerechtes (und vernünftiges) Urteil gerungen wird.

Das schuf Vertrauen. Zugleich wurde der Bürger Zeuge eines dynamischen Vorgangs. Die „abweichende Meinung" entwickelte eigene Qualitäten.

Sie ließ nach und nach deutlich werden, wie Rechts- und Wahrheitsfindung wirklich zustande kommt – nicht als Akt der Erleuchtung, sondern als knallharter Meinungskampf. Doch was früher mit äußerster Diskretion abgehandelt wurde, liegt nun offen auf dem Tisch. Bei strittigen Themen finden sich die Argumente der öffentlichen Diskussion im Votum und im Sondervotum wieder. Während früher die Linken im Gericht mit „abweichenden Meinungen" von sich reden machten, sind es neuerdings die Rechten – wie etwa beim Thema Kruzifix oder beim Streit um das Tucholsky-Zitat „Soldaten sind Mörder".

Die „abweichende Meinung" hat die Karlsruher Rechtsprechung anschaulicher, nachvollziehbarer und volksnäher gemacht, und ihr zugleich den gefährliche Nimbus von Unfehlbarkeit genommen. Hinzu kommt: Sie spiegelt – im Kontext zum Urteil – überhaupt erst die Spannbreite der strittigen Rechtsfrage. Die Mehrheitsmeinung wird eher plausibel, weil das Sondervotum die Gegensätze sichtbar macht und dem Publikum die Auswahl zwischen zwei Optionen ermöglicht. Die öffentliche Kontrolle der Rechtsprechung bekommt auf diese Weise überhaupt erst Sinn.

Kaum messbar ist der Beitrag der „abweichenden Meinung" zum Rechtsfrieden – aus einem einfachen Grund: Der unterlegene Beschwerdeführer und seine Anhänger müssen ihre Ansichten nicht für gänzlich absurd halten, wenn sie von einem Teil des Senats geteilt werden. Das weckt Hoffnungen – keine unbegründeten, denn mit jedem Personalwechsel können sich auch die Mehrheiten ändern, wie der Sinneswandel in Sachen Parteispenden gezeigt hat. Seitdem gilt eine Erfahrung des amerikanischen Supreme Court: Die „Dissenting Opinion" von heute kann das Urteil von morgen sein.

ABRAKADABRA – UND DU BIST TOT
Wenn sich nicht Gründe, sondern Abgründe auftun

Hohe Richter haben, wie eine selbstironische Floskel sagt, „über sich nur noch den blauen Himmel". Mancher verliert dabei die Bodenhaftung. Qualifizierte sind besonders gefährdet. Ihre rhetorische Brillanz ist ambivalent, Fluch und Segen zugleich. Sie können einen Standpunk schlüssig begründen – aber auch sein schieres Gegenteil.

Richter sind zu allem fähig! Wenn es darauf ankommt, genügen ihnen wenige Zeilen, um Absurdes zu begründen: Etwa, warum ein Mensch, der gesund und munter vor ihnen steht, aus ihrer Sicht längst tot ist. Je qualifizierter sie sind, desto besser gelingt ihnen die Rechtfertigung so eines makabren Spruchs – streng nach den Regeln ihrer Kunst.

Opfer solcher juristischen Magie wurde 1933 ausgerechnet ein Mann, der selbst mit Imaginationen sein Brot verdiente: der Filmregisseur und Drehbuchautor Eric Charell. Seine eigene schöpferische Phantasie hätte kaum ausgereicht, um so ein jenseitiges Diesseits zu erfinden. Da waren ihm die Rechtsgelehrten über.

Der Schriftsteller hatte einen Vertrag mit der UfA, Deutschlands größter Filmgesellschaft. Sein Unglück: Er war als Jude plötzlich unerwünscht. Deshalb wollte die UfA von ihm nichts mehr wissen. Doch ein Rücktritt vom Vertrag war nur bei Krankheit oder Tod vorgesehen. Die Justiz half großzügig aus. Und es war nicht etwa ein linientreuer kleiner Amtsrichter, der den Rechtsbruch sanktionierte, sondern Deutschlands höchste Instanz – das Reichsgericht in Leipzig, der Vorgänger des heutigen Bundesgerichtshofes.

Die Roten Roben rückten von allen Prinzipien ab, die bis dahin gegolten hatten. Sie rümpften die Nase über „die frühere – liberale – Vorstellung vom Rechtsinhalte der Persönlichkeit". Sie nahmen

Abschied vom Geist der Humanitas – von einem Recht, in dem (pfui!) Unterschiede „nach der Gleichheit oder Verschiedenheit des Blutes" nicht vorkamen, und von einem Recht, das „eine rechtliche Gliederung und Abstufung der Menschen nach Rassegesichtspunkten" nicht kannte.[1]

Mehr noch als die Abkehr von den überkommenen Werten überraschte die Bereitschaft, mit der die Reichsgerichtsräte Macht vor Recht gehen ließen. Sie führten ohne Zwang – in vorauseilendem Gehorsam – den Faschismus in das deutsche Recht ein: Die „nationalsozialistische Weltanschauung" habe – so hieß es zustimmend – Gedanken des „früheren Fremdenrechts" wiederaufgenommen; sie erkenne „nur Deutschstämmige" als „rechtlich vollgültig" an – und sie unterscheide zwischen „voll Rechtsfähigen und Personen minderen Rechts".

Zur Festigung ihres Standpunktes zogen die Spitzenjuristen des Deutschen Reiches Bräuche aus primitiver Vorzeit heran: „Den Grad völliger Rechtlosigkeit stellte man ehedem, weil die rechtliche Persönlichkeit ganz zerstört sei, dem leiblichen Tode gleich." Dafür hätten die Altvorderen Begriffe wie „bürgerlicher Tod" und „Klostertod" gefunden. Auf Eric Charell bezogen, bedeute dies: Die neue „rassepolitische" Ausrichtung der Gesellschaft begründe eine Auflösung des Vertrages mit ihm – „wie Tod oder Krankheit es täten".

Die „Ehrennotwehr" des SA-Mannes

Während Juden und Linke vor dem Reichsgericht in Leipzig auf unbarmherzige Härte stießen, kamen „Herrenmenschen", wie sich die NS-Elite selbst nannte, glimpflich davon. Ein SA-Standortführer, der – obwohl selbst körperlich überlegen – einen Kameraden im Streit auf dem Tanzboden mit dem Ehrendolch erstochen hatte, verließ das Reichsgericht als freier Mann. Vom Schwurgericht in Verden an der Aller war er immerhin wegen Totschlags zu zweieinhalb Jahren Gefängnis verurteilt worden.

Die Reichsgerichtsräte erfanden für den braunen Messerstecher etwas ganz Neues – die „Ehrennotwehr". Man werde seiner

Situation nicht gerecht, wolle man ihm „zumuten, seine Waffe preiszugeben und sich in eine Balgerei mit einem Untergebenen einzulassen".[2]

Wer heute diese Produkte einer partiell hohen, aber zugleich morbiden Intelligenz liest, reibt sich die Augen – und bekommt es, gleich doppelt, mit der Angst zu tun. Er weiß nun, was sich alles im Beratungszimmer eines höchsten Gerichts zusammenbrauen kann. Er weiß aber auch, dass die sogenannte Qualifikation, von der das berufliche Fortkommen abhängt, heute noch an denselben Kriterien gemessen wird wie zu Zeiten des Reichsgerichts. Erfolg hat nach wie vor der Angepasste. Gefragt ist der Einserjurist, nicht der Menschenfreund.

Insbesondere das UfA-Urteil bleibt, auch wenn es lange zurückliegt, ein Paradebeispiel. Es zeigt, wie dicht Gründe und Abgründe beieinanderliegen. Es zeigt auch, was nicht verwundern kann, dass sich an der Methode des Beweisens nichts geändert hat. Es zeigt vor allem aber eine Besonderheit: Dass Rechtsprechung ein Doppelbegriff ist, dessen zweite Hälfte auf die Sprache verweist. Sie ist die andere Säule, auf der das Recht ruht – und sie ist der Teil des Ganzen, bei dem die Juristen keinen Startvorsprung haben. Ob Worte Sinn ergeben, kann auch der Laie beurteilen. Vorausgesetzt, dass sich die Robenträger an Paragraph 184 des Gerichtsverfassungsgesetzes (GVG) halten. Dort heißt es kurz und bündig: „Die Gerichtssprache ist Deutsch."

An Klarheit haben es die Reichsgerichtsräte, als sie Charell für tot erklärten, nicht fehlen lassen, nur an Menschlichkeit. Leider gab es keine Instanz, die ihrer gemeingefährlichen Verblendung Grenzen gesetzt hätte. Tempi passati! Geschichte wiederholt sich bekanntlich nie auf dieselbe Weise. Vor einer vergleichbaren Amtswillkür schützt heute das Verfassungsgericht. Ein Urteil wie das gegen Eric Charell wäre allein deshalb undenkbar, weil Artikel 3 des Grundgesetzes eine schiere Selbstverständlichkeit festgeschrieben hat: „Alle Menschen sind vor dem Gesetz gleich."

Das Prinzip der Gleichheit, das mehr als zwei Jahrtausende zurückreicht, war natürlich nicht erst nach 1949, sondern auch schon vor 1933 eine vornehme Richtschnur des Rechts – bis zur

Machtübernahme durch Hitler. Die Reichsgerichtsräte haben mit dieser Tradition gebrochen. Sie wischten die Uridee der Gerechtigkeit vom Tisch und erfanden den Bürger minderer Güte. Plötzlich waren die Menschen nicht mehr gleich; Juden unterschieden sich von Ariern; sie waren weniger wert – oder gar nicht mehr vorhanden, wie Eric Charell.

Die Quintessenz: Spitzenjuristen, die imstande sind, Perversionen des Rechts ebenso gut zu begründen wie ethische Höhenflüge, können gemeingefährlich werden. Wer garantiert, dass ihre Qualifikation nicht mal (wie 1933 in Leipzig) ins Negative umschlägt? In einer Schönwetterperiode des Rechts erscheint das wenig wahrscheinlich. Doch Juristen sind, wie sich immer wieder zeigt, gegen Versuchungen nicht gefeit.

Vorauseilender Gehorsam

Hochqualifizierte sind besonders gefährdet. Rhetorische Brillanz überwindet nahezu alle Grenzen. Wer sich und anderen einreden will, dass Entgleisungen wie einst in Leipzig heute unmöglich seien, übersieht das Bleibende: Dass sich die äußeren Umstände zwar verändern mögen, nicht aber die Menschen und ihre Untugenden. Vorauseilenden Gehorsam wird es immer geben – deshalb auch Richter, die den Machthabern ihre Wünsche von den Augen ablesen und dazu das Recht mit windiger Rabulistik verbiegen, wie beim UfA-Urteil.

Dabei ist Überanpassung nicht die einzige Grube, in die Richter fallen können. Ebenso schlimm ist die Anfälligkeit für intellektuelle Versuchungen – etwa die Bereitschaft, jede Ideologie, die sich gerade anbietet, zum Bestandteil des Rechts zu erklären. Wortakrobatik dieser Güte sonderten nicht nur die Richter der Nazizeit ab, sondern auch ihre Nachfahren, die keiner Obrigkeit zu Diensten sein mussten.

1954 äußerte sich der Große Strafsenat des Bundesgerichtshofs zu Sitte und Moral. Die elf höchsten Strafrichter der noch jungen Bundesrepublik mussten prüfen, ob eine Mutter zu bestrafen war, weil sie ihre erwachsene Tochter und deren Verlobten bei sich hatte übernachten lassen. Der „schweren Kuppelei" machte sich damals schuldig, wer der Unzucht Vorschub leistete.

Im Zentrum des Verfahrens stand deshalb die Frage: Was ist „geschlechtliche Unzucht"? Die höchstrichterliche Antwort wirkte wie ein religiöses Bekenntnis: „Die sittliche Ordnung will, dass sich der Verkehr der Geschlechter grundsätzlich in der Einehe vollziehe, weil der Sinn und die Folge des Verkehrs das Kind ist."[3] Sexualität könne sich „nur in der ehelichen Gemeinschaft zweier einander achtender und einander zu lebenslanger Treue verpflichteter Partner sinnvoll erfüllen".

Beseelt von ihrem Glauben an eine heile Welt, erklärten die Missionare in Richterrobe den Geschlechtsverkehr in der Einehe kurzerhand zum „Sittengesetz". Insoweit konsequent befanden sie, dass „der Verstoß dagegen ein elementares Gesetz geschlechtlicher Zucht verletzt".

Gewalt, mal so und mal so

Was die obersten Strafrichter da von sich gaben, war ein rührender Versuch, den Glanz vergangener Zeiten zurückzuholen – einen Glanz, den es vermutlich selbst zu Kaisers Zeiten nicht gegeben hat. Sie waren erkennbar von dem Gedanken erfüllt, dass sich Recht und Moral zu einer Einheit verschmelzen lassen. Die Zunft hat mühsam lernen müssen: Wer Moral allgemeinverbindlich definieren will, versucht das Unmögliche und ist zum Scheitern verurteilt.

Wenn Richter „über sich", wie eine selbstironische Floskel sagt, „nur noch den blauen Himmel haben", ist die Versuchung groß, eine eigene Welt zu erschaffen – und diese für verbindlich zu erklären. Das zeigt sich an der Art, wie sie mit Begriffen umspringen. Es gab Zeiten, da fühlten sie sich wie auf dem Olymp. Sie dehnten ihre Definitionsmacht so lange aus, bis daraus eine Definitionsallmacht wurde. 1981 registrierte die Öffentlichkeit erschrocken, wie die Richter des Dritten Strafsenats den Begriff „Gewalt" – ganz nach Gusto – im Oktober gänzlich anders interpretierten als noch im Juli. Das eine Mal ging es um den Schutz von Professoren, das andere Mal um den Schutz eines vergewaltigten Lehrmädchens.

In diesem Fall stolperten die höchsten Richter über ihre eigene Selbstherrlichkeit. Das Lehrmädchen war vom Meister mehrere Male missbraucht worden. Die Vorinstanz hatte den Chef wegen mehrfacher Vergewaltigung verurteilt. Der BGH bestätigte diese Entscheidung im Wesentlichen, doch den schlimmsten sexuellen Übergriff ließ er durchgehen.

Proteste von links und rechts

Dabei erweckte gerade diese Tat besondere Abscheu. Der Meister war mit dem Lehrling in den Wald gefahren und hatte so dicht neben einem Baum geparkt, dass die Beifahrertür nicht mehr aufging. Dann hatte er die junge Frau, die nicht fliehen konnte, auf der Ladefläche zum Verkehr gezwungen. Darin sahen die Bundesrichter keine Gewalt. Was sie dazu absonderten, klang so, als ob sie nicht nur mit den Begriffen sondern auch mit der deutschen Sprache auf Kriegsfuß standen.

Der Karlsruher Leitsatz, der nicht nur unter Feministinnen, sondern auch bei den christlichen Kirchen Proteststürme entfachte, lautete in holprigen Worten: „Nicht in jeglichem Einschließen oder ähnlicher Beschränkung der Bewegungsfreiheit einer Frau in der Absicht, mit ihr geschlechtlich zu verkehren, liegt bereits Anwendung von Gewalt" – auch nicht im „Fahren zu einer abgelegenen Stelle, an der die mitgeführte Frau Hilfe nicht erwarten kann".[4]

Keiner war bei der Beratung dabei. Doch wer hinter dem Spruch eine unsägliche männliche Arroganz vermutet, geht sicher nicht fehl. Für diese Deutung spricht, dass derselbe Strafsenat im Abstand von wenigen Monaten bewies, dass er imstande ist, Gewalt ganz differenziert zu beschreiben. Nach dieser einfühlsamen Erkenntnis machen sich Studenten strafbar, wenn sie „Dozenten durch Geschrei, Gebrüll, Pfeifen, Absingen von Liedern oder Gebrauch von Lärminstrumenten" dazu bringen, Lehrveranstaltungen oder Prüfungen abzubrechen. Auch „Entfaltung von Lärm oder verbale Einwirkungen" könnten, so die Bundesrichter, den Straftatbestand der gewaltsamen Nötigung erfüllen.[5]

Dieser unauflösbare Widerspruch im Kopf von Bundesrichtern, die Gewalt – je nachdem, wen sie betrifft – mal sehr locker und dann wieder unnachsichtig streng beurteilen, lässt sich mit Hinweisen auf die Eigenart juristischer Dogmatik jedenfalls nicht mehr hinreichend erklären.

Wer kritisch liest, was Deutschlands Oberrichter – nicht nur unter Hitler, sondern auch in rechtsstaatlicher Freiheit – so alles von sich gegeben haben, läuft Gefahr, vorschnell den Stab über die ganze Zunft zu brechen. Der entsetzte Zeitgenosse muss aufpassen, dass er nicht zum Opfer seiner irrigen Idealvorstellungen wird. Abwegige Urteile können ihn eigentlich nur dann schockieren, wenn er glaubt, dass Richter weiser und klüger sind als der Rest der Wellt.

Die subjektive Perspektive

Diese Annahme kommt zwar dem geschönten Selbstporträt des Standes entgegen, doch sie stimmt nicht. Auch der Richter ist den Zwängen von Ort und Zeit unterworfen, wie jeder andere Sterbliche auch. Wenn er still in sich hineinhorcht, entdeckt er vielleicht, was Gefühle in ihm anrichten. Für den Selbstversuch taugt jeder x-beliebige Politikskandal. Das Drehbuch ist immer das gleiche: Wenn ein Prominenter in die Schlagzeilen gerät, fragen alle Zeitgenossen: Hat der Mann nun frech gelogen? Oder hat er sich nur ungeschickt ausgedrückt? Wer ehrlich ist, wird zugeben, dass es von Gefühlen der Sympathie oder der Antipathie abhängt, ob er Belastungsargumente bagatellisiert und Entlastungsargumente überbewertet.

Dermaßen sensibilisiert, registriert der nun geschulte Beobachter, dass er auch bei anderen Streitfragen nicht immun ist gegen Stimmungen und Zeitströmungen. Warum sollte es Richtern anders ergehen? Der „bürgerliche Tod", die „Ehrennotwehr", das kümmerliche Bild von Liebe und Ehe – dies alles hat mit Recht nur wenig zu tun, dafür umso mehr mit menschlicher Unzulänglichkeit. Richter gehorchen dem Zeitgeist. Hinter dem Glauben, sie allein könnten sich über das kleine Karo des Alltags erheben, steckt eine ihrer Lebenslügen – eine von vielen.

Als die Reichsgerichtsräte dem Juden Charell ihren Respekt versagten, benahmen sie sich so schäbig wie die meisten Bürger, die – ohne aufzubegehren – in die kollektive Rolle der „Volksgenossen" geschlüpft waren. Der Antisemitismus musste nicht erst erfunden werden – er war latent vorhanden.

Die Reichsgerichtsräte in Leipzig bewegten sich 1933 aalglatt im Strom der Zeit. Ihre Nachfolger, die Bundesrichter in Karlsruhe, schwammen zwei Jahrzehnte später aber auch nicht in die entgegengesetzte Richtung. Das zeigte sich 1954 an ihrer bereits erwähnten Definition von „Unzucht", sie gehörte zur doppelten Moral jener Tage. Zwar lebte keiner nach dieser strengen Regel, doch sie wurde als verbindliches und verpflichtendes Ideal akzeptiert – als eines, mit dem sich die meisten nach dem Motto „… aber das Fleisch ist schwach" zu arrangieren wussten.

BGH-Urteil und Realität waren schon zur Zeit des Spruchs nicht mehr deckungsgleich. Zwischen Besatzungssoldaten und deutschen „Frolleins" blühte die Fraternisation. Kriegerwitwen, die ihre Rente nicht verlieren wollten, lebten fröhlich in wilder Ehe. Ihre Beziehung hatte sogar einen Namen: „Onkelehe". Der Begriff gehörte in jenen Tagen zum allgemeinen Sprachgebrauch. Keiner stieß sich daran.

Vor diesem Hintergrund konnte das Urteil zur Unzucht nur einen Sinn haben: moralische Pflöcke einzuschlagen. Doch das war ein lächerliches Unterfangen. Die Menschen schoben die Pflöcke zur Seite – gingen zur Tagesordnung über und liebten sich ungenierter als je zuvor. Wenn Richterworte so verpuffen, leidet die Reputation des Rechts. Richter, die glauben, sie müssten Missionsarbeit leisten, beweisen nur eines: masochistische Lust am Selbstbetrug.

Ältere Mitbürger haben diese höchstrichterlichen Irrungen und Wirrungen noch miterlebt, den Jüngeren müssen sie wie Signale aus dem finsteren Mittelalter erscheinen. Nicht zur Entschuldigung, wohl aber zur Erklärung hilft der Hinweis, dass auch die Rechtsprechung dem „dialektischen Dreisprung" unterliegt, der aus der Philosophie bekannt ist. Gegen die „These" – das ist die jeweils geltende „herrschende Meinung" – wird eine „Antithese" in Stellung gebracht: Sie nennt alle Gründe, die sich aufgrund veränderter Lebensverhältnisse und gewandelter Anschauungen angesammelt haben.

These und Antithese sind mithin die widerstreitende Rechtsmeinungen. Ein höchstrichterliches Urteil verkörpert die Synthese. Mit dieser wiederum beginnt der Dreisprung auf einer nächst höheren Ebene von vorne. Wenn eine „herrschende Meinung" Patina angesetzt hat, fällt sie in den Urzustand einer These zurück, die sich einer neuerlichen Überprüfung stellen muss. Der Zeitgeist überholt den Zeitgeist.

Es bedarf keiner großen Phantasie, um sich in eine richterliche Beratung hineinzuversetzen. Die Beweisregeln sind überall gleich. Selbst im Alltag werden Kontroversen durch einen Schlagabtausch von Meinungen ausgetragen. In der Arena der Laien wie im Beratungszimmer der Richter gibt es saubere Beweise und schmutzige Tricks. Nicht von ungefähr reden Logikbücher ausgiebig über „Fehler gegen die Folgerichtigkeit" und „Fehler gegen die Wahrheit". Sie tun das augenzwinkernd – unter dem Vorwand, sie wollten dem Leser nur sagen, wie er es auf keinen Fall machen sollte. Arthur Schopenhauer widmete dem Thema, das er „Eristische Dialektik" nannte, sogar ein Büchlein: „Die Kunst, Recht zu behalten – in 38 Kunstgriffen dargestellt".[6]

Folgenschwere Denkfehler

Streng genommen bedarf es solcher Unterweisungen nicht. Jeder weiß aus Erfahrung: Der Aktive, der etwas beweisen will, muss Argumente für seine Position suchen und finden; der Passive, der überzeugt werden soll, darf nicht alles glauben, was die Gegenseite behauptet. Trotzdem kann ein Denkfehler immer vorkommen. Doch es macht einen Unterschied, wer ihn begeht: Bei einem Normalsterblichen ist er nur blamabel, bei einem Richter folgenschwer. Da kann er tödlich sein oder zumindest existenzbedrohend wie bei Eric Charell.

1900. 1933. 2000. Die Anforderungen an eine logische Beweisführung sind immer dieselben geblieben. Der Richter, der ein Urteil plausibel machen will, muss Gründe zusammentragen. Wie die beschaffen sein sollten, hat vor fast 200 Jahren Carl von Savigny festgehalten. Der berühmte Rechtsgelehrte zählte vier Kriterien auf, die er für wesentlich hielt: den Wortlaut der einschlägigen Vorschrift, ihre Entstehungsgeschichte, den systematischen Zusammenhang, in den sie gehört, ihren beabsichtigten Zweck.

Der „Wortlaut" bietet nur dann Spielraum für die Phantasie von Interpreten, wenn der Text unscharf und schwammig ist. Die „Entstehungsgeschichte" ist zumeist sauber dokumentiert und deshalb unumstritten. Doch der „systematische Zusammenhang" und der „Zweck" zeigen offene Flanken. Beide Kriterien lassen sich nach Belieben zurechtstutzen. Um zum UfA-Urteil zurückzukehren: Zu interpretieren war der Passus, dass der Vertrag bei Tod oder Krankheit endet. Die Reichsgerichtsräte manipulierten den „systematischen Zusammenhang", indem sie eine dritte Variante erfanden – den „bürgerlichen Tod".

Die Begriffe Krankheit und Tod schließlich zielten auf ein schicksalhaftes Ende; sie hatten – das war ihr Zweck – den Fall vor Augen, dass der Kontrahent aus biologischen Gründen ausfällt. Der dialektische Kunstgriff des Urteils war nun die Behauptung, dass die Zugehörigkeit zur jüdischen Rasse dem Tod gleichkomme.

„Alles andere als objektiv"

Gegen Perversionen dieser Art ist das Recht nicht gefeit. Begründungen sind zunächst mal eine Sache der Sprache – und erst dann eine der Jurisprudenz. Wer entscheidet, sammelt Belege für sein Votum. Niemand kann verhindern, dass er dafür Beifall sucht: bei den Mächtigen, bei den Medien, bei Kollegen, Vorgesetzten, Verwandten und Freunden – auch bei Parteien, Zünften und Kirchen, denen er nahe steht. Er wird leicht zum Opfer seiner Anpassungsbereitschaft oder auch nur seiner Eitelkeit.

Auch die Großen der Zunft wissen, dass die Kriterien der Methodenlehre kein Allheilmittel sind. Thomas Dieterich, Expräsident des Bundesarbeitsgerichts, sagt, sie seien „von bemerkenswerter Unschärfe".[7] Schon die allgemein anerkannte objektive Gesetzesauslegung entferne sich schnell vom historischen Willen des Gesetzgebers: sie passe „dessen Intentionen den veränderten Rechtsbedürfnissen" an, und sie sei alles andere als objektiv.

„Veränderte Rechtsbedürfnisse" meint: Keiner – weder der Verfassungsrichter noch der Amtsrichter – kann auf Dauer losgelöst vom Zustand des Gemeinwesens entscheiden. Die meisten Richter tun sich schwer mit dem Eingeständnis, dass der Zeitgeist auch auf sie Einfluss haben könnte. Dabei wird nie ganz klar, ob es nur der Begriff ist, den sie als obszön empfinden. Oder ob sie nicht akzeptieren wollen, dass sich das gesellschaftliche Bewusstsein permanent verändert – und sie an dieser Entwicklung teilhaben. Nichts anderes meint der Begriff Zeitgeist, der „böse" oder „gut" sein kann.

„Zeitgeist" aus der Justiz

Mitunter ist es sogar die Justiz, die ihn prägt. Den allgemeinen Konsens, dass Alkohol am Steuer kein Kavaliersdelikt ist, haben Richter mit einer eindringlichen und nachhaltigen Spruchpraxis zustande gebracht. Umgekehrt hat sich die Justiz der verbreiteten Stimmung gebeugt, die nach den Attentaten der RAF im Volk aufkam – oder aber der Sensibilisierung für die Umweltkriminalität, die den „Grünen" zu verdanken ist. Auch der „mündige Patient", der über jede Behandlung umfassend aufgeklärt werden und jeden Eingriff ausdrücklich genehmigen muss, verdankt seine Existenz der höchstrichterlichen Rechtsprechung.

Doch andererseits ist das Unbehagen, das manchen Richter bei dem Gedanken an den Zeitgeist beschleicht, nicht unbegründet. Jeder, der gegen den Begriff aufbegehrt, kann neben dem UfA-Urteil andere vergleichbare Perversionen anführen. Sie gehören zu den Schattenseiten der Justiz. Das jüngste abschreckende Beispiel ist der Verfall des Rechts in Amerika nach dem Attentat auf das World Trade Center. Die Nation, die der Welt bis dahin als Vorbild eines demokratischen Rechtsstaates diente, warf kurzerhand alle Standards über Bord.

Und Amerika ist gleich nebenan. Im Zeitalter des Web betragen die Kommunikationswege Sekunden. Globalisierung beherrscht nicht nur die Ströme des Geldes, sondern auch den Fluss der Ideologien. Repressionen können so ansteckend sein wie Rezessionen. Der Lehrsatz „Demokratie lernen heißt: von Amerika lernen" gehört der Geschichte an. Die Wegwerfgesellschaft hat sich aller Prinzipien entledigt. Diese Botschaft ist auch bei uns angekommen. Hier suggerieren Hardliner: Wenn die Amerikaner, um der Sicherheit willen, auf elementare Freiheiten verzichten – warum sollen wir Deutschen dann päpstlicher sein als der Papst?

Auf dünnem Eis

Der Niedergang in Übersee zeigt, dass Freiheitsrechte stets neu erkämpft sein wollen. Die amerikanische Demokratie hat sich immer janusköpfig gezeigt. Sie brachte einmalige Politiker wie George Washington hervor, der sogar Gedanken zu dem Thema hinterlassen hat, das heute die Politiker in der ganzen Welt beschäftigt. Er sagte: „Wer bereit ist, grundlegende Freiheiten aufzugeben, um sich kurzfristig Sicherheit zu verschaffen, der hat weder Freiheit noch Sicherheit verdient." Zur Geschichte Amerikas gehört aber auch der berüchtigte Senator McCarthy, der 1954 mit einer atemberaubenden Hetzjagd auf tatsächliche und vermeintliche Kommunisten sein Land zeitweise in eine Überwachungsdiktatur verwandelte. In dieses Bild fügt sich auch George W. Bush, der das KZ Guantanamo unterhält.

Die Infektionsgefahr ist groß. Beim „Krieg" gegen den Terror hechelten manche Europäer, etwa Tony Blair, den Hardlinern in den USA hinterher. Auch Innenminister Wolfgang Schäuble läuft täglich Gefahr, die Freiheit zu Tode zu schützen. Und der bisweilen laxe Umgang mit dem Folterbegriff oder ein Interview, wie das seines Amtsvorgängers Schily („Einsperren zur Vorbeugung, wenn tödliche Gefahr droht"), lassen Schlimmes befürchten.[8] Der liberale Rechtspolitiker Burkhard Hirsch erinnerte daran, dass mit solchen Argumenten „auch Konzentrationslager gerechtfertigt wurden".[9]

Auch Jutta Limbach, die große alte Dame des Verfassungsrechts, sah Anlass zur Sorge: „Ein Staat, der Gruppen von Menschen rechtlos stellt, weil er sie für seine potenziellen Feinde hält, gerät schnell auf die abschüssige Bahn vom liberalen zum autoritären Staat."[10] Derlei Warnungen machen deutlich: Wenn der Zeitgeist Sicherheit um jeden Preis verlangt, ist die Erosion des Rechtsstaates nicht mehr fern. Die Deutschen täten gut daran, sich immer an eine Warnung von Thomas Mann zu erinnern: Er sagte zu Zeiten, als der berüchtigte US-Senator McCarthy wütete: „Die Freiheit stirbt an ihrer Verteidigung."[11]

AUFKLÄRUNG DURCH INDISKRETION
Wenn Strafverfolger in Zielkonflikte geraten

> Die Erfahrung lehrt, dass Einbrüche in die Privat-
> sphäre von Bürgern bisweilen wenig mit objektivem
> Recht zu tun haben, dafür aber umso mehr mit
> dem subjektiven Verfolgungseifer von Polizisten
> und Staatsanwälten. Sie wollen Verdächtige „über-
> führen". Die viel zitierte „Unschuldsvermutung"
> kommt dabei leicht zu kurz.

Wenn ein Geheimnisträger aus der Schule plaudert, weil ihm
Herrschaftswissen nichts mehr bedeutet, profitiert die Nachwelt
von dieser Souveränität. Als Max Güde, 76 Jahre alt, in seinen Erinnerungen kramte, war er von der eitlen Wichtigtuerei seiner Zunft
jedenfalls weit entfernt. Der frühere Generalbundesanwalt redete.
Aktueller Anlass war ein Fall von Geheimnisverrat, der sich dann
später in Wohlgefallen auflöste. Güde sollte seine Erfahrungen bei-
steuern. Doch er hatte mehr im Sinn: Er wollte über seine Arbeit
als oberster Ankläger der Republik (1956–1961) sprechen.[1] Dabei
schien ihm die Überlieferung authentischer Fakten erkennbar
wichtiger als kleinkarierte Schweigepflichten.

Die Jagd auf einen Spion

Der „General" erzählte mit Vergnügen, wie er 1960 den erfolg-
reichsten Fall seiner Karriere gelöst hatte – durch die Entlarvung
des Abgeordneten Alfred Frenzel (SPD) als tschechischen Spion.
Eher beiläufig kam dabei heraus, dass Güde in jenen Tagen alles
Mögliche im Sinn hatte, nur nicht das Grundgesetz. Nach Artikel 46 hätte der Bundestag vorher die Festnahme des Volksver-
treters genehmigen und damit seine Immunität als Abgeordneter
aufheben müssen. Daran habe er, so der Chefankläger, keinen

Augenblick gedacht. Es wäre, erklärte er ungeniert, „ein Kunstfehler" gewesen, „den Verdacht an die große Glocke zu hängen". Aus einem einfachen Grund: Sobald das Parlament öffentlich berate, sei ein Verfahren „futsch". Deshalb müsse man in so einem Fall „das Immunitätsproblem auf legale Weise umgehen". Güde ließ Frenzel observieren: „Den können wir nur auf frischer Tat ertappen."

Selbst dieser regelwidrige Schachzug endete ohne das erwünschte Matt. In flagranti war der Verdächtige nicht zu fassen. Er musste überrumpelt werden. Güde bestellte ihn ins Büro des Bundestagsdirektors. Er wedelte, als sie sich dort gegenübersaßen, mit einem Geheimpapier, das auf dem Weg von Bonn nach Prag beschlagnahmt worden war. Alles Weitere lief wie von selbst. Der Agent demaskierte sich selbst. Güde: „Frenzel hat zu diesem Zeitpunkt zweieinhalb Zentner gewogen, war also unmäßig dick. Ich habe noch nie gesehen, wie ein dicker Mann sozusagen geschrumpft ist wie ein Luftballon, den man aufsticht. Er war völlig weg – Schock." Die Schrecksekunde genügte. Frenzel stotterte: „Sie müssen eines wissen, ich habe in Böhmen noch eine verheiratete Tochter." Güde: „Das war das Geständnis."

Heiligt der Zweck die Mittel?

Die Enttarnung, Verhaftung und spätere Verurteilung des Spions war ein Sieg der Feindabwehr. Doch war es auch ein Sieg des Rechts? Güdes Reminiszenzen legen den Verdacht nahe, dass im Eifer des Gefechts mitunter das ungeschriebene Wort (im Sinne von: „Der Zweck heiligt die Mittel") mehr gilt als das geschriebene, etwa die strengen Regeln der Verfassung oder der Strafprozessordung (StPO). Die Bilanz des Pensionärs, die Aktiva wie Passiva offenlegte, erlaubt mehr als einen Blick in die doppelte Buchführung der Strafverfolger – die der Vergangenheit, aber auch die der Gegenwart. Denn die Paragraphen und die Probleme, um die es geht, sind heute dieselben wie damals. So gesehen war Güdes Rapport einmalig. Was den Freimut anbelangte, hatte er keine Vorgänger – und er fand auch keine Nachfolger.

Mithin erfuhr die Öffentlichkeit durch ihn, gleichsam aus erster Hand, wie Staatsanwälte fühlen und denken – und auch von der Qual der Wahl zwischen Recht und Effizienz. Was bleibt, ist die Ahnung, dass ein ehrgeiziger Ermittler, der Kriminelle vor den Kadi bringen will, bisweilen hart am Rande der Legalität operieren muss. Mit dem Ziel vor Augen und der StPO im Kreuz muss er einen Balanceakt vollbringen – einen Täter überführen, ohne dessen Grundrechte zu vernachlässigen.

Es ist nicht ratsam, darauf zu vertrauen, dass dieses Kunststück gelingt. Der Bürger befindet sich einem Staatsanwalt gegenüber von vornherein in der schwächeren Position. Er ist, auch wenn er sich nichts vorzuwerfen hat, kein gleichberechtigter Partner. Beide sind natürliche und erbitterte Gegner. Der Staatsanwalt möchte den Verdächtigen überführen. Der wiederum will seine Unschuld beweisen oder seine Schuld beschönigen. Je eher er sich damit abfindet, dass ein Strafverfolger (im Gegensatz zum Richter) parteiisch ist, desto besser für ihn.

Keinem zulieb und keinem zuleide

Das Recht hat dem Staatsanwalt eine nicht eben sympathische Rolle zugewiesen. Er ist Strafverfolger und Ankläger. Keiner hält ihn für objektiv. Tatsächlich verfolgt er ein Hauptziel: Angeklagte hinter Gitter zu bringen. Zumindest Eingeweihte wissen, dass ihm die Justiz keine Unabhängigkeit garantiert. Er ist – anders als ein Richter – weisungsgebunden, er muss Befehle entgegennehmen und befolgen. Deshalb wird seine Unbefangenheit auch oft angezweifelt. Für diesen Fall hält die Rechtswissenschaft einen Terminus bereit, der für alle Staatsdiener gilt: „Besorgnis der Befangenheit". Was gemeint ist, hat Ähnlichkeit mit einem Seismographen, der bei jeder noch so leisen Irritation ausschlägt. In Rede steht nicht nur, ob einer wirklich befangen ist. Es genügt bereits, wenn er Anlass gibt, an seiner Unparteilichkeit zu zweifeln.

Der Staatsanwalt wandelt da auf einem schmalen Grat. Er darf keine Sekunde vergessen, dass er mit skeptischen Blicken beäugt wird. Die einen trauen ihm zu, dass er ein Auge zudrückt (oder gar zwei), weil der Delinquent seinem Chef nahesteht und er dessen Wohlwollen nicht verlieren möchte. Die anderen halten für möglich, dass er bei einem Prominenten besonders hart durchgreift, um der Öffentlichkeit Schneid zu beweisen?

Weder nach der einen noch nach der anderen Seite zu schielen (Tacitus: „keinem zulieb und keinem zuleide"), ist mehr als eine Dienstvorschrift – es ist eine vornehme Pflicht. Sie wird vor allem Staatsanwälten abverlangt, denn sie repräsentieren den Rechtsstaat an vorderster Front – und sind deshalb ganz besonders auf das Vertrauen der Bevölkerung angewiesen. Doch Deutschlands Strafverfolgern gelingt es immer wieder von Neuem, diesen Bonus zu verspielen. Das erklärt, warum Demoskopen bei ihren Umfragen immer weniger Bürger antreffen, die an einen gerechten Staat glauben. Kleine Sünder, die wegen einer Bagatelle unnachsichtig verfolgt wurden, registrieren aufmerksam, wenn Prominente bei gravierenden Rechtsverstößen mit Glacéhandschuhen angefasst werden.

So geht Glaubwürdigkeit verloren. Wenn Staatsanwälte mit zweierlei Maß messen, werden auch schläfrige Bürger wach. Mag sein, dass der Laie nicht auf Anhieb sagen kann, wo der Gleichheitssatz steht. Trotzdem hat er das Synonym für Gerechtigkeit verinnerlicht: „Alle Menschen sind vor dem Gesetz gleich" (Artikel 3 GG). Wer dieses Versprechen bricht, richtet just den Flurschaden an, der ständig zu besichtigen ist.

Ein Urwunsch des Menschen

Eine zweite Garantie des Grundgesetzes erfüllt geradezu idealtypisch Urwünsche des Menschen. Jeder hofft insgeheim, dass ihm „die da oben" zuhören, wenn er sich verteidigt oder wenn er seine Wünsche vorträgt. Tatsächlich ist diese Idee sogar als Anspruch auf „rechtliches Gehör" in Artikel 103 GG verankert. Dass aber ein Staatsdiener, der voreingenommen ist, entweder nicht zuhören will oder nicht mehr zuhören kann, liegt auf der Hand. Wie will er glaubhaft machen, dass bei ihm das „rechtliche Gehör" gut aufgehoben ist? Im Gegenteil: Der Bürger muss fürchten, auf taube Ohren zu stoßen.

Befangene Strafverfolger können beide Ansprüche, den auf Gleichbehandlung und den auf rechtliches Gehör, nicht glaubhaft erfüllen.

Vor der juristischen kann eine allgemeine Betrachtung des Begriffs nicht schaden. Genau besehen skizziert er nur eine menschliche Schwäche, für die sich niemand schämen muss. Befangenheit ist die natürlichste Sache der Welt. Wer ehrlich ist, ertappt sich jeden Tag bei seinen eigenen Vorurteilen. Mal kommt der Chef schlecht weg, mal die Kollegen. Auch politische Gegner können kaum auf ein gerechtes Urteil hoffen. Dagegen hilft nur eins: Sich der eigenen Vorurteile bewusst zu werden! Aufrichtig zu sein, notierte Goethe, könne er versprechen – „unparteiisch zu sein aber nicht."

Das Dilemma der Staatsanwälte

Staatsanwälte, die ihre Behörde gerne als „die objektivste der Welt" bezeichnen, ernten für dieses Eigenlob zumeist Gelächter – namentlich dann, wenn sie gerade mal wieder danebengegriffen und zum Beispiel eine Redaktion überfallen haben. Ihre Selbstdarstellung leidet ohnehin darunter, dass sie ihr Dasein als Zwitter permanent kaschieren müssen. Sie sind zwar Organ der Rechtspflege, aber nicht unabhängig wie Richter, sondern weisungsunterworfen wie Beamte.

Weil das so ist, müssen sie sich dieselben Fragen stellen und stellen lassen wie ihre Kollegen zu Güdes Amtszeiten. Handeln Strafverfolger immer streng nach Recht und Gesetz? Wer ist „Herr des Verfahrens" – der Staatsanwalt, wie es die StPO vorschreibt, oder die Kripo, wie eine höchst umstrittene Praxis vermuten lässt? Sind der Generalbundesanwalt und jene Generalstaatsanwälte, die jederzeit in die Wüste geschickt werden können, wirklich unabhängig? Beeinträchtigt die Weisungsbefugnis der Justizminister, die alle Beteiligten nur verschämt einräumen, den geordneten Ablauf von Strafverfahren?

In Sachen Frenzel sprach der Erfolg für Güde. Wenn er sich pingelig an den Buchstaben des Grundgesetzes gehalten hätte, dann – das sah er wohl richtig – „wäre die ganze Sache am nächsten Morgen tot gewesen". Wer möchte das schon? Doch vor vergleichbaren Gewissensentscheidungen stehen Staatsanwälte immer wieder. So schützt Artikel 10 des Grundgesetzes das Fernmeldegeheimnis. Eine Ausnahme von der strengen Regel enthält Paragraph 100a der StPO, der das Abhören von Telefonaten bei schweren Straftaten erlaubt, aber nur für diese. Wenn beim Lauschen andere Erkenntnisse abfallen, gilt für sie ein Verwertungsverbot.

Das Gesetz „legal umgehen"

Die Regel dürfte manchen überfordern. Ein Fahnder, der Überschüssiges erfährt, gerät unweigerlich in die Zwickmühle: Er kennt den Täter, hat Beweise für dessen Verfehlungen, soll sie aber vergessen, weil ihm das Belastungsmaterial ohne rechtliche Grundlage zugewachsen ist. Diese Strenge will vielen Laien nicht einleuchten – und mancher Ankläger tut sich damit auch ziemlich schwer. Die Versuchung, das Verbot zu umgehen, ist groß, zumal sich ein Verstoß kaum nachweisen lässt. Durch Güde weiß die Öffentlichkeit jedenfalls, dass der Gedanke, das Gesetz „auf legale Weise zu umgehen", Staatsanwälten nicht fremd ist.

Diese Déformation professionelle pflanzt sich bis zu den „Hilfsbeamten" fort, wie die Angehörigen der Kripo genannt werden. Sie sind zwar laut Gesetz nur die Bodentruppe – aber eine, die sich zunehmend emanzipiert. Ihren Machtzuwachs verdanken die Kriminalämter im Bund und in den Ländern ausgerechnet der RAF. Ihretwegen wurden sie zu Mammutbehörden ausgebaut, gegen deren Personalstärke und Detailwissen Staatsanwälte nun kaum noch ankommen. Angesichts dieser Fallhöhe werden die „Herren des Verfahrens" leicht zu Knechten.

Ihre Überlegenheit stellten die Hilfsbeamten in einer Studie demonstrativ zur Schau. Der Bund Deutscher Kriminalbeamten las der Justiz die Leviten: Sie stelle das Täter- über das Opferinteresse und arbeite ganz allgemein zu langsam und zu ineffizient.[2] Einer, der sich angesprochen fühlte, der Frankfurter Generalstaatsanwalt Hans Christoph Schaefer, wies die Aufmüpfigen in ihre Schranken. Bei den Kritikern der Kripo komme ein wesentliches Prinzip des Rechtsstaates überhaupt nicht vor: die Unschuldsvermutung; sie gingen ganz offensichtlich von der Vorstellung aus, „dass die von der Polizei als Beschuldigte ermittelten Personen damit schon als Täter feststehen".[3]

Diese in der Literatur beklagte „Verpolizeilichung des Strafverfahrens", auf die sich Schaefer berief, müsste indessen nicht sein. Paragraph 152 des Gerichtsverfassungsgesetzes (GVG), der bestimmt, dass die Hilfsbeamten „den Anordnungen der Staatsanwaltschaft ... Folge zu leisten haben", ist unverändert in Kraft. Um das Sagen zu behalten, müssten sich die Staatsanwälte nur bemühen, den Informationsvorsprung der Kripo so klein wie möglich zu halten.

„Herr des Verfahrens"

Bei Güde gab es nie Zweifel daran, wer „Herr des Verfahrens" ist. Als er noch als Oberstaatsanwalt in Konstanz amtierte, war er bei jedem schweren Verbrechen, etwa bei Mord, zeitgleich mit der Kripo am Tatort. Kein Kommissar hätte gewagt, ihn nicht unverzüglich zu benachrichtigen. Und Frenzel wurde nicht von irgendeinem Beamten, sondern von ihm persönlich verhaftet. Der alte Fahrensmann hatte eine Erkenntnis verinnerlicht: Nur einer, der über dieselben Kenntnisse verfügt wie seine Hilfsbeamten, behält das Heft in der Hand. Er betonte: Von dem Verdacht gegen den Spion hätten „nur wenige gewusst". Denn: „Der Kreis von Eingeweihten muss ganz klein sein." Da es nur Vermutungen gab, habe er, so Güde, „auch niemanden benachrichtigt: weder den Justizminister noch etwa gar das Bundeskriminalamt".[4]

Außer dem juristischen Handwerkszeug – das zeigt dieses Beispiel – braucht ein Staatsanwalt offenbar die Qualitäten eines Indianers: Geschmeidigkeit und Härte. Wenn es nötig ist, muss er Druck nach unten, also auf seine Hilfsbeamten, ausüben. Andererseits muss er Druck von oben aushalten. Er untersteht nach Paragraph 147 des Gerichtsverfassungsgesetzes der Dienstaufsicht des jeweiligen Vorgesetzten: der Staatsanwalt dem Oberstaatsanwalt, der Oberstaatsanwalt dem Generalstaatsanwalt und dieser dem Justizminister. Wesentlicher Bestandteil der Hierarchie ist die „Berichtspflicht".

Ein ängstlicher Staatsanwalt hat da nur die Wahl zwischen Pest und Cholera. Nachvollziehbar, dass er melden wird, wenn ein Parteispendenskandal am Horizont auftaucht. Doch was tut er, wenn er morgens erfährt, dass in der Nacht ein Politiker der Regierungspartei mit 1,8 Promille am Steuer ertappt wurde. Fällt der Vorfall unter die „Berichtspflicht"? Unterstellt, dass sich der Staatsanwalt bei seinem Minister zum Rapport meldet: Wie ist das, was der Chef dann (unter vier Augen) von sich gibt, zu bewerten? Als Weisung? Als nachdrücklicher Wunsch? Oder als eine mögliche Rechtsansicht?

Mannesmut vor Königsthronen

Ungewissheiten schwingen immer mit, zumal Staatsanwälte nicht nur mit ihrem Minister zu rechnen haben, sondern auch mit den Rechtspolitikern seiner Partei und deren vordergründigen Sorgen. Es war zu erwarten, dass etwa die Funktionäre der SPD nicht in Freudengeschrei ausbrechen würden, als der schwer kranke Altgenosse Wienandt wegen seiner Geheimdienstkontakte zur DDR verfolgt wurde. Schwerer als solcher Missmut wogen dagegen die Sorgen im Auswärtigen Amt, als die Bundesanwaltschaft in einem Mordprozess die iranische Regierung an den Pranger stellte. Was geht in einem Strafverfolger vor, der sich entschließt, keine diplomatischen Rücksichten zu nehmen?

Erkennbar hat die Antwort auf diese Fragen mit den Personen zu tun. Wie souverän ist der eine, wie autoritär der andere? Güde tat unbeirrbar, was er für richtig hielt. Berichtspflicht, na ja, aber nicht zu früh. Schon bei dem Gedanken, dass er den Fall Frenzel seinem Minister vorzeitig hätte mitteilen sollen, schauderte ihm. „Um Gottes willen, da hätte es zehn Konferenzen gegeben, ich hätte zehn Palaver gehabt."

Er kam seiner Berichtspflicht zum spätesten Zeitpunkt nach. En passant bei einer Routinebesprechung, an einem Mittwoch, fragte er den damaligen Justizminister Fritz Schäffer, wo er „am Freitag zu erreichen" sei. Der Minister: „Wozu?" Güde: „Ich habe die Absicht, am Freitag im Laufe des Nachmittags einen Bundestagsabgeordneten festzunehmen – wegen Spionageverdachts." Schäffer wollte wissen, wen. Güde mauerte: „Ich bitte um Entschuldigung, Herr Minister, ich habe mir geschworen, vor dem Zugriff keinem Menschen den Namen zu nennen. Ich möchte auch bei Ihnen keine Ausnahme machen."

Das Risiko der Entlassung

Mit jedem Justizminister hätte Güde so nicht umspringen können. Bei etlichen, die auf Schäffer folgten, wäre ihm die Widerborstigkeit schlecht bekommen. Vieles spricht dafür, dass der eine oder die andere (etwa die resolute Herta Däubler-Gmelin) in so einem Fall vom Weisungsrecht Gebrauch gemacht und nicht nur auf Nennung des Namens gedrungen hätte – sondern wahrscheinlich auch, ungeachtet aller taktischen Einwände, auf die gebotene Aufhebung der Immunität. Schäffer hingegen, der sich Meriten als brillanter Finanzminister (1949–1957) erworben hatte, war ein schwacher Justizminister (1957–1961). In Güde stand ihm ein starker Generalbundesanwalt gegenüber. Schwäche bei dem einen und Stärke bei dem anderen sind austauschbare Größen – mit der Folge, dass auch Weisungsrecht und Berichtspflicht von diesen Variablen abhängen.

Hinzu kommt: Der Minister darf nicht nur anweisen, sondern seinen „General" auch jederzeit entlassen; das ist im Bund und in fünf Ländern geltendes Recht. Güde trug das mit Gelassenheit: „Diese Gefahr habe ich mehrmals in Kauf genommen." Mehr noch: Er ermunterte Schäffer sogar: Wenn er wolle, könne er ihn ja rausschmeißen. Güde: „Hat er aber nicht." Solche Chuzpe hilft freilich nicht immer. Alexander von Stahl, einer der Nachfolger Güdes, bekam 1993 zu spüren, dass die tägliche Kündigungsfrist harte Realität sein kann.

Justizministerin Sabine Leutheusser-Schnarrenberger (FDP) hatte ihm Informationspannen angekreidet, die bei der Festnahme von RAF-Mitgliedern auf dem Bahnhof Bad Kleinen in Mecklenburg passiert waren. Im Raum stand der (später entkräftete) Verdacht, dass die Polizei einen der Verfolgten kaltblütig liquidiert habe. Von Stahls Krisenmanagement war miserabel. Die Ministerin fand, ihm fehle das nötige Geschick für den Umgang mit der Öffentlichkeit. Mit dieser Einschätzung lag sie nicht gänzlich falsch. Von Stahl lieferte nach seinem Rauswurf die Bestätigung. Er gefiel sich auf peinliche Weise als Galionsfigur einer dubiosen rechten Splittergruppe in der FDP.

Von Stahls Zwangspensionierung ging vergleichsweise glatt vonstatten: Eine FDP-Frau entließ einen FDP-Mann, dem keiner eine Träne nachweinte. Dagegen geriet die Entlassung des mecklenburgischen Generalstaatsanwalts Alexander Prechtel zum Spektakel. Er war von einem CDU-Minister bestellt worden und kam mit dessen SPD-Nachfolgern nicht zurecht. Unter der rot-roten Regierung eskalierten die Spannungen. Der Ministerpräsident entließ ihn 1999 Knall auf Fall. Prechtel musste von einer Stunde zur anderen, unter Aufsicht eines bisherigen Untergebenen, seinen Schreibtisch räumen.

Kein Wunder, dass sich Deutschlands Generalstaatsanwälte mit dem Kollegen solidarisierten – und bei dieser Gelegenheit auch gleich eine Statusveränderung für alle Chefankläger forderten – vom kündbaren „politischen" Funktionär zum unkündbaren Lebenszeitbeamten. Generalstaatsanwalt Schaefer (Frankfurt) hatte schon zuvor den Standpunkt der Spitzenkräfte artikuliert: „In einem rechtsstaatlichen Verfahrenssystem" dürfe der Generalstaatsanwalt weder „ein politischer Befehlsempfänger" noch „ein Vollstrecker des politischen Willens" sein.

Rainer Faupel, lange Jahre Staatssekretär der Justiz in Brandenburg, dämpfte die Emotionen: Es handele sich hier um eine rechtspolitische Frage, „die man mit guten Gründen so oder so entscheiden" könne. Faupel nannte einen davon: Der Minister müsse sich von einem Generalstaatsanwalt trennen können, der eine statthafte „Strafverfolgungslinie kriminalpolitisch prinzipiell anders" sehe als er. Als Beispiele führte er Bereiche an, in denen es unbestritten nicht nur eine „richtige" Antwort gibt: Kleinkriminalität, Drogenpolitik, Täter-Opfer-Ausgleich, Gewaltkriminalität.

Zugleich rügte Faupel, dass „die beredt heraufbeschworenen Gefahren für den Rechtsstaat nur abstrakt behauptet, aber durch keinerlei konkretes Beispiel belegt werden können".[5] Gegen die Aufgeregtheit der „Generäle" spricht auch die Nachkriegsgeschichte: Wer die Entlassung von Chefanklägern aufzählen will, braucht dafür nicht mal die Finger einer Hand.

Ein politisierender „General"

Wie die Erfahrung lehrt, kann der Status des „politischen Beamten" auch ganz bequem sein. Dafür war Kurt Rebmann, der bekannteste und umstrittenste Generalbundesanwalt, ein lebender Beweis. Der starke Mann in Karlsruhe, der liberale Ideen verachtete und für „Recht und Ordnung" stand, hatte eine unanfechtbare Position. Kein Justizminister hätte es, ohne gleichzeitig seine eigene Stellung zu gefährden, wagen können, Rebmann zu entlassen. Im Gegenteil: Er musste sich davor fürchten, dass ihm Rebmann irgendwann den Bettel hinwirft.

In den Zeiten der RAF-Hysterie hätte sich auch kein Minister getraut, Rebmanns Anklagestrategie zu durchkreuzen. Der „General" hatte entschieden: Sammelanklage, Mammutprozess in Stuttgart-Stammheim, totale Vernichtung der Staatsfeinde. Dazu gehörte dann ein jahrelanges Bemühen um den Nachweis, dass die RAF eine terroristische Vereinigung ist. Fatal, dass mit dieser Strategie auch eine unfreiwillige Aufwertung der Terroristen zu „politischen Gefangenen" verbunden war.

Ein pragmatische Alternative wäre gewesen: zügige Einzelanklagen vor dem jeweils nächstgelegenen, zuständigen Gericht – wegen leicht nachweisbarer Delikte wie Mord, versuchter Mord, bewaffneter Raubüberfall. Mag sein, dass dabei nicht in jedem Fall lebenslänglich herausgekommen wäre, sondern „nur" Freiheitsentzug von einigen Jahren. Der Vorteil: ein schnelles Urteil. Die RAF-

Kader hätten in den Gefängnissen keinen Sonderstatus genossen und wären als Einzelgänger in der Subkultur der jeweiligen Anstalt zurechtgebogen worden; politische Flausen hätten ihnen die Mithäftlinge ausgetrieben. Das wäre immerhin eine Chance gewesen, in einem frühen Stadium Rechtsfrieden herzustellen.

Kein Zweifel: Die Entscheidung, wer wann wo angeklagt wird, ist von rechtspolitischer Tragweite – und kann, wie geschehen, die Gesellschaft in Mitleidenschaft ziehen. Sie sollte daher nicht allein vom Belieben eines Generalbundesanwalts abhängen. Rebmann trieb ohnehin in seiner ganzen Amtszeit ungeniert Rechtspolitik. Ohne ihn wäre zum Beispiel die fragwürdige Kronzeugenregelung nie Gesetz geworden. Gerade seine Berufsbiografie legt einen Schluss nahe: Das Amt auf Zeit, mit dem sich der politisierende Minister begnügen muss, ist auch einem politisierenden Chefankläger zuzumuten. Rebmanns Nachfolger von Stahl war bei seiner Zwangspensionierung 55. Hätte er noch zehn Jahre den Rock tragen sollen, der ihm ersichtlich zu groß war?

Wunder Punkt: Weisungsrecht

Faupel hat, wie es aussieht, nicht so unrecht, wenn er vermutet, dass die Generalstaatsanwälte über den ungeliebten Status wettern, dabei aber eigentlich das „Weisungsrecht" des Ministers meinen. Doch angesichts der ungezählten Missgriffe, die sie zu verantworten haben, ergibt die Tatsache, dass ein gewählter Politiker das letzte Wort hat, durchaus Sinn. Auch Staatsanwälte sind keine politischen Eunuchen. Wenn sie, was immer wieder mal geschieht, absurde Privatkriege vom Zaun brechen, muss es Möglichkeiten zur Korrektur geben.

Mitunter verlieren sie den Sinn für die Proportionen – beim Verfolgen wie beim Verschonen. Auch da muss die Öffentlichkeit hinschauen. Staatsanwälte haben einen größeren Ermessensspielraum, als die meisten ahnen. So dürfen sie Strafverfahren (selbst solche der mittleren Kriminalität) gegen Geldauflage einstellen. Davon profitieren natürlich in erster Linie Betuchte und Prominente.

Über den prekären Status der Anklagebehörde meditierte Kai Nehm. Sie bilde, meinte der Exgeneralbundesanwalt, „das Nadelöhr des Rechtsstaates". Er sagte auch, warum: „Ohne Anklage keine richterliche Entscheidung!" Nehm bedauerte die „Ausdehnung der Verfahrensherrschaft der Polizei", die „Einführung informeller Erledigungen" und das „Vordringen des Opportunitätsprinzips" (z. B. Absehen von Strafe gegen Auflagen). Er fürchtete den Abstieg „in eine gerichts- und öffentlichkeitsferne Ahndung".[6]

Die Erfahrung lehrt, dass Einbrüche in die Privatsphäre von Bürgern mitunter wenig mit dem objektiven Recht zu tun haben, dafür umso mehr mit den subjektiven Verfolgungseifer von Staatsanwälten. Die viel zitierte Unschuldsvermutung kommt dabei leicht zu kurz. Eigentlich verlangt der Begriff Großes: Jeder hat bis zum rechtskräftigen Nachweis seiner Schuld als unschuldig zu gelten. Privatleute, die das Gebot missachten, kommen wegen Verleumdung oder übler Nachrede dran.

Wie weit halten sich Strafverfolger an die Regel? Sie sagen einem verdächtigen Bürger natürlich nicht ins Gesicht, dass sie ihn für schuldig halten. Doch keiner kann sie hindern, das zu denken. Es liegt in der Natur der Sache, dass sie einen, der unter Verdacht steht, überführen wollen. Ob sie auch nach Entlastungsbeweisen suchen und ob die Unschuldsvermutung für sie mehr als ein Lippenbekenntnis ist, bleibt ihr Geheimnis. Mitunter fügen sie dem Objekt ihrer Neugier, wie Karlsruher Grundsatzurteile belegen, böses Unrecht zu. Der Bürger tut jedenfalls gut daran, wenn er vorsichtshalber mit dem Schlimmsten rechnet – angenehm überraschen lassen kann er sich immer noch.

13

OBSZÖNE NEUGIER
Wenn „Sittenrichter" in die Intimsphäre eindringen

Grenzüberschreitungen werden in Karlsruhe gestoppt. Jede Korrektur ist nur ein winziges Steinchen. Doch viele zusammen bilden ein imposantes Mosaik. Die Urteilssammlung des Verfassungsgerichts besteht aus weit über 100 Bänden. Sie lehren, dass Recht kein homogenes Gebilde ist, sondern die Summe vieler Teilwahrheiten.

Puritaner, die sich über den Verfall von Sitte und Anstand grämen, beschwören gern die Legende eines preußischen Kammergerichtsrats. Der Brave habe, so die Überlieferung, immer dann, wenn er in der Dämmerung die Akten beiseite legte, um einen Fachaufsatz zu schreiben, Charakterstärke gezeigt: das staatseigene Wachslicht gelöscht und dafür sein privates angezündet.
Sich am Kerzenschein zu vergreifen, den der Dienstherr bezahlt, galt in der „guten alten Zeit", die allerdings an manch anderem krankte, wohl wirklich als unfein. „So etwas tut man nicht", besagte eine stillschweigende Übereinkunft – eine, die Widersprüchliches in sich vereinte: moralische Ansprüche ebenso wie spießige Konventionen. Doch die Zeiten sind längst vorbei. Je freier die Menschen wurden, desto weniger konnten sie mit der brüchig gewordenen Regel etwas anfangen.
Zurück blieb kaum mehr als eine Duftmarke der Geschichte – und die Erkenntnis, dass jede Zeit andere Maßstäbe bereithält. Wer der scheinbar heilen Welt des sparsamen Richters nachtrauert, sollte nicht vergessen, dass er vielleicht den Pfennig mehr geachtet hat als die elementaren Rechte der Bürger, die vor den Schranken seines Gerichts standen. Dass „die Würde des Menschen unantastbar" ist, gilt hierzulande erst seit Inkrafttreten des Grundgesetzes, also seit 1949.

Bekanntlich hinken die Gerichte dem gesellschaftlichen Bewusstsein hinterher. Sie müssen deshalb Entwicklungen aufholen. Das tun sie dann bisweilen mit einem Paukenschlag. In den sechziger Jahren fällten die Karlsruher Bundesrichter so einen Spruch. Ihr Urteil war noch jahrelang in aller Munde. Das „hohe" Haus zehrte bis in die Neuzeit von diesem Fall, der aus guten Gründen Aufsehen erregt hatte. Die fragliche Entscheidung, die als „Tagebuchurteil" in die Rechtsgeschichte eingegangen ist, gehört zu den Paradebeispielen für Fortschritte, die der Zeitgeist bewirkt.

Die Bundesrichter erklärten die Verwendung intimer Notizen im Strafprozess für rechts- und verfassungswidrig. Es ging hier allerdings – anders als in Kapitel 7 – nicht um Mord. Es war ein Fall, der den Nerv des Publikums traf; er führte nicht nur zu einem Grundsatzurteil, sondern spiegelte auch die Höhen und Tiefen des Rechts. Deshalb lohnt es sich, die dramatische Prozessgeschichte zu erzählen. Was in Karlsruhe gut endete, hatte als persönliche Tragödie im westfälischen Hagen begonnen.

Wie üblich, waren im BGH-Urteil alle Fakten penibel festgehalten worden. Bei so viel Sorgfalt fiel es leicht, den Hergang des Verfahrens Schritt für Schritt zu rekonstruieren. Begonnen hatte das Auf und Ab mit einer Anklage wegen Meineids. Auf der Sünderbank im Gericht saß eine junge Lehrerin. Ihr wurde vorgeworfen, sie habe in einem früheren Prozess über die freundschaftlichen Bande zu ihrem Schulrektor Unwahres beschworen. Die Beweise gegen die Pädagogin (nennen wir sie Helga Altenburg) waren scheinbar erdrückend.

Auf dem Richtertisch lagen ihre Tagebücher – und die hatten Unbefugte gestohlen. Den Blättern vertraute sie, wenn ihr danach zumute war, geheimste Gefühle und Gedanken an, aus Furcht vor fremden Blicken sogar in stenographischen Kürzeln. Nun wurden die privaten Notizen vor lauter Fremden ausgebreitet – eine öffentliche Hinrichtung. Helga Altenburg stand nackt im Gerichtssaal, ausgezogen bis auf die Seele.

Die Stationen des Strafverfahrens sind nicht nur spannend und aufregend – sie machen auch deutlich, warum Verfassungsrechtler den „Schutz der Intimsphäre" für unabdingbar halten. Helga Altenburg unterrichtete an einer ländlichen Volksschule im überwiegend katholischen Westfalen. Man schrieb die fünfziger Jahre. Der Zuschnitt des Dorfschulhauses war wie in alten Romanen. Im Erdgeschoss befand sich das Klassenzimmer, darüber die Dienstwohnung des verheirateten Rektors M., im Obergeschoss das Zimmer der Junglehrerin.

Zwischen beiden Etagen soll es – angeblich – nicht nur sittsam zugegangen sein. Was wirklich passiert ist, wissen allein die beiden Beteiligten. Trotz dieser unsicheren Beweislage wurde M. wegen „Unzucht mit Abhängigen" angeklagt. Der Prozess endete jedoch mit einem Freispruch, nachdem ihn die Lehrerin als Zeugin entlastet hatte. Später argwöhnten andere Staatsanwälte, denen der Fall keine Ruhe ließ, Helga Altenburg müsse einen Meineid geleistet haben. Auch das Landgericht in Hagen, das dann deshalb gegen sie verhandelte, nahm – dort und damals verheerend – das Schlimmste an: Es sei, anders als beschworen, „ein engeres Verhältnis zwischen der Angeklagten und M. entstanden, das zu Küssen und körperlichen Berührungen führte".[1]

Briefe für den Staatsanwalt

Es war ein Prozess, der – so oder so – die juristische Phantasie beflügelte. Der Sachverhalt, um den es ging, ließ sich aus verschiedenen Blickrichtungen betrachten – mit den Augen des 19. und denen des 20. Jahrhunderts. War in Hagen tatsächlich kriminelles Unrecht geschehen? Aufschluss sollten die Tagebücher Helga Altenburgs geben. Doch deren Entschlüsselung blieb umstritten – ebenso die Frage, ob sie überhaupt vor Gericht verwendet werden durften. Unbestritten war allein, dass die junge Lehrerin seit ihrer Schulzeit alles aufschrieb, was am Tag passierte und was ihr durch den Kopf ging. „Intime Dinge", so das Landgericht, hielt sie „in Kurzschrift" fest.

Ein Diebstahl der Notizen hatte beide Prozesse ausgelöst – erst den gegen den Rektor M., dann den gegen Helga Altenburg. Sie schlief – unbestritten – in der fraglichen Zeit mit einem anderen

Mann. Dieser eifersüchtige (und verheiratete) Partner entwendete die Tagebücher. Schlimmer noch: Sie fielen dessen Ehefrau in die Hände. Die Betrogene nahm die Papiere der Rivalin an sich, offenbar um sie als Druckmittel gegen den ungetreuen Ehemann zu verwenden. Dafür spricht manches. Denn sie schickte ihren Fund an das nächste Amtsgericht mit dem Antrag, „dieses versiegelte Päckchen mit schriftlichen Beweismitteln" bei der Staatsanwaltschaft „für zehn Jahre sicherzustellen".

Auf dem Amtsweg wurde aus dem Päckchen unversehens ein Sprengstoffpaket. Die Staatsanwälte witterten Unrat. Sie klagten, wie schon gesagt, in einem ersten Prozess den düpierten Rektor M. wegen Unzucht an, begangen mit einer Abhängigen. Dieses „Delikt" wurde zur fraglichen Zeit noch mit schwerer Strafe bedroht – „mit Zuchthaus oder mit Gefängnis nicht unter sechs Monaten". Helga Altenburg entlastete den Rektor, er kam frei – und sie vor Gericht: wegen Meineids.

Hochnotpeinlicher Sittenprozess

Damit sorgten die Moralhüter der westfälischen Justiz für Arbeit in Karlsruhe. Helga Altenburg hatte laut Protokoll ausgesagt, „die Tagebuchaufzeichnungen entsprächen nicht immer den Tatsachen, sie brächten auch ihre Wünsche und Träume zum Ausdruck". Auf eindringliches Befragen ergänzte die Lehrerin: „Sie habe zwar mit M. Zärtlichkeiten ausgetauscht, dabei aber keine sexuellen Absichten gehabt." Diese Haltung hänge mit ihrem Wesen zusammen. „Sie müsse ihre Freude dadurch zum Ausdruck bringen, dass sie jemandem um den Hals falle, wie sie es auch mit ihrer Katze tue." Wer aus den Tagebüchern herauslese, dass sie mit M. Geschlechtsverkehr gehabt habe, der irre. „Sexuelle Absichten habe sie nur als Wunschträume hingeschrieben; das habe ihr genügt." Eindeutige Eintragungen bezögen sich auf den späteren Freund, mit dem habe sie tatsächlich geschlafen.

Der Freispruch des Rektors, der darauf erfolgte, heize den Verfolgungseifer der Staatsanwälte erst richtig an. Sie setzten sich auf die Fährte der Zeugin. Mit den Früchten ihres kriminalistischen

Spürsinns mussten sich dann später die Karlsruher Bundesrichter herumquälen. Die Ankläger in Hagen hatten sich ein ums andere Mal über die Tagebücher hergemacht, hatten sie entschlüsselt, psychologisch interpretiert und juristisch hinterfragt.

Sie waren bei ihrer Wortexegese zu dem Schluss gekommen, dass die Junglehrerin gelogen habe. Vor diesen Hintergrund formulierten sie die Anklage wegen Meineides, die das Landgericht in Hagen zuließ. Der hochnotpeinliche Sittenprozess, der dann veranstaltet wurde, fand nicht im Zeitalter der Hexenverbrennungen statt, sondern im scheinbar aufgeklärten 20. Jahrhundert – schon unter dem Dach des Grundgesetzes.

Das Resultat lag nun in Karlsruhe auf dem Richtertisch – mit einem Bündel ungelöster Fragen. Die wichtigste: Wann stößt eine rigorose Erforschung der Wahrheit an die Grenzen der Verfassung? Um die Menschenwürde, an die in Hagen keiner gedacht hatte, mussten sich nun die Bundesrichter kümmern.

Richter als Voyeure

So ging es im konkreten Fall darum, ob die Tagebücher überhaupt als Beweismittel verwendet werden durften. War vor dem Landgericht in Hagen die Intimsphäre von Helga Altenburg verletzt worden? Diese Frage konnte auch in Karlsruhe keiner aus eigener Anschauung beantworten. Trotzdem war es nicht schwer, sich genau auszumalen, was ihr in der unteren Instanz widerfahren war, was jedem Angeklagten widerfährt: Er wird – nolens, volens – zum Objekt; er verliert den Boden unter seinen Füßen; er kann nicht mehr auf die ungeschriebenen Gesetze von Takt und Anstand vertrauen.

Das beherrschende Element der mündlichen Verhandlung ist die Indiskretion. Hinter der Barriere sitzen Richter, die – wie alle anderen Menschen auch – zur Gattung der Geschlechtswesen zählen, mit einer gesunden sexuellen Neugier ausgestattet. Sie fallen unversehens in die Rolle von Voyeuren. Das Kulturverbot, das jeden zivilisierten Mitteleuropäer hindert, dieser Neigung nachzugehen, ist in ihrem Fall ausdrücklich aufgehoben. Sie sind berechtigt, ja sie fühlen sich im Namen des Rechts verpflichtet, die sexuellen Irrungen und Verwirrungen des Delinquenten restlos aufzuklären.

Auf der anderen Seite der Barriere sitzt das Opfer, das dem Fragerecht durch die Inhaber des staatlichen Gewaltmonopols hilflos ausgeliefert ist. Wer je selbst Tagebuch geführt hat, kann ermessen, welche Peinlichkeiten ihm bevorstehen. Und er weiß schlagartig, dass jeder, der aus einer unspezifischen Angst vor fremden Blicken das Tagebuchführen wieder aufgegeben hat, von einem richtigen Instinkt geleitet war. Denn es bedarf keiner allzu großen Phantasie, um sich auszumalen, welche Fragen demjenigen einfallen, der Eintragungen als Geständnisse ansehen darf und näher erläutert haben will.

Im konkreten Fall war die Konstellation völlig klar. Helga Altenburg behauptete, sie habe nur Wunschträume notiert. Die Staatsanwälte und Richter glaubten ihr nicht. Da ergab sich die Technik des Verhörs von selbst. Es konnten schlechterdings nur Fragen gestellt werden, die, wie auch immer formuliert, die neugierigen oder gar zynischen Zweifel lebenserfahrener Liebhaber ausdrückten – nach dem Motto: Sie wollen uns doch nicht weismachen, dass Sie sich alles, was wir da schwarz auf weiß nachlesen können, nur insgeheim gewünscht hätten. M. hat Sie, wie wir nun wissen, in Ihrer Mansarde besucht. Zu welcher Tageszeit? Lagen Sie womöglich schon im Bett? Mit einem Nachhemd bekleidet? Oder schlafen Sie nackt? Hat er versucht, Sie anzufassen …? Auf was für eine Weise? An welchem Körperteil? Wie lange?

Wenn einer sagt, sein Tagebuch sei eine Mixtur aus Träumen, Wünschen und tatsächlichen Begebnissen, müsste jeder ungebetene Leser eigentlich kapitulieren. Es dürfte nahezu unmöglich sein, Schein und Wirklichkeit zu trennen. Den Hagener Richtern scheint das Kunststück gelungen zu sein. Nach ihrer Überzeugung hatte Helga Altenburg, die sie dann auch wegen Meineides verurteilten, in mehreren Punkten die Unwahrheit gesagt: Ihre Notizen hätten keine „Wunschträume" wiedergegeben, sondern in Wahrheit „tatsächliche Vorkommnisse"; Berührungen seien nicht harmlos, sondern „geschlechtsbezogene Zärtlichkeiten" gewesen; M. habe ihr Zimmer „nicht nur dienstlich" betreten, sondern „mehrfach ohne dienstlichen Grund"; Tagebucherinnerungen an einen Geschlechtsverkehr bezögen sich nicht, wie sie behaupte, auf den späteren Liebhaber, sondern tatsächlich auf den Rektor.[2]

Das alles liest sich so, als ob die Herren in den schwarzen Roben die Lampe gehalten hätten. Durften sie sich so weit vorwagen? Bis ins Schlafzimmer? Ja, bis ins Unterbewusstsein? Was anderes war die Umdeutung der Tagebuchnotizen zu Lasten Helga Altenburgs nämlich nicht.

Das Grundgesetz als Über-Ich

Die Richter in Hagen hielten die Ausschlachtung der intimen Kürzel für rechtens: Die Tagebücher seien zwar „gegen ihren Willen", doch „ohne eine strafbare Handlung" Beweismittel geworden – „durch Verkettung von Umständen", wie ihr Urteil die Vertrauensbrüche schamhaft umschreibt. Die Fragwürdigkeit dieser Prozedur erledigte das Landgericht mit einem Satz: „Weder die ausschließlich private Bestimmung der Bücher und Briefe noch die Tatsache, dass sie gegen den Willen der Angeklagten Beweismittel geworden sind, noch der Umstand, dass sie intime Dinge enthalten, machten sie als Beweismittel untauglich."

Die lapidare Begründung deutet darauf hin, dass sich die Richter ihrer Grenzüberschreitung nicht einmal bewusst waren. Juristen verwenden für Menschen, die nicht wissen, was sie tun, und denen deshalb auch kein Vorwurf zu machen ist, den Terminus „gutgläubig". Diesen Bonus, den sie gelegentlich ihren Delinquenten einräumen, nahmen sie im konkreten Fall für sich selbst in Anspruch. Keine Spur von schlechtem Gewissen! Warum eigentlich nicht? Hatte ihnen, im Studium oder bei der Referendarausbildung, keiner beigebracht, dass es menschliche Schutzräume gibt, in die auch der Staat nicht eindringen darf?

Vermutlich hätten die Richter, die damals amtierten, bei solchen Fragen nur den Kopf geschüttelt. Sie waren vor der Jahrhundertwende geboren, hatten in der Weimarer Zeit studiert und im

NS-Staat gedient. Sie waren mit den Kategorien von „oben" und „unten" groß geworden und deshalb fest davon überzeugt, dass Vater Staat so ziemlich alles darf.

Die Unantastbarkeit der Menschenwürde

Offenbar war der Qualitätssprung, den die Verabschiedung des Grundgesetzes mit sich gebracht hatte, nicht bis zu ihnen gedrungen. Ihnen war der Gedanke fremd, dass es nun eine Norm gab, die über allen anderen stand – ein anspruchsvolles Über-Ich, das Grundgesetz, an dem sich alles staatliche Tun messen lassen musste. Immerhin hatte das Bundesverfassungsgericht schon sehr deutlich gemacht, dass der Menschenwürde die absolute Spitzenposition in der Rechtsordnung zukommt: Diese Verbürgung gehöre „zu den tragenden Konstitutionsprinzipien", die „alle Bestimmungen des Grundgesetzes beherrschen".[3]

Im Fall Altenburg folgten die Bundesrichter dieser Wegweisung. Sie erklärten: Das Landgericht habe gegen „die Unantastbarkeit der Menschenwürde" verstoßen. Auf ebendiese befreienden Worte hatte die Angeklagte viele Jahre warten müssen. Die höchstrichterliche Anweisung an die Vorderrichter war unzweideutig: Sie hätten die Tagebücher von Helga Altenburg nicht als Beweismittel verwerten dürfen. Und da die Spitzenjuristen die Tricks von Kollegen kannten, die einen Angeklagten, koste es, was es wolle, überführen wollen, bauten sie vorsichtshalber noch eine Schranke ein: Über den Inhalt der Tagebücher dürfe „auch nicht in anderer Weise Beweis erhoben werden, etwa durch Vernehmung von Personen, die Kenntnis von dem Inhalt haben". Der naheliegende schlitzohrige Gedanke, den Exgeliebten oder dessen Ehefrau, die beide die Notizen gelesen hatten, in den Zeugenstand zu rufen, war damit verbaut.

Der eigentliche Wert des Karlsruher Grundsatzurteils liegt in der feinfühligen Beschreibung der Menschenwürde. Die Bundesrichter philosophieren über „die engste Eigensphäre" des Menschen. Sie bedauern die „Verkümmerung der Persönlichkeitsentfaltung" bei Vertrauensbrüchen. Sie befürchten auch das Aufkommen „stän-

digen Argwohns und Misstrauens". Vor allem seien „Aufzeichnungen intimer Art", so die Begründung, „von vorneherein nicht
zur Kenntnis anderer bestimmt": Wenn einer befürchten müsste,
„dass sie gegen seinen Willen gelesen und gar benutzt werden, so
könnte dies die freie Entfaltung seiner Persönlichkeit erheblich
behindern".

„Vertrauensbrüche" und ihre Folgen

Der tragende Gedanke des BGH-Urteils: „Es muss jedermann
freistehen, etwa Empfindungen, Gefühle, Ansichten und Erleb-
nisse beliebig für sich festzuhalten, ohne den Argwohn und die
Befürchtung, dass solche Aufzeichnungen unbefugterweise verwertet werden." Besonders schutzwürdig sei deshalb das Tagebuch
herkömmlicher Art, das „zu Auseinandersetzung mit sich selbst
oder zur Lösung innerer Spannungen gelangen will" – besonders
wenn einer die „Gelegenheit zur vertrauten Aussprache nicht hat
oder nicht sucht"; wer da eingreife, verletze „das Rechtsgut des
persönlichen Lebens- und Geheimbereichs".

  In letzter Instanz war damit der jungen Lehrerin ein triumpha-
ler Erfolg beschieden. Der Gang durch die Instanzen hatte sich
gelohnt. Einen Kernsatz konnte sich Helga Altenburg einrahmen:
„In Fällen dieser Art darf grundsätzlich kein Eindringen in die Privatsphäre stattfinden, so dass es ohne rechtliche Bedeutung ist, auf
welche Weise die Aufzeichnungen des Verfassers zur behördlichen
Kenntnis gelangen."

  Doch jedes Karlsruher Urteil, das aufhorchen lässt, ist nur ein
winziges Steinchen im Mosaik der Rechtsprechung. Wie überzeu-
gend der einzelne Spruch auch immer sein mag – die Frage, ob
Recht gerecht ist, kann er nicht erschöpfend beantworten. Allein
das Zufallsprinzip steht dagegen. Bis nach Karlsruhe schaffen es
nur wenige. Erfolgreich sind in einem guten Durchschnittsjahr
maximal drei Prozent aller Verfassungsbeschwerden. Manche
Grundsatzurteile erklären – rückwärts gewandt – verfassungs-
widrige Entscheidungen von Behörden und Gerichten einfach nur
für null und nichtig. Andere Grundsatzurteile haben Breiten- und

Tiefenwirkung, sie regeln – vorwärts gewandt – manches Rechtsgebiet gänzlich neu.

Das sind gleichsam Quantensprünge, die Meditationen über die Launenhaftigkeit des Rechts nahelegen. Lohnt vielleicht ein Blick nach vorn: andere Verhältnisse, andere Menschen, andere Gesetze? Oder ein Blick zurück, als Macht noch vor Recht ging? Heilt die Zeit auch Wunden, die eine unbarmherzige Justiz geschlagen hat? Lässt sich Fortschritt daran erkennen, dass junge Leute von heute über das Recht von gestern den Kopf schütteln? Sind angesichts des müden Tempos – zwei Schritte vorwärts, einer zurück – Optimismus oder Pessimismus angesagt?

Die Versuchung liegt nahe, den Tagebuchfall als Kuriosum längst vergangener Zeiten abzutun. Wahr ist, dass sich Geschichte nicht wiederholt – und Rechtsgeschichte nur selten. Wahr ist aber auch, dass sich an der Art und Weise, wie Richter zu ihrem Urteil kommen, nichts geändert hat. Bei näherem Hinsehen lassen sich Elemente entdecken, die zeitlose Gültigkeit haben – die Tatsache etwa, dass alle Robenträger Befehle aus den Tiefen ihrer Psyche entgegennehmen.

Ein Unterschied zwischen heute und gestern ist evident: Die Männer, die über Helga Altenburg zu Gericht saßen, gaben sich ungeschützter als ihre Nachfahren. Die von gestern wähnten sich im Einklang mit dem Zeitgeist und bemühten sich deshalb nicht, ihre moralische Arroganz zu verschleiern.

Weil sie so selbstsicher auf ihrem Podest thronten, zeigt sich an ihrem Votum besonders gut, wie die Mechanismen wirken. Das Tagebuchurteil ist insofern paradigmatisch. Es zeigt, dass seinerzeit nicht irgendwelche Normen des positiven Rechts entscheidungserheblich waren, sondern die Gefühle der Richter – ihre Vorstellungen von bürgerlicher Freiheit und individueller Moral.

Der Richter schöpft aus diesem emotionalen Fundus, weil ihm die meisten Gesetze einen mehr oder weniger großen Ermessensspielraum einräumen. Ob er eine Norm eng oder weit auslegt, hängt nicht selten von seinem Freiheitsbegriff ab. Danach richtet sich, ob er den Staat für befugt hält, in die Intimsphäre der Bürger einzugreifen. Ob er indiskrete Blicke ins Tagebuch, ob er Wanzen und geheime Kameras schlimm findet. Oder ob er abwiegelt und sagt: Wer ein reines Gewissen hat, braucht das Ohr und das Auge der Obrigkeit nicht zu fürchten. Zumeist erlaubt das Recht beides – Freiheit zu geben oder Freiheit zu nehmen.

Die Antwort auf die Frage, ob er die eine oder die andere Option wählen soll, findet der Richter nicht im Gesetz. Er gibt sie instinktiv. In der Regel kann er noch nicht mal erklären, wann seine Psyche welche Signale aufgenommen hat. Das liegt zumeist weit zurück und speist sich möglicherweise eher aus Randbemerkungen des Vaters am Mittagstisch als aus gezielten Belehrungen durch die Eltern.

Frommer Untertanengeist

Der Phantasie sind da keine Grenzen gesetzt. Angenommen, der Vater ist Beamter, bejaht die Hierarchie des Apparats und begreift Gehorsam als Tugend. Welche Reaktionsmuster wird er seinen Kindern suggerieren? Was macht er für ein Gesicht, was brummt er vor sich hin, wenn ein bestimmter Politiker auf dem Bildschirm auftaucht? Wie oft steckt in Gesten und Worten eine Botschaft? Etwa die: Es ziemt sich nicht, staatliche Anordnungen infrage zu stellen?

Ein Kind, das mit der frommen Floskel, sei untertan der Obrigkeit, groß geworden ist, sieht zumeist auch als Erwachsener die Welt aus dieser Perspektive. Das erklärt, warum mancher Richter mit seiner Unabhängigkeit nichts anfangen kann. Der Blick in die Kindheit und in die Familie erklärt aber auch, warum mancher andere die Freiheitsrechte des Bürgers mit Vehemenz verteidigt – sei es nur, weil er als Kaufmannskind mit gänzlich anderen Tischgesprächen groß geworden ist. Sein Vater hat vielleicht mit der wiederholten Bemerkung, „was der Staat mit unserem sauer verdienten Geld macht", den kritischen Geist aller Familienmitglieder mobilisiert.

So lernten die Kinder früh, dass staatliches Tun nicht gottgegeben ist, sondern mit äußerstem Misstrauen zu betrachten. Sie sind im Übrigen noch anderen Einflüssen als dem des Vaters ausgesetzt.

Er ist nicht das einzige Vorbild. Gut möglich, dass die Sprösslinge sich an der Mutter orientieren. Vielleicht ist sie eine energische Frau, die alle bewundern, weil sie dem Haustyrannen Paroli bietet. Bekanntlich hängt manches Grundsatzurteil, das die Bürgerfreiheiten neu vermisst, von einer Stimme ab. Ob sie von einem Beamten- oder einem Kaufmannskind kommt, bestimmt mitunter die Enge oder Weite von Recht.

14

DIE MENSCHENWÜRDE DES ENTFÜHRERS
Wenn Härte der Polizei an Grenzen des Rechts stößt

> Hitler ließ Häftlinge in den Kellern der Geheimen
> Staatspolizei foltern. Vergleichbare Verletzungen
> der Menschenwürde gibt es heute nicht mehr.
> Sie finden, wenn überhaupt, auf subtile Weise
> statt. Es gilt daher, Inhumanität als Inhumanität
> zu erkennen. Das ist eine Herausforderung für
> sensible Zeitgenossen – mit oder ohne Robe.

Das Foto des Elfjährigen mit dem zutraulichen Blick verfolgte viele
bis in den Schlaf. Lebte er noch? Oder hatte ihn sein Entführer
längst ermordet? Jakob von Metzler war auf dem Heimweg von
der Schule gekidnappt worden – an einem Freitag. Am Montag
darauf kassierte der Geiselnehmer das Lösegeld: eine Million
Euro. Dabei verhaftete die Kripo den 27-jährigen Magnus Gäfgen – einen Jurastudenten, der sich beharrlich weigerte, das Versteck seines Opfers preiszugeben.

Wolfgang Daschner, Vizepräsident der Frankfurter Polizei, sah
nur einen Ausweg. Er ließ dem Verbrecher drohen: „Wenn Sie nicht
sagen, wo das Kind ist, werden wir ihnen Schmerzen zufügen." Die
Frage, ob der Beamte deshalb Strafe verdiente (oder im Gegenteil
vielleicht sogar einen Orden), beherrschte die Schlagzeilen und
erregte die Gemüter.

Ein Hauch von Blutrache

Es gab zwei Themen. Neben der Entführung, die bald aufgeklärt
war, konzentrierte sich das öffentliche Interesse auf Daschners
„Tat". Doch es blieb ein ungeklärter Rest. Deshalb lohnt es, noch
einmal genauer hinzuschauen. Im Rückblick werden juristische
und psychologische Feinheiten sichtbar, die in den Tagen, als alles

passierte, unbeachtet geblieben waren. Brandaktuell war damals die Frage, was mit dem Polizei-Vize geschehen sollte; sie erwies sich als Lehrbeispiel dafür, wie Rechts- und Wahrheitsfindung funktionieren. Daschner kam vor Gericht.

Sein Prozess hatte als Demonstrationsobjekt Seltenheitswert, weil die Laien hier – wie sonst nie – juristisches Denken nachvollziehen konnten. Jedermann kannte aus den Medien die Fakten. Die verschiedenen Alternativen, unter denen Daschners Richter wählen konnten, lagen auf der Hand. Es gab beachtliche Für- und Wider-Argumente. Der engagierte Zeitgenosse sah, dass ein Schuldspruch ebenso möglich war wie ein Freispruch. Und er begriff, dass die Richter am Schluss darüber abstimmen mussten, welchem der beiden Möglichkeiten sie den Vorzug geben wollten – für jede gab es gute Gründe.

Ganz zu schweigen von den Gefühlen. Das Publikum nahm Anteil an Jakobs Schicksal und an Daschners Dilemma. Der Beamte hatte nur die Wahl zwischen zwei Übeln. Die Menschen konnten nachvollziehen, was in ihm vorging. Jeder wurde zum Zeitzeugen, der Begriff nahm hier Gestalt an. Der Frankfurter Polizeikommandant selbst brachte den Zwiespalt, in dem er steckte, auf den Punkt. Seine Lage habe „der Konstellation in einer griechischen Tragödie" geähnelt. Tatsächlich stand er vor der Frage: „Entweder ich verletze die Rechte des Beschuldigten, oder ich verspiele das Leben des Opfers."[1]

„Ein arroganter Rotzlöffel"

Er und seine Mitarbeiter hatten um das Leben des entführten Jungen fürchten müssen. Sie gingen davon aus, dass Jakob, falls er noch lebte, seit Tagen ohne Versorgung war – eingesperrt in einer Kiste, einem Erdloch oder irgendeinem unzulänglichen Verlies. Der Junge schwebte, so dachten sie, in akuter Gefahr; er drohte zu ersticken, zu verdursten oder an Unterkühlung zu sterben. Und vor den Beamten saß, wie die „Süddeutsche Zeitung" schrieb, „ein arroganter Rotzlöffel, dem noch nie jemand seine Grenzen aufgezeigt hatte."[2]

Derweil bangte die ganze Nation mit den Eltern. Jakobs Vater war als Frankfurter Bankier ins Visier des Geiselnehmers geraten. Über die Medien nahmen alle Bürger an diesem Drama teil. Jeder sah sich genötigt, Stellung zu beziehen. Jeder schlüpfte unversehens in die Rolle der Strafverfolger. Jeder identifizierte sich mit der Familie. Jeder sah seine Kinder, Enkel, Nichten oder Neffen in Jakobs Lage – und bei der Frage, wie einer bestraft werden soll, der ein Kind zu Tode gequält hat, standen eher Grimms Märchen Pate als das deutsche Strafecht. Hie und da regten sich Gefühle, die an Blutrache erinnerten.

Genau besehen standen drei Personen im Zentrum des Geschehens: Jakob, der entführte Millionärssohn, Gäfgen, der Entführer, von dem man noch nicht wusste, dass er auch der Mörder war, und Daschner, der von Amts wegen alles tun musste, um das Kind zu retten.

Mit der Androhung von Zwang verstieß der Vizepräsident gegen das Folterverbot. Mit dieser Feststellung kommt der Begriff Menschenwürde ins Spiel. Sie zu schützen ist der einzige Sinn des Folterverbots.

Daraus folgt: Wer den Polizeichef anklagt, wirft ihm vor, die Menschenwürde verletzt zu haben – und zwar die des Entführers. Das ist freilich nur die eine Hälfte der Wahrheit. Die andere hängt von der Antwort auf eine zwingende Folgefrage ab: Ob nämlich die beiden anderen Figuren in diesem Todesdreieck, der Junge und Daschner, nicht auch ein Recht auf Schutz ihrer Menschenwürde hatten? Doch je länger die Ereignisse zurücklagen, desto mehr entfernten sich die sachverständigen Kritiker von der akuten Gefahr, die allen die Luft abgeschnürt hatte. Theoretische Abwägungen traten an die Stelle der realen Zwänge. Letztere ließen nur eine Frage zu: Handeln oder abwarten? Bis zum Beweis des Gegenteils musste Daschner jedenfalls davon ausgehen, dass Jakob noch lebte. Und er hatte vergleichbare Verbrechen im Hinterkopf – Geiseln in Erdlöchern, in finsteren Kellern, in abgelegenen Ruinen; Opfer, die stets auf erbärmliche Weise zugrunde gegangen waren.

Daschner war verpflichtet, sich in erster Linie um die Menschenwürde des gekidnappten Jungen Sorgen zu machen. Und ein wenig durfte er auch an seine eigene Menschenwürde denken, an ein nicht unwahrscheinliches Schreckensszenario: Ich, der Polizeiführer, verschone den Entführer; der Junge wird tot aufgefunden; die Obduktion ergibt, dass er just zu der Zeit gestorben ist, in der ich und meine Beamten darauf verzichtet haben, das Versteck aus dem Entführer herauszupressen.

In der Haut des Polizei-Vizepräsidenten hätte dann niemand stecken wollen. Er wäre vermutlich bis an sein Lebensende ein Fall für den Psychiater gewesen. Fest steht: Der Entführer, offenbar eine Ausgeburt von Gefühlskälte, hatte die Menschenwürde des Kindes mit Füßen getreten, und Jakobs Eltern, was leicht vergessen wird, in einen Abgrund gestürzt. Daschner ist seinetwegen unschuldig schuldig geworden.

Töten erlaubt. Foltern verboten?

Der Fall zeigt, dass es eng wird, wenn Schutzgüter miteinander kollidieren. Er zeigt, dass sich große Worte im kleinen Alltag bewähren müssen. Prinzipientreue ist wenig wert – wenn es nicht gelingt, die Menschenwürde von Tätern und Opfern miteinander in Einklang zu bringen. Er zeigt auch, dass sich Richter selbst belügen, wenn sie behaupten, ein Fall wie dieser ließe sich „sine ira et studio" lösen. Sie müssen versuchen, „Zorn und Eifer" zu bändigen.

Jakob wurde dann tot aufgefunden. Gäfgen hatte ihn schon am Tag der Entführung ermordet. Daschner legte den dienstlichen Befehl, Gäfgen Gewalt anzudrohen, in einem Aktenvermerk nieder, zeigte sich also quasi selber an. Die Justiz musste reagieren. Das Strafverfahren gegen ihn nahm seinen Lauf – Experten und Laien stritten um die Frage: Muss er bestraft werden (wenn ja, wie?), oder verdient er Respekt und Lob?

Hinter den Pro- und Contra-Argumenten, die vor und nach Einleitung des Strafverfahrens in allen Zeitungen nachzulesen waren, standen namhafte Gelehrte. Sie erteilten dem Publikum Rechtskundeunterricht. Zwei Schulen der Jurisprudenz prallten aufeinander – und der interessierte Bürger konnte sich der anschließen, die ihm gefiel. Wählen konnte er zwischen zwei Positionen. Die eine sagte, für die Androhung von Folter gebe es, wie hier, durchaus Rechtfertigungsgründe. Die andere sagte, das Folterverbot sei absolut, jeder Verstoß dagegen strafbar.

Wer Daschner helfen wollte, musste versuchen, den Begriff Folter zu relativieren – und seine Drohung gegen den Entführer auf vernünftige Weise rechtfertigen. Der Vorwurf gegen ihn wog schwer. Die Frage, ob er mit seiner Anweisung gegen das im Völkerrecht verankerte Folterverbot verstoßen hatte, war ins Zentrum der öffentlichen Debatte gerückt. Daschners Verteidiger argumentierten, er habe nichts weiter getan, als in einer konkreten Notsituation die Menschenwürde des Entführers gegen die Menschenwürde des Entführten abzuwägen.

Sie verwiesen auf Polizeigesetze, die in Grenzfällen, etwa bei einer Entführung, den finalen Todesschuss erlauben. Spezialeinheiten dürften den Geiselnehmer töten, um die Geiseln zu befreien. Die Unterstützer Daschners folgerten: Wenn man einen Täter, um das Opfer zu schützen, erschießen dürfe – dann sei es ein Wertungswiderspruch, wenn man ihn, um das Opfer zu retten, nicht auch foltern dürfe.[3] Die Veranstalter der „Karlsruher Kolloquien" brachten diese Antinomie bei einer hochrangig besetzten Podiumsdiskussion auf den Punkt – sie gaben ihrem Abend die Überschrift: „Töten erlaubt, Foltern verboten?"

Ist „Nothilfe" das richtige Wort?

Volker Erb, Rechtsprofessor in Mainz, engagierte sich für Daschner in einem eindrucksvollen Aufsatz: „Nicht Folter, sondern Nothilfe".[4] Der Wissenschaftler zitierte den Paragraphen 32 des Strafgesetzbuches (StGB), der Notwehr definiert:

„Notwehr ist die Verteidigung, die erforderlich ist, um einen gegenwärtigen rechtswidrigen Angriff von sich oder einem anderen abzuwenden."

Im Kontext dazu steht der Paragraph 34 StGB. Er verspricht dem Nothelfer Milde, wenn der – um Gefahr abzuwehren – selbst „eine rechtswidrige Tat begeht". In diesem Fall gilt: Er „handelt ohne Schuld".

179

Der Gerichtsreporter der „Süddeutschen Zeitung" Hans Holzhaider bekundete „Respekt für Wolfgang Daschner".[5] Er verwies
darauf, dass die öffentliche Debatte überhaupt erst durch die
Selbstanzeige Daschners entfesselt worden sei. „Hätte Daschner
nach Schimanski-Manier den Täter zur Brust genommen und
angebrüllt: ‚Spuck's aus, sonst gibt's was in die Fresse' – kein
Mensch wäre je auf die Idee gekommen, von Folter zu reden."

Folter und Sklaverei

Die Position der Foltergegner war glasklar. Sie konnten auf inter-
nationales Recht verweisen. Heribert Prantl fasste in der „Süddeutschen Zeitung" die Prinzipien zusammen. Sie besagen, „dass
der Staat nicht foltern darf – nie, in keinem Fall, unter keinen
Umständen, auch nicht in der Stunde höchster Not".[6] Ganz wie
es die primäre Quelle, Artikel 1 der UN-Konvention gegen Folter,
bestimmt.

„Unter Folter im Sinne dieser Erklärung ist jede Handlung zu
verstehen, durch die einer Person von einem Träger staatlicher
Gewalt oder auf dessen Veranlassung hin vorsätzlich starke körperliche oder geistig-seelische Schmerzen oder Leiden zugefügt
werden, um von ihr oder einem Dritten eine Aussage oder ein
Geständnis zu erzwingen."

Der bekannte Verfassungsjurist Dieter Grimm erinnerte daran,
dass „Folter und Sklaverei" auf einer Stufe stünden. Wer die Menschenwürde antaste, attackiere „ein Rechtsgut, das nicht relativ,
sondern absolut schützenswert" sei; die Frage, ob man die Freiheit
durch Negation der Menschenwürde anderer verteidigen könne,
verlange „eine kategorische Antwort":

„Wenn man zu denselben Mitteln greift, die die Aggressoren und
Terroristen anwenden, gibt man den grundliegenden Unterschied
zu ihnen auf."[7]

Die Foltergegner beschwören den qualitativen Sprung von der
Theorie zur Praxis. Sie warnen: Wer „verschärften" Verhören das
Wort rede, müsse auch sagen, wo das Recht, Schmerzen zuzufügen,
beginnt und wo es enden solle. Ist es noch harmlos, die Arme

zu verdrehen? Dürfen die Daumenschrauben angezogen werde, wenn es um eine „ticking bomb" geht, wenn Tausende in Gefahr sind? Richtet sich die Folter nach dem Grad der Bedrohung? An welchem Punkt sind Stromstöße, Stockschläge, Peitschenhiebe erlaubt? Oder gar noch Schlimmeres? Wer ordnet an? Wer quält? Wer überwacht? Soll Protokoll geführt werden? Muss ein Arzt anwesend sein? Womöglich auch ein Pfarrer?

Grimm erinnert an das englische Wort „liberty dies by inches". Dies gelte auch für die Folter. „Hat man das Verbot erst einmal relativiert, finden sich immer neue Anlässe, es noch weiter zu lockern."

Salomonisches Urteil

Das Frankfurter Landgericht fällte ein salomonisches Urteil: „Die Verteidigung der Rechtsordnung hat es geboten, dass ein Schuldspruch erfolgte, nicht aber eine Bestrafung." Beide Fronten konnten aufatmen: Die Richter hatten eine Relativierung des absoluten Folterverbots vermieden, der „Dammbruch", den viele befürchtet hatten, war nicht erfolgt. Doch Daschner, dem die Sympathie der meisten Mitbürger gehörte, musste auch nicht ins Gefängnis.

Der Fall Daschner lehrt: Foltern bleibt – ohne Wenn und Aber – verboten. Ein Staatsdiener, der das ignoriert, muss sich vor Gericht verantworten. Wenn er Rechtfertigungsgründe hat, darf er auf Milde hoffen. Klar wurde aber auch: Das Folterverbot ist ohne den Begriff der Menschenwürde nicht denkbar. „Sie zu achten und zu schützen, ist die Verpflichtung aller staatlichen Gewalt" (Artikel 1 des Grundgesetzes).

Das Gebot hat sich im Großen und Ganzen als Bollwerk gegen jede, wie immer geartete Verletzung der Menschenwürde bewährt. Genau das hatten die Schöpfer der Verfassung beabsichtigt. Ihnen waren 1949 die Exzesse der Hitlerzeit noch in frischer Erinnerung. Das heißt: Weil die „Würde des Menschen" im Hitlerreich so oft missachtet worden war, und weil sie in vielen Teilen der Welt (damals wie heute) nur wenig gilt – kurzum: weil das Selbstverständliche offenbar nicht immer und nicht überall für selbstverständlich gehalten wird, haben sie dieses Rechtsgut für „unantastbar" erklärt.

Es liegt in der Natur der Sache, dass ein Verfassungssatz immer dann Gestalt annimmt, wenn er verletzt wird. An eine bildhafte Definition, die darüber hinausgeht, müssen sich Gelehrte und Richter von Fall zu Fall herantasten. So brachten die Verfassungsrichter den Deutschen bei, dass die überlieferte Parole „Gehorsam ist die erste Bürgerpflicht" unwiderruflich der Vergangenheit angehört. Sie proklamierten, dass es „der menschlichen Würde" widerspricht, den Bürger „zum bloßen Objekt im Staate zu machen".[8] Und diese Ermahnung richtete sich an zwei Adressaten: an die Staatsdiener, nicht allzu arrogant mit Bürgern umzuspringen, und an Bürger, sich nicht von oben herab behandeln zu lassen.

Vom Untertan zum Bürger

Das war zunächst nicht mehr als ein frommer Wunsch. Die Frauen und Männer in den Roten Roben kannten ihre Pappenheimer – die trägen Repräsentanten eines trägen Staates. Sie wussten daher, dass die Defizite des Denkens beim Namen genannt werden mussten – und sprachen „den politisch-sozialen Bereich" direkt an. Auch wenn sich eine Obrigkeit bemühe, „noch so gut für das Wohl von ,Untertanen' zu sorgen" – das genüge nicht. Sie forderten mehr: „Der Einzelne soll vielmehr in möglichst weitem Umfange verantwortlich auch an den Entscheidungen für die Gesamtheit mitwirken." Und noch mehr: „Der Staat hat ihm dazu den Weg zu öffnen."[9]

Aufforderungen wie diese haben die Entwicklung des Deutschen vom Untertan zum mündigen und selbstbewussten Bürger gefördert. Und je reifer er wurde, desto eher begriff er auch, dass die Interpretation namentlich von Artikel 1 des Grundgesetzes keine statische Angelegenheit ist, sondern ein dynamischer Prozess. Die Karlsruher Richter belehrten ihn, dass ein Urteil darüber, was der Menschenwürde entspreche, „nur auf dem jetzigen Stande der Erkenntnis beruhen und keinen Anspruch auf zeitlose Gültigkeit erheben" könne.[10]

Im Nachhinein sieht es so aus, als ob der Schock, den die Perversion des Rechts in der Hitlerära hinterlassen hatte, wirklich von heilsamer Wirkung war. Denn vergleichbar eklatante Verstöße gegen die Menschenwürde blieben der Bundesrepublik erspart. Das allgemeine Bewusstsein reagierte schon gegen kleinste Übergriffe so sensibel wie ein Seismograph. Folglich ging es, wenn das Thema in Karlsruhe anstand, stets nur um Grenzfragen. Die Verfassungsrichter konnten sich mit feinnervigen Interpretationen begnügen und die Frage beantworten, wann die Menschenwürde zu Recht reklamiert und wann sie zu Unrecht ins Spiel gebracht wird.

Die Gefahr der kleinen Münze

Das große Wort Menschenwürde ist stets der Gefahr ausgesetzt, in kleine Münze umgetauscht zu werden. Unter dem Begriff können sich seiner allgemeinen Verständlichkeit wegen nicht nur Juristen, sondern auch Laien etwas vorstellen. Das erklärt, warum dieses Grundrecht immer wieder für Wünsche herangezogen wird, die mit allen möglichen Ansprüchen zu tun haben, nur nicht mit der Menschenwürde.

Wie sich zeigte, sind gegen diese Versuchung noch nicht mal Richter gefeit. Einige sahen 1972 ihre Menschenwürde verletzt, weil der Gesetzgeber ihre bombastischen Amtsbezeichnungen (etwa „Senatspräsident") durch schlichte („Vorsitzender Richter") ersetzt hatte. Das Gefühl der Degradierung, so das Verfassungsgericht, „reicht nicht aus, um eine Verletzung der Menschenwürde" zu begründen.[11] Die Richter legten die Meßlatte höher.

Zur ihren hohen Ansprüchen gehörte eine Fortentwicklung des Humanitätsgedankens. Sie belehrten Deutschlands Bürger, dass sich Inhalt und Umfang eines Verfassungsbegriffs von Fall zu Fall noch verbessern und verfeinern lassen. Danach hat zum Beispiel nicht nur der unbescholtene Bürger Anspruch auf Achtung seiner individuellen Würde, was jedermann begreift, sondern auch der Kriminelle, was schwerer nachzuvollziehen ist.

Derlei Milde ließ das Bundesverfassungsgericht sogar bei einem KZ-Wächter walten, einem Mörder von Auschwitz. Der Mann war 75, krank und schon 20 Jahre in Haft. Doch wegen der Schwere der Tat wollte ihm die Frankfurter Justiz den sonst üblichen Hafturlaub nicht gewähren – zu Unrecht, wie die Karlsruher Richter in einem Urteil festhielten:

„Das Recht auf Achtung seiner Würde kann keinem Straftäter abgesprochen werden, mag er sich in noch so schwerer und unerträglicher Weise gegen alles vergangen haben, was die Wertordnung der Verfassung unter ihren Schutz stellt."[12]

Subjektivität statt Objektivität

Was in Rede steht, ist immer der Schutz einer Person. Daschner kam in Konflikte, weil er nicht gleichzeitig die Würde des Täters und die des Opfers beachten konnte. Die für den Strafvollzug zuständigen Richter mussten lernen, dass auch der Auschwitz-Mörder einen Anspruch hat. Wenn die kontroversen Positionen in dieser Debatte eines zeigen, dann dies: Alle suchen und finden Gründe – für ihre Gefühle. Wer glaubt, das Recht kenne für derlei Konflikte stets eine Antwort, womöglich eine einzige richtige Antwort, der irrt. Ein rationales Ergebnis sucht der Beobachter vergeblich. Er findet Subjektivität statt Objektivität. Und Richter, die glauben, dass ihre Rechtssuche zu einem zwingenden Urteil führt, haben ein Wahrnehmungsproblem. Das ist eine der Lebenslügen der Zunft.

Es gab gute Gründe, die für einen Freispruch Daschners sprachen – und andere, die eine Verurteilung nahelegten. Wer das eine oder andere wollte, brauchte dafür im Richterzimmer eine Mehrheit. In Zweifelsfällen wie diesem hängt das Urteil von Stimmungen ab – und womöglich von einer Stimme. Sie bestimmt dann im konkreten Fall, was Recht ist.

MIT GEWALT UNTERS MESSER
Wenn die rechtsstaatlichen Bremsen versagen

Manche Inhaber der Macht – Beamte, Staatsanwälte oder Richter – pflegen eine weitverbreitete Unart. Sie lassen den Bürger nicht zu Wort kommen. Sie urteilen über seinen Kopf hinweg. Die ärgerliche Folge: Staatsdiener, die nicht richtig hinhören, gehen von falschen Voraussetzungen aus – und treffen falsche Entscheidungen.

Der Fahnder sah sich um seinen Erfolg betrogen – kein Schmuggelgut im Gepäck. Er argwöhnte, der Verdächtige habe das Corpus Delicti verschluckt. Deshalb brachte er ihn ins nächste Krankenhaus. Dort halfen Ärzte, die es mit dem Hippokratischen Eid nicht so genau nahmen. Sie verpassten dem Delinquenten eine Narkose und legten ihn zum Kaiserschnitt unters Messer. Später prüften Staatsanwälte und Richter, ob die Zwangsoperation rechtens war. Sie alle gaben der makabren „Beweissicherung" ihren Segen. Das Stück aus dem Tollhaus schrieb kein Dichter des „schwarzen Humors". Es scheint eher so, als ob real existierende Personen Franz Kafka imitiert hätten – und zwar schlecht.

„Ein GAU des Rechtsstaates"

Die Verschleppung in den OP hat sich tatsächlich abgespielt – auf deutschem Boden, im westfälischen Münster. Sie passierte auch nicht in den finsteren Tagen der Hitlerdiktatur, sondern unter dem sonnigen Dach des Grundgesetzes. Das Opfer war ein Mann aus Guinea. Ihn bekam keiner zu Gesicht. In den Akten wurde der farbige Nobody „Herr K." genannt. Was ihm allein nie gelungen wäre, schaffte sein zweites Ich: Rechtsanwalt Dr. Ulrich Busch aus Ratingen ging für ihn in die Offensive. Er nahm sich seines Schicksals an, brachte den Skandal vor Gericht und verhalf K. schließlich zu seinem Recht.

Die „Süddeutsche Zeitung" (SZ) fühlte sich an eine jener schaurigen Geschichten erinnert, die regelmäßig die Runde machen – die Mär vom Überfall mit illegaler Organentnahme. Den Willkürakt von Münster nannte das Blatt einen Fall „aus dem deutschen Gruselkabinett".[1] Helmut Kerscher, SZ-Korrespondent in Karlsruhe, fragte nach der strafrechtlichen Verantwortung der Polizisten und Ärzte. Er sah „nicht nur deren Rechtsgefühl narkotisiert, sondern dauerhaft auch das von Staatsanwälten und Richtern". Er qualifizierte das Versagen aller Beteiligten als „GAU des Rechtsstaates". Doch den nahm keiner wahr.

Der Fall gibt Anlass zur Besinnung. Er zeigt, dass der Rechtsstaat seine Bewährungsproben bisweilen nicht besteht. Und er lenkt den Blick auf die Kluft zwischen Theorie und Praxis. Ein Juraprofessor, der es wagte, mit einer vergleichbaren Fallkonstruktion zu operieren, brächte sich um seine Reputation. Jeder Student im Erstsemester würde ihm entgegenhalten, dass unsere Verfassung die Würde des Menschen und seine körperliche Unversehrtheit schützt. Und dass kein Bürger wegen seiner Rasse Nachteile erleiden darf. Doch die Bauchoperation war kein konstruiertes Beispiel, sondern bittere Wahrheit. Sie zeigt, dass Grundrechte zunächst mal nur auf dem Papier stehen.

Das Vertrauen in ihre Verlässlichkeit muss Tag für Tag neu erworben werden. Wenn – wie hier – Scharen von Juristen diese Garantien ignorieren, ist die Glaubwürdigkeit des Rechtsstaates dahin. In der Logik genügt ein negatives Beispiel, um die Allgemeingültigkeit einer Aussage zu erschüttern. Der GAU von Münster lehrt den Bürger zweierlei. Erstens: Er muss jederzeit damit rechnen, dass die rechtsstaatlichen Bremsen auch mal versagen – zumeist, weil ihm keiner zuhört. Zweitens: Er darf darauf hoffen, dass sie zu guter Letzt wenigstens in Karlsruhe greifen – weil er dort zu Worte kommt.

Was der Anwalt unternahm, war eher professionelle Routine. Trotzdem trug er dazu bei, dass der Staat des Grundgesetzes – leider erst am Ende der Affäre – zeigen konnte, was ihn auszeichnet: eine Souveränität, die selbst dem schlimmsten Sünder noch einen Kern von Schutzrechten garantiert. Buschs Mandant war keine bedauernswerte Figur, sondern ein erbärmlicher Rauschgiftschmuggler. Wenn so einer gefasst wird, rufen – im ersten Impuls – sogar ansonsten harmlose Zeitgenossen schon mal nach dem Henker. Zumindest bringt die Gesellschaft einem Drogenhändler, den sie für das Elend unschuldiger Suchtopfer verantwortlich macht, weder Milde noch Mitleid entgegen.

Jeder will, dass der Lump gestellt, überführt und bestraft wird. Doch selbst ihm steht Artikel 103 des Grundgesetzes zur Seite: „Vor Gericht hat jedermann Anspruch auf rechtliches Gehör." Dieses Recht, angehört zu werden, bevor etwas geschieht, gilt natürlich umso mehr, wenn die Obrigkeit Fragwürdiges vorhat – etwa wenn sie sich anschickt, dem Übeltäter, um einer „Beweissicherung" willen, die Eingeweide aufschneiden zu lassen.

Der feine Unterschied zum Unrechtsstaat

Dabei stehen Polizisten und Staatsanwälte unter einem strikten Gebot. Das Grundgesetz verpflichtet sie, den Bürger als Individuum (als „Subjekt") zu begreifen und zu behandeln. Doch bei unsympathischen Kriminellen tun sie sich damit bisweilen schwer – zumal Rechtsbrecher zwangsläufig zum Objekt staatlichen Handelns werden, nämlich zum Objekt der Strafverfolgung. Dabei wird leicht vergessen, dass die Verfassung selbst dem Gestrauchelten unveräußerliche Grundrechte zubilligt. Er darf eben nicht auch noch zum Objekt von Willkür werden.

Dies ist der feine Unterschied zwischen einem Rechtsstaat und einem Regime, das glaubt, mit „Outlaws", mit Gesetzlosen, nach Belieben umspringen zu dürfen. Im Fall K. zeigte sich, dass auch ein ansonsten funktionstüchtiger Rechtsstaat nicht dagegen gefeit ist, den Täter unversehens zum Opfer zu machen und sich dabei selbst ins Unrecht zu setzen. Genau dies geschah mit K. in Nordrhein-Westfalen.

Es schien fast so, als hätten die Beamten das Sprichwort „Wer den Schaden hat, braucht für den Spott nicht zu sorgen" leicht abgewandelt und zur Maxime ihres Handelns gemacht. Erst hatten sie K. malträtieren lassen und ihn dann, als er den widerrechtlichen medizinischen Eingriff feststellen lassen wollte, auch noch auf den Arm genommen – mit der fadenscheinigen Begründung, sie seien um seine Gesundheit besorgt gewesen.

Die Geschichte des Herrn K. liest sich wie ein Drama in drei Akten: Zwangsoperation, Versagen der Justiz, Happy End in Karlsruhe. Am Anfang war Routine. Die Polizei nahm ihn fest. Er stand unter Verdacht, mit Betäubungsmitteln zu handeln. Tatsächlich hatte er, wie sich später herausstellte, sogenannte Kokain-Bubbles geschluckt; so werden mit Kokain gefüllte, fest verschweißte Plastikkügelchen genannt.

Nach seiner Festnahme brachte ihn der Ermittlungsbeamte ins Evangelische Johannesstift zu Münster. Laut Protokoll erklärte er dem diensthabenden Arzt Dr. St. den Sachverhalt „und ordnete gemäß Paragraph 81a der Strafprozessordnung (StPO) körperliche Eingriffe zur Sicherstellung der Beweismittel an",[2] gemeint waren die BTM-Bubbles, mit Betäubungsmittel gefüllte Kugeln.

Ein fragwürdiger „Oberbauchmittellängsquerschnitt"

Der Arzt hielt eine Magenspiegelung (Gastroskopie) für das Richtige. Zunächst bekam der Zwangspatient eine Beruhigungsspritze. Als der Mediziner erkannte, „dass sich die geschluckten Bubbles bereits zu einer Masse geformt hatten", stoppte er die Aktion. Die Schmuggelware „mittels Gastroskopie zu sichern", war ihm zu riskant. Stattdessen „entschied" er, dass „eine Operation" angezeigt sei. Sie wurde tatsächlich kurze Zeit später „im Wege eines ‚Oberbauchmittellängsquerschnitts' und ‚querer Gastrotomie' (Magenschnitt) durchgeführt". Dabei kamen 14 Kokain-Bubbles ans Licht.

Unerfindlich bleibt, was sich der Polizeibeamte und der Arzt bei ihrer Hauruckaktion gedacht haben. Die Strafprozessordnung erlaubt zwar eine körperliche Untersuchung des Beschuldigten auch ohne dessen Einwilligung, aber nur dann, wenn kein Nachteil für seine Gesundheit zu befürchten ist. Jeder weiß, dass die

gesetzliche Vollmacht harmlose Eingriffe meint, etwa die Blutprobe beim betrunkenen Autofahrer. „Gesundheitliche Nachteile"
müssen „mit an Sicherheit grenzender Wahrscheinlichkeit ausgeschlossen" sein.³ Überschritten ist die Grenze schon, wenn eine
Beeinträchtigung des körperlichen Wohlbefindens zu befürchten
ist. Fahnder und Ärzte setzten sich über ein weiteres Gebot hinweg: „Die Anordnung schwerer Eingriffe ist immer dem Richter
vorbehalten."⁴

Rechtsanwalt Busch erstattete im Namen seines Mandanten
Strafanzeige. Daraufhin ergänzte der nunmehr beschuldigte Beamte seinen ursprünglichen Vermerk. „Nach telefonischer Rück-
sprache" mit einem Staatsanwalt fiel ihm plötzlich ein, dass er die
Operation für nötig gehalten habe, um eine „bestehende Lebensgefahr abzuwenden". Dr. St. wiederum war fein raus. Er teilte den
Staatsanwälten, die den Vorgang mit ersichtlichem Desinteresse
untersuchten, lakonisch mit: Er habe K. nach erfolgloser Diagnose der chirurgischen Abteilung übergeben. Den dortigen Ärzten
hätte aus ihrer täglichen Praxis geläufig sein müssen, dass jede
Operation ohne Einwilligung des Patienten den Tatbestand der
Körperverletzung erfüllt.⁵ Sie führten sie dennoch aus.

Perfekte Mohrenwäsche

Die Ungereimtheiten setzten sich fort. Ohne Verzug stellte die
Staatsanwaltschaft in Münster das Verfahren gegen den forschen
Polizeibeamten ein. Wenige Wochen danach wies der Generalstaatsanwalt die dagegen erhobene Beschwerde zurück. Ein halbes
Jahr später lehnte das Oberlandesgericht (OLG) in Hamm, nachdem ein sogenanntes „Klageerzwingungsverfahren" stattgefunden
hatte, einen entsprechenden Antrag von Anwalt Busch ab: Es sah
keinen Anlass für einen Anklage gegen den Polizisten.⁶

Die Oberrichter erledigten ihre Sache mit der linken Hand. Statt
eines seriösen Bescheids präsentierten sie eine perfekte Mohren-
wäsche. In dem zwei Monate später fabrizierten Vermerk des Polizisten, er habe Lebensgefahr für K. befürchtet, konnten sie keine
Schutzbehauptung erkennen. Sie wiegelten ab: Selbst wenn der

Beamte in „vorwerfbarer irriger Annahme" gehandelt haben sollte, komme „allenfalls der Vorwurf einer fahrlässigen Körperverletzung in Betracht"; dies wäre jedoch Gegenstand einer Privatklage und kein Fall für eine öffentliche Anklage.

„Kriminalistischer" Kaiserschnitt

Dr. Busch bewegte sich auf sicherem Boden, als er die Verfassungsbeschwerde begründete.[7] Er trug vor: Eine medizinische Notwendigkeit für den Eingriff habe, anders als behauptet, nicht bestanden; die Magenoperation sei ohne Einverständnis seines Mandanten und ohne jede Aufklärung über die Risiken erfolgt; ein Notstand habe ersichtlich nicht vorgelegen. Die Wissenschaft rate selbst für den Fall, dass einer Kokain in großen Mengen verschluckt habe, das Ausscheiden des Rauschgifts auf natürlichem Wege abzuwarten.

Was da passiert war, nannte Busch „einen mit der Menschenwürde unvereinbaren ‚kriminalistischen Kaiserschnitt'". Die Einlassung des Beamten stelle eine den wahren Sachverhalt vertuschende Schutzbehauptung dar.[8] Einer, dem es wirklich um die Abwendung einer Lebensgefahr gehe, erkundige sich bei den Ärzten nach dem Zustand des Patienten. Alle Einwände des Anwalts verpufften, die Richter der unteren Instanzen wollten ihm offenbar gar nicht zuhören.

Doch den Verfassungsrichtern leuchteten die Vorwürfe ein. Sie hielten die Beschwerde für offensichtlich begründet. Die laxe Behandlung der Strafanzeige erregte ihren Unwillen: Man müsse wohl davon ausgehen, dass die Richter in Hamm „das Vorbringen des Beschwerdeführers entweder nicht zur Kenntnis genommen oder doch nicht gewürdigt" hätten.[9] In diesem Desinteresse sahen sie einen Verstoß gegen das in Artikel 103 GG verankerte Gebot „rechtlichen Gehörs". Ihre Begründung macht deutlich, dass hier der Teufel im Detail steckt.

Sie nahmen die Unterlassungssünden von Münster und Hamm Punkt für Punkt unter die Lupe. Was hier in Rede stand, waren keine Bagatellen. Hatte ein Polizist Körperverletzung im Amt begangen? War er von Staatsanwälten und Richtern pflichtwidrig verschont worden? Die Fragen, die das Verfassungsgericht stellte, diktierte der gesunde Menschenverstand. Gründe für den vorzeitigen Abbruch der Ermittlungen durch die Staatsanwaltschaft waren nicht ersichtlich. Warum aber hatten sich die Oberlandesrichter mit dieser Panne abgefunden, warum nicht eigene Ermittlungen angestellt? Karlsruher Rüge: „Die Umstände, die zur Anordnung und Durchführung des operativen Eingriffs führten, sind evident unzureichend aufgeklärt worden."[10]

Menschenverachtender Übergriff

Die Verfassungsrichter listeten die Versäumnisse auf: Dem Arzt hätten gezielte Fragen zu den Umständen der Operationsanordnung und zum Vorliegen einer Lebensgefahr" gestellt werden müssen. Es sei ein Fehler gewesen, dass keiner die an der Operation beteiligten Personen vernommen habe. Unerfindlich bleibe auch, warum es niemand für nötig befunden habe, der Behauptung nachzugehen, dass „Fälle massiven Körperschmuggels" normalerweise zur stationären Beobachtung ins Justizvollzugskrankenhaus Fröndenberg eingeliefert würden.

Dem Verfassungsgericht fiel auf, was das OLG offenbar nicht hatte sehen wollen: „Insbesondere in Anbetracht der zu den Akten gelangten Krankenunterlagen, die keinerlei Anhaltspunkte für eine konkrete Lebensgefahr bieten", hätte eine Anklage gegen den hemdsärmeligen Fahnder nahegelegen. Dem Opfer des menschenverachtenden Eingriffs wurde damit die Feststellung, dass er zu Unrecht unters Messer gelegt worden war, letztlich vorenthalten. Der Grund: Keiner hatte seinem Anwalt wirklich zugehört.

Wer versucht, die Anatomie staatlichen Versagens zu ergründen, stößt fast immer auf dieselbe Ursache: eine nachhaltig gestörte Kommunikation zwischen „oben" und „unten". Manche Inhaber der Macht – Beamte, Staatsanwälte oder Richter – pflegen eine weitverbreitete Unart. Sie lassen den Bürger nicht zu Wort kommen. Sie entscheiden über seinen Kopf hinweg. Sie erliegen der Versuchung, ihn als Objekt zu betrachten und zu behandeln.

Unversehens werden aus Menschen (wieder) Untertanen. Bis zur totalen Geringschätzung ist nur ein Schritt: „Die da unten" haben das Maul zu halten – und strammzustehen.

Macht verführt. Amtsträger, die im Bürger den Befehlsempfänger sehen, kommen gar nicht auf den Gedanken, dass sie ihn anhören müssen. Die Motive für solche Missachtung sind nicht eben rühmlich. Wer nicht zuhören kann oder nicht zuhören will, ist entweder arrogant oder bequem und faul. Tatsächlich muss einer, wenn er neue Fakten und Argumente verarbeiten will, sein Gehirn anstrengen und Zeit aufwenden. Ob ein Staatsdiener das tut, hängt auch davon ab, welchen Stellenwert Bürgerrechte in seinem Bewusstsein haben – oder in dem seiner Dienststelle. Historisches Wissen kann dabei nicht schaden.

Denn zum ehernen Bestand der Menschengeschichte gehört eine Erkenntnis: Dass ein Richter nur gerecht urteilen kann, wenn er zuvor die Beteiligten angehört, ihre Argumente zur Kenntnis genommen und sie gewürdigt hat. Im römischen wie im kanonischen Recht findet sich das Prinzip „audiatur et altera pars", dass auch die andere Seite gehört werden muss. Das germanische Recht kennt das Prinzip ebenfalls. Wer will, kann es im „Sachsenspiegel" nachlesen. Der „Alternativkommentar" zum Grundgesetz zitiert das schöne Sprichwort „Eines Mannes Rede ist eine halbe Rede, man soll die Part verhören beede."

Die Amerikaner haben – wie die Deutschen – das „rechtliche Gehör" in ihrer Verfassung verankert (als 5. und 14. „Amendment"). Denn auch in Übersee wünscht keiner, dass der Mensch als bloßer Gegenstand des Verfahrens betrachtet wird. Hier wie dort gilt, dass „Rechtsfindung im Rechtsstaat ein in der Regel dialogischer Prozess ist, an dem die Beteiligten in Offenheit mitwirken sollen".[11]

Die Gelehrten teilen die „Verwirklichung des Rechts auf Gehör" in drei Stufen ein: Anspruch auf Information (1), Recht zur Stellungnahme (2), „Berücksichtigung" der Stellungnahme (3). Aus dieser Aufzählung ergeben sich die Pflichten der Staatsorgane beinahe von selbst. Der Bürger muss – erstens – über den Verfahrensstoff sowie über Beweise und Gutachten informiert werden. Er soll – zweitens – Gelegenheit erhalten, zu allen tatsächlichen und rechtlichen Aspekten seine Ansicht vorzutragen. Es versteht sich – drittens – von selbst, dass der Richter die Äußerung zur Kenntnis nehmen und bei seiner Entscheidung ernsthaft in Erwägung ziehen muss.[12]

Magna Charta für Konflikte mit dem Staat

So schlimm wie dem farbigen Herrn K. ergeht es Bürgern nur selten. Der normale Fall ist, dass sich Beamte oder Richter taub stellen, wenn ein Bürger seine Wünsche begründet oder Behauptungen zu entkräften versucht. Mal geschieht dies aus Nachlässigkeit, mal mit Bedacht, etwa weil Experten der irrigen Ansicht sind, dass Laien sowieso nur Irrelevantes vortragen, das man getrost vernachlässigen kann. Solche Versäumnisse landen dann vielleicht in Karlsruhe. Beamte, die nicht richtig hinhören, gehen von falschen Voraussetzungen aus – und treffen falsche Entscheidungen. Der betroffene Bürger hat das Nachsehen.

Aus gutem Grund sieht deshalb das hohe Gericht bei Verstößen gegen den Anspruch auf rechtliches Gehör auch die Achtung der Menschenwürde verletzt. Die umfangreiche Karlsruher Rechtsprechung, ausführlich im Fall K. dargestellt, gipfelt deshalb in der unmissverständlichen Forderung: Der Einzelne „soll vor einer Entscheidung, die seine Rechte betrifft, zu Worte kommen, um Einfluss auf das Verfahren und sein Ergebnis nehmen zu können".[13]

Ein Richter, der geduldig zuhört, tut auch etwas für den Rechtsfrieden. Was das bedeutet, zeigte sich schon in den Anfangsjahren der Verwaltungsgerichtsbarkeit – 1953 und 1954, also vor mehr als einem halben Jahrhundert. Da amtierte in Berlin ein Vorsitzender, der es als weiser Zuhörer zu lokalem Ruhm gebracht hatte. Er hieß Rolf Clauß und war – zu jener Zeit eher ungewöhnlich – ein selten freundlicher Robenträger, mit einer beruhigenden sonoren Stimme, die Vertrauen einflößte. Vor allem aber war er ein Jurist, der das rechtliche Gehör erkennbar für mehr als einen Formalbegriff hielt. Er nahm sich viel Zeit und ließ alle zu Wort kommen.

In dem Fall, bei dem Artikel 103 vorbildlich in der Realität ankam, ging es um die „Versagung der Genehmigung für einen Werkstattanbau".[14]

Kläger war ein patenter Berliner Handwerker. Er klagte – und scheiterte. Doch seine Reaktion nach dem Urteil verblüffte alle. Er hielt den Prozess, obwohl er ihn verloren hatte, für ein Erfolgserlebnis – aus drei Gründen, die er benannte. Zum einen hatte er dankbar registriert, dass er sein Anliegen zum ersten Mal vortragen konnte, ohne unterbrochen zu werden. Er sagte: „Zum ersten Mal hat mir in dieser Sache einer wirklich zugehört."

Ihm tat gut, dass er von Richter Clauß genauso ernst genommen wurde wie der Behördenvertreter. „Ich war vor Gericht gleichberechtigt, nicht weniger wert als der Regierungsrat." Auch bei der Urteilsverkündung machte der Kläger eine neue Erfahrung mit „Vater Staat". Er sagte beim Verlassen des Gebäudes: Der Vorsitzende habe sich bei der Begründung Mühe gegeben und ihm die Rechtslage so genau erklärt, dass er alles verstanden habe. Sein Resümee war nicht unwillig: „Es scheint so, als ob ich wirklich keinen Anspruch hätte. Damit muss ich mich nun wohl abfinden."

Geduld im Zuhören ist keine Sache des Wissens, sondern eine Tugend, die jeder Richter mühsam lernen muss – und mancher schafft es nie. Für den ist der Bürger einfach Luft. So entsteht en passant Unrecht. Das erklärt, warum sich die Verfassungsrichter immer wieder mit Allerweltsfällen herumschlagen müssen. Ein typischer Prozessstoff ist der Streit um den Wert eines Grundstücks; die Richter hörten einen Sachverständigen; der kam auf die Summe von 40 150 Mark.

Das Landgericht in Siegen gab das Gutachten am 4. eines Monats zur Post – und entschied am 6., ohne das am selben Tag abgesandte Gegengutachten über 46 000 Mark abzuwarten. In Karlsruhe wurde das Husch-Husch-Verfahren für rechtswidrig erklärt: „Das Recht auf Gehör verlangt, dass einer gerichtlichen Entscheidung nur solche Tatsachen und Beweisergebnisse zugrunde gelegt werden, zu denen Stellung zu nehmen den Beteiligten Gelegenheit gegeben war."[15]

In einem anderen Verfahren ging es um das „Anhörungsrecht", das den Gegnern eines Flughafenbaus beschnitten worden war. Die Verfassungsrichter nahmen den Fall wiederum zum Anlass für prinzipielle Anmerkungen. Sie versetzten sich (anders als viele Beamte) in die Situation eines Bürgers – und sprachen von der „schwerwiegenden Lage", die ein Prozess „gewöhnlich" für ihn mit sich bringe. Schon deshalb müsse er „die Möglichkeit haben, sich mit tatsächlichen und rechtlichen Argumenten zu behaupten".

Dann folgt ein Satz, der die Annalen der Rechtsgeschichte ziert: Die Garantie, angehört zu werden, sei das „prozessuale Urrecht des Menschen".[16] Es habe nur ein Ziel – zu verhindern, dass mit ihm „kurzer Prozess" gemacht werde. Wer die Ereignisse in Münster Revue passieren lässt, kommt nicht umhin, eine seltsame Häufung von Rechtsfehlern zu registrieren. Weder bei dem Polizisten noch bei den Ärzten im Johannesstift, bei keinem der Staatsanwälte und auch nicht bei den Oberlandesrichtern in Hamm leuchtete irgendwann eine rote Warnleuchte auf. Alle hatten – offenbar in einem Anfall kollektiver Amnesie – vergessen, was ihnen an ethischen Prinzipien beigebracht worden war.

Wo könnte die Ursache für solche unverständliche Ignoranz liegen? Es sieht fast so aus, als ob auch Akademiker, Juristen wie Mediziner, gegen rassistische Vorurteile nicht immun wären. Denkbar ist, dass sie sich um kein Jota von der breiten Masse unterscheiden, die einen „Bimbo" erst dann als vollwertigen Menschen akzeptiert, wenn er für ihren Lieblingsverein viele Tore schießt.

Der versteckte Rassismus

Die schizophrene Sicht bleibt nicht auf den Fußball beschränkt. Es spricht viel dafür, dass im Fall K. die rechtsstaatlichen Bremsen kaum versagt hätten, wenn er ein Weißer gewesen wäre – oder wenigstens ein farbiger Rocksänger. Eine bitterböse Erinnerung an den Holocaust drängt sich auf. Warum haben viele Deutsche die Verfolgung der Juden stillschweigend hingenommen? Offenbar sind sie nach und nach an deren Deklassierung gewöhnt worden. Der Abbau aller Tabuschranken ging unmerklich vonstatten. Erst wurden die „Untermenschen" mit dem gelben Stern stigmatisiert, dann kamen sie ins KZ. Da gab es schon keinen mehr, der vor Empörung aufschrie.

Wer sich an die Einteilung der Menschen in solche ersten und solche zweiten Grades gewöhnt hat, zuckt nicht mehr zusammen, wenn die „Parias" wie Aussätzige behandelt werden. Charakteristisch für diesen Verfall der Sitten ist, dass die Deklassierten stumm leiden. Gegen solche Ohnmacht wurde das Grundgesetz als Bollwerk errichtet. Eine Säule, auf der es ruht, ist der Anspruch auf „rechtliches Gehör".

16

LEBENSLANG IM SCHULDTURM
Wenn sich die Vertragsfreiheit in ihr Gegenteil verkehrt

> Es gibt eine Sparte des Rechts, die nicht viel von
> sich hermacht, obwohl sie den Löwenanteil aller
> juristischen Konflikte bewältigt: Das ist die Welt der
> geschriebenen und ungeschriebenen Verträge. Sie
> lebt von der Mär, dass Arme und Reiche auf Augen-
> höhe verhandeln. Zivilrichter müssen die ärgsten
> Folgen dieses Irrtums korrigieren.

Recht kann unbarmherzig sein – etwa wenn es duldet, dass eine
Unterschrift aus Gefälligkeit zum Ruin führt. Eingeweihte kennen
das Risiko. Sie halten sich an den Merkspruch: „Wer bürgt, wird
erwürgt!" Naive, die von dieser Gefahr nie gehört haben, stolpern
unversehens in ihr Unglück, wie Helga Anselment aus Stade. Sie
war 21, als ihr Vater sie zu seiner Hausbank schleppte. Der Senior
verdiente sein Geld als Immobilienmakler. Die Firma florierte.
Er wollte expandieren – und musste deshalb sein Kreditlimit von
50 000 auf 100 000 DM erhöhen.

Dafür verlangte das Geldhaus Sicherheit, und Gerda unterzeich-
nete eine vorgedruckte Bürgschaftsurkunde – dem Vater zuliebe.
Sie tat das ohne Arg, zumal der Bankbeamte sie beruhigt und den
ganzen Vorgang bagatellisiert hatte: „Hier, bitte, unterschreiben Sie
mal, Sie gehen dabei keine große Verpflichtung ein, ich brauche
das für meine Akten."

Später gab der Vater das Immobiliengeschäft auf und wurde
Reeder. Die Bank in der norddeutschen Provinz finanzierte den
Kauf eines Schiffes mit 1,3 Millionen Mark. Als die Geschäfte nicht
so gingen, wie sie sollten, kündigte das Institut alle offen stehenden Kredite (etwa 2,4 Millionen Mark). Die Tochter wurde, wie es
in kühlem Amtsdeutsch heißt, „aus der Bürgschaft in Anspruch
genommen".

Nur allmählich begriff die junge Frau, dass ein harmloser Namenszug den eigenen wirtschaftlichen Tod besiegeln kann. Helga Anselment musste den Schock erst verarbeiten. Dann begann sie zu ahnen, dass sie sich von der Schuldenlast niemals würde befreien können. Sie war Arbeiterin in einer Fischfabrik und verdiente – wenig genug – 1150 DM im Monat (den Euro gab es noch nicht). Wenn sie die Mahnung richtig verstand, sollte sie für 100 000 Mark geradestehen und 8500 Mark Zinsen im Jahr zahlen; das waren mehr als sieben Monatsgehälter.

Sie fühlte sich von der Bank hintergangen. Sie sei, sagt sie, bettelarm gewesen; die Bank habe das gewusst und sie ins offene Messer laufen lassen. Da sie für die Folgen dieser Hinterlist nicht bis ans Ende ihres Lebens büßen wollte, bemühte sie – mit unterschiedlichem Erfolg – alle Instanzen der Zivilgerichtsbarkeit. Schließlich, zehn Jahre nach Beginn der Affäre, stand sie vor der letzten Instanz, dem Bundesverfassungsgericht in Karlsruhe.

Inzwischen hatte sie ein Kind bekommen. Sie lebte als alleinerziehende Mutter von Sozialhilfe und Erziehungsgeld. Ihr Anwalt rechnete dem höchsten Gericht vor: Im Laufe der Jahre sei schon „ein rechnerischer Schuldsaldo in Höhe von 160 000 DM aufgelaufen". Er sehe nicht, dass seine Mandantin „eine derartige Verbindlichkeit jemals ablösen könnte".[1] Damit zielte er auf den Kern des Problems. „Arme" Bürgen sind tatsächlich noch nicht mal in der Lage, die Zinsen aufzubringen, geschweige denn die eigentliche Schuld zu tilgen. Der Berg wächst an; durch die Zinsrückstände verdoppelt und verdreifacht sich im Laufe der Jahre die Summe, für die sie haften müssen.

Sitte und Anstand

Die Konsequenz ist schlimmer als jede Kriminalstrafe. Hier lautet das unausgesprochene Urteil: lebenslänglich in den Schuldturm! Diese Horrorvision mobilisierte das Mitgefühl der Verfassungsrichter. Sie entschieden zugunsten der jungen Frau, aus Gründen, von denen noch die Rede sein wird. Der Prozess lenkte den Blick auf eine unscheinbare Ebene des Rechts – auf eine Sparte, die nicht viel von sich her macht, obwohl sie den Löwenanteil aller juristischen Konflikte bewältigt. Gemeint ist der Bereich, der den Alltag der Menschen beherrscht: die Welt der geschriebenen und ungeschriebenen Verträge.

In erster Linie sind sie es, die das bürgerliche Leben regeln – das Wohnen wie das Arbeiten, aber auch das Produzieren und vor allem das Konsumieren. Genau besehen bestimmen hier die Bürger selbst, wie „ihr" Recht aussehen soll – im Krankheitsfall und bei der Altersvorsorge, bei der Geldanlage und im Sterbefall. Thomas Dieterich, einer der ganz Großen unter den Richtern, hob diesen Aspekt der Selbstbestimmung hervor: „Recht wird im Zivil- und Arbeitsrecht wesentlich durch Vertrag und Tarifvertrag geschaffen, nicht durch Gesetze."[2]

Die Freiheit jedes Bürgers, sein Leben selbst zu gestalten, ist mithin größer, als die meisten ahnen. Aber dieses Miteinander und Gegeneinander steckt auch voller Tücken. Erst im Streitfall zeigt sich zum Beispiel, wie dehnbar Sprache ist. Deshalb schützt das Bürgerliche Gesetzbuch (BGB) vor Willkür: „Ein Rechtsgeschäft, das gegen die guten Sitten verstößt, ist nichtig." Um das festzustellen, bemühen die Richter nicht nur Paragraphen, sondern auch Vorstellungen von Sitte und Anstand. Doch aus dem Reservoir ihrer Gefühle kommen unterschiedliche Antworten. Die einen sagen kühl: Vertrag ist Vertrag, die anderen urteilen warmherzig – zugunsten der Schwachen.

Sklavin der Bank

Einfühlungsvermögen ist wirklich vonnöten. Die These, dass Freie und Gleiche Verträge schließen, gehört immer wieder von Neuem auf den Prüfstand. Wem nützen Verträge wirklich? Beiden Partnern gleichermaßen? Oder immer einem mehr als dem anderen? Wie kommen sie zustande? Indem die Kontrahenten Punkt für Punkt aushandeln? Oder indem der Dominante ein gedrucktes Formular vorlegt, das der andere ohne Wenn und Aber und mit allem, was dazugehört, unterschreiben muss? Und weiß der dann auch, was er tut?

Helga Anselments Anwalt konnte sich auf eine Musterrechnung stützen, die das Oberlandesgericht (OLG) Stuttgart angestellt hatte.[3] Da ging es „nur" um eine Bürgschaft über 25 000 Mark. Eine 25-Jährige hatte für ihren Freund unterschrieben, der dann auf und davon war. Sie verdiente mal 1100, mal 1400 Mark im Monat. Maximal waren in ihrem Fall 154 Mark pfändbar. Bei einer Zinsbelastung von 363,60 DM entstanden so unweigerlich Rückstände von 209,60 DM im Monat, um die sich die Ursprungsschulden vermehrten.

Die Oberlandesrichter errechneten: Bei einem idealen Lebensverlauf (ohne Krankheit, ohne Arbeitslosigkeit, ohne Frühverrentung) hätte die verlassene Geliebte an ihrem 67.Geburtstag, nach vier Jahrzehnten eines armseligen Lebens alle Zinsrückstände getilgt. Jedoch keinen Pfennig mehr: Die Hauptschuld über 25 000 Mark wäre geblieben – und sie bis zu ihrem Lebensende eine Sklavin der Bank.

Die Parallele zu den Mördern

Das düstere Resultat ließ die Stuttgarter Richter nicht ruhen. Sie erinnerten sich an ein wegweisendes Urteil aus Karlsruhe, das sogar Mördern ein Recht auf Hoffnung einräumte. Die höchstrichterliche Botschaft lautete: Selbst der Lebenslängliche müsse „eine konkrete und grundsätzlich auch realisierbare Chance haben, zu einem späteren Zeitpunkt die Freiheit wiedergewinnen zu können". In ihrem Urteil zogen die schwäbischen Oberlandesrichter Parallelen zwischen dem „lebenslänglich" für Mörder und dem „lebenslänglich" für Bürgen: „In der Geldwirtschaft, in der wir leben, sind den Menschen, die auf das Existenzminimum herabgedrückt werden, die allermeisten Freiheiten verbaut."

Dennoch: Das Bild vom modernen Schuldturm, das sensible Kritiker zeichneten, hielten nicht wenige Juristen für sentimentales Geschwätz. Wegen der Frage, ob Gerichte solche Argumente überhaupt zur Kenntnis nehmen sollten, standen sich Jahrzehnte lang zwei Schulen gegenüber. Die eine, die strenge, sagte: Vertrag ist Vertrag. Lange Zeit vertrat auch der Bundesgerichtshof (BGH) diesen Standpunkt: Bürgschaftsverträge könnten „nicht deshalb als sittenwidrig angesehen werden, weil sie voraussichtlich zu einer Überschuldung führten".[4]

Am drohenden Ruin nahmen die Bundesrichter keinen Anstoß. Sie fanden, die geschäftliche Unerfahrenheit eines Bürgers sei „kein Grund, die Kreditinstitute mit Aufklärungs- und Beratungspflichten zu belasten". Ein Volljähriger, unterstellten sie kühn, wisse im Allgemeinen auch ohne besondere Hinweise, „dass die Abgabe einer Bürgschaftserklärung ein riskantes Geschäft" darstelle.

Die versteckten Verträge

Viele Jahre lang, bis zu ihrem Sinneswandel, hielten die BGH-Richter der Geldwirtschaft den Rücken frei: Eine Bank könne, konzedierten sie großzügig, davon ausgehen, „dass derjenige, der eine Bürgschaftsverpflichtung übernehme, die Tragweite seines Handelns kenne und sein Risiko selbstverantwortlich einschätze". Diese Annahme war naiv. Irgendwie schienen die Richter zu glauben, dass der Durchschnittsbürger weiß, was sie wissen. Und sie hatten im Studium gelernt, dass man niemals bürgen sollte – noch nicht mal für seinen besten Freund.

Unwissende und Ungebildete haben, wie sich nicht nur hier zeigte, im Zivilrecht die schlechteren Karten. Sie sind – ohne Ausnahme – dem Diktat von Verträgen unterworfen, immer und überall. Die meisten ahnen nicht einmal, was sie, rechtlich gesehen, vom frühen Morgen bis zum späten Abend eigentlich tun. Kaum einer ist sich im Klaren darüber, dass er am Zeitungskiosk, in der Straßenbahn, beim Tanken, an der Kasse des Supermarkts und bei jedem Einkauf (Ware gegen Geld) ungeschriebene Verträge abschließt. Und die geschriebenen – etwa der mit dem Vermieter oder der mit dem Arbeitgeber – rücken auch erst ins Bewusstsein, wenn etwas schief zu gehen droht.

Die Gutgläubigen merken spätestens dann, worauf sie sich eigentlich eingelassen haben. Wenn sie am Kleingedruckten scheitern, hat das mit einer rechtsphilosophischen Überlieferung zu tun, die mehr als 100 Jahre alt ist. Sie wurde 1886, bei Verabschiedung des Bürgerlichen Gesetzbuches (BGB), geboren. Seitdem geistert sie durch Deutschlands Gerichtssäle. Zum zentralen Gedanken des Zivilrechts wurde eine bequeme, theoretische Konstruktion – das Prinzip der „Vertragsfreiheit". Danach darf jeder mit jedem bis zur Grenze der Sittenwidrigkeit Vereinbarungen treffen.

Diese, auf den ersten Blick bestechende Idee lässt sich indes, logisch gefolgert, nur mit Leben erfüllen, wenn alle Personen oder Personengesellschaften, die miteinander zu tun haben, als Gleiche unter Gleichen angesehen werden – ohne Rücksicht auf ihre Herkunft, ihre Bildung, ihre gesellschaftliche Stellung, ihre wirtschaftliche Macht oder Ohnmacht.

„Schonungslose Ausbeutung"

Schon in der Geburtsstunde des BGB hatte der große Rechtsgelehrte Otto von Gierke vor den Konsequenzen dieser Gesetz gewordenen Utopie gewarnt und das Bild von der „furchtbaren Waffe in der Hand des Starken" und vom „stumpfen Werkzeug in der Hand des Schwachen" gezeichnet. Die vorgebliche Freiheit werde, so prophezeite der Rechtsprofessor 1889, „zum Mittel der Unterdrückung des einen durch den anderen", zum Instrument einer „schonungslosen Ausbeutung" seitens „geistiger und wirtschaftlicher Übermacht".[5]

Für diesen Denkansatz gibt es eindrucksvolle Parallelen: Im Sport etwa ist die Verletzung der Waffengleichheit streng verpönt. Wenn ein Schwergewichtsboxer von zwei Zentnern ein Fliegengewicht von fünfzig Kilogramm k. o. schlüge, würde das Publikum den Ringrichter zum Teufel jagen. Jung und Alt wären sich darüber einig, dass hier ein unfairer Kampf stattgefunden hat. Tatsächlich muss keiner besonders gebildet sein, um zu begreifen, wann Proportionen nachhaltig verletzt werden.

Die Rechtsprechung brauchte mehr als 100 Jahre, um solches Ungleichgewicht zu erkennen, zu beschreiben und juristisch adäquat einzuordnen. Es waren vor allem zwei Typen von Verträgen, die das gesamte Privatrecht in Verruf gebracht hatten: Bürgschaften und Eheverträge. Frauen, verheiratet oder nicht, hatten nichts ahnend für ihre leichtsinnigen Männer gebürgt, junge Leute, gerade mal volljährig geworden, für ihre verantwortungslosen Väter. Alle waren, wie die Banken wussten, am Tag der Unterschrift mittellos – und psychisch erpressbar. Das galt auch für manchen Ehevertrag, etwa wenn ein Zyniker zu seiner schwangeren Freundin sagte: Ich heirate dich nur, wenn du vorher unterschreibst, dass du auf alle deine Rechte verzichtest.

Fürsorge als Bumerang

Der Ort, an dem niemand versucht, andere übers Ohr zu hauen, muss erst noch gefunden werden. Leider bleibt immer der Unbeholfene auf der Strecke. Sein Los erweckt Mitleid. Doch in dieser Solidarität steckt ein Widerhaken – die Tendenz zur Entmündigung. Wer argumentiert, dass einer dem Geschäft nicht gewachsen war und deshalb übervorteilt worden ist, macht ihn automatisch klein. Nichts von dem, was zugunsten des Schwachen vorgetragen wird, ist besonders schmeichelhaft für ihn. Es sind Argumente, die nicht auf Gleichheit, sondern auf Unterlegenheit abzielen – sie unterstellen, dass er zu dumm und zu arm ist, um mithalten zu können.

Jeder Versuch, Menschen besser zu schützen, gerät letztlich zum Nachteil dessen, der Geld braucht. Banken müssen, wenn Sicherheiten ausfallen, dreimal überlegen, ob sie Kredit gewähren – und wenn ja: an wen? Bei Verschärfung der Maßstäbe könne es passieren, so der Bankenfachverband, dass sogar „Kredite für Existenzgründungen" verweigert würden.[6] Andererseits: Jungen Leuten, die normalerweise noch keine besondere Erfahrung mit Geldgeschäften haben und selten bereits mit großen Summen zu tun hatten, fehlt jedes Gespür für die Explosivkraft von Zinsen; ihre Phantasie reicht nicht aus, um sich das Entstehen einer Schuldenlawine vorzustellen. Sie haben Anspruch auf den Schutz der Rechtsordnung. Ebendeshalb fiel das höchstrichterliche Urteil zugunsten von Helga Anselmt auch so deutlich aus. Es war eine Ohrfeige für den Bundesgerichtshof. Den Kollegen sei entgangen, wie weit sich die junge Frau „selbstschuldnerisch für das Unternehmerrisiko ihres Vaters" verbürgt habe – unter Verzicht auf alle Schutzvorschriften des BGB und in einem Umfang, der ihre wirtschaftlichen Verhältnisse weit überstieg.[7]

Mit einem rügenden Unterton an alle Vorinstanzen hielten die Verfassungsrichter fest: Die Tochter habe „praktisch wie eine Teilhaberin ihres Vaters haften" sollen; der fein gesponnene Vertrag sei für die erst 21-jährige Frau, die über keine qualifizierte Berufsausübung verfügte, praktisch undurchschaubar gewesen – vor allem wegen seiner Fußangeln: „Bedeutung und Ausmaß dieses Risikos hätten selbst geschäftlich erfahrene Personen kaum abschätzen können".[8]

Ein sittenwidriger Ehevertrag

In diesen Sätzen kam eine alte juristische Weisheit zum Vorschein. Sie besagt, dass sich aus einer sensiblen, feinnervigen und umfassenden Aufbereitung des Sachverhalts das Urteil quasi von selbst ergibt. Tatsächlich sind den Verfassungsrichtern, so scheint es jedenfalls, die mahnenden und beschwörenden Sätze förmlich in die Feder geflossen – Appelle an das Gerechtigkeitsgefühl in der Gesellschaft ebenso wie Marschbefehle an die Justiz. Die Kollegen der unteren Instanzen dürften sich, wenn der Inhalt des Vertrages für eine Seite ungewöhnlich belastend und als Interessenausgleich unangemessen sei, nicht mit der Feststellung begnügen: Vertrag ist Vertrag.[9]

Wie notwendig gerichtliche Kontrolle ist, zeigte der Text, den eine schwangere Frau unterschrieben hatte, weil sie ihr Kind ehelich zur Welt bringen wollte. Ein infamer Ehevertrag! Der Mann nutzte ihre Notlage schamlos aus; er verpflichtete sich gnädig, im Fall einer Scheidung 150 DM für sein Kind aufzubringen. Sie verzichtete nicht nur auf alle eigenen Ansprüche, sondern stellte ihn obendrein „von allen weitergehenden Unterhaltszahlungen des zu erwartenden Kindes frei".[10]

Es kam zur Scheidung. Der Vater pochte auf den Vertrag. Das Urteil des Oberlandesgerichts Stuttgart, das zu seinen Gunsten

entschieden hatte, wurde vom Bundesverfassungsgericht kassiert.[11]
Die Roten Roben markierten die Grenzen der Privatautonomie.
In „Fällen gestörter Vertragsparität"[12] müsse die Justiz korrigierend eingreifen. Das sei dann der Fall, wenn der Vertrag „eine auf ungleichen Verhandlungspositionen basierende einseitige Dominanz" widerspiegele.

„Eine Situation von Unterlegenheit" sei, so die Verfassungsrichter, „regelmäßig anzunehmen, wenn eine nicht verheiratete schwangere Frau sich vor die Alternative gestellt sieht, in Zukunft entweder allein für das erwartete Kind Verantwortung und Sorge zu tragen oder durch Eheschließung den Kindesvater in die Verantwortung einzubinden".[13]

Es gibt Starke und Schwache

Mit beiden Urteilen – dem zur Bürgschaft und dem zum Ehevertrag – relativierte das Verfassungsgericht die fiktive Annahme, dass sich beim Abschluss von Verträgen immer Gleiche gegenüberstünden. Was ohnehin jeder wusste, was allerdings Rechtslehre und Rechtsprechung (von Ausnahmen abgesehen) nie so recht wahrhaben wollten, hielt die höchste Instanz nun fest – die Binsenweisheit, dass es Starke und Schwache auf dieser Welt gibt. Die passende Botschaft dazu: Mit Rücksicht auf die Garantien der Verfassung dürfe nicht nur das Recht des Stärkeren gelten.[14]

Im Endeffekt brachten die hohen Richter – lange überfällig – Praxis und Theorie zur Deckung. Der profane Geschäftsalltag hielt Einzug in das Recht. Zum angemessenen Interessenausgleich tauge, so die Richter, die Vertragsfreiheit nur, wenn das Kräfteverhältnis zwischen den Partnern ausgewogen ist. „Hat einer der Vertragsteile ein so starkes Übergewicht, dass er den Vertragsinhalt faktisch einseitig bestimmen kann, bewirkt dies für den anderen Vertragsteil Fremdbestimmung." Wenn für den Unterlegenen die Folgen ungewöhnlich belastend seien, müsse die Zivilrechtsordnung darauf reagieren und Korrekturen ermöglichen.

Die Definition der Privatautonomie, die einen wesentlichen Teil des liberalen Rechtsstaates ausmacht, wurde um eine Facette bereichert – ohne die Grundidee zu verändern. Die besagt nach wie vor: Das bürgerliche Recht „überlässt es dem Einzelnen, seine Lebensverhältnisse im Rahmen der Rechtsordnung eigenverantwortlich zu gestalten".[15]

Was Privatautonomie bedeutet, erklärt die Rechtslehre in einfachen Worten: Sie sei „Teil des allgemeinen Prinzips der Selbstbestimmung des Menschen" und gehöre „zu den unverzichtbaren Grundwerten einer freiheitlichen Rechts- und Verfassungsordnung". Oder anders: Freie Menschen gestalten ihr Leben frei. Der Staat soll ihnen so wenig wie möglich dreinreden – und sie trotzdem, wenn nötig, beschützen.

Verstoß gegen die guten Sitten

Einem ausufernden Raubtierkapitalismus setzt schon das Bürgerliche Gesetzbuch Widerstand entgegen. Paragraph 138 bestimmt: „Ein Rechtsgeschäft, das gegen die guten Sitten verstößt, ist nichtig." Wann dieser Fall gegeben ist, sagt die Vorschrift selbst: Wenn sich einer „Vermögensvorteile versprechen oder gewähren lässt, die in einem auffälligen Missverhältnis zur Leistung stehen". Das Gesetz mag nicht, wenn einer die Zwangslage eines anderen ausnutzt.

Typisch für diese Vorschrift sind windige Ratenkreditverträge – also Fälle, in denen der Kreditgeber „die schwächere Lage des anderen Teils bewusst zu seinem Vorteil ausnutzt". Nach Ansicht der Gerichte liegt „ein auffälliges Missverhältnis" vor, „wenn der vereinbarte Zins etwa doppelt so hoch ist wie der Marktzins" oder wenn er den Marktzins „absolut um mehr als 12 Prozent übersteigt" (21 Prozent statt 9 Prozent).

Wenn sie Fälle dieser Art zu entscheiden haben, bemühen die Gerichte die Alltagssprache und sprechen vom „Anstandsgefühl aller billig und gerecht Denkenden". Maßstab für ihre Urteile ist die „herrschende Rechts- und Sozialmoral", die allerdings zwangsläufig einem Wandel unterliegen. Kommentare nennen dazu ein Beispiel: „Die frühere Vorstellung, dass außereheliche geschlechtliche Beziehungen grundsätzlich sittenwidrig seien, ist durch einen

Wandel des gesellschaftlichen Bewusstseins überholt" – einen Wandel, den auch veränderte Gesetze und veränderte Rechtsprechung bewirkt haben. Seither gilt jedenfalls die Vermietung „eines Doppelzimmers an Nichtverheiratete" nicht mehr als anstößig.

Den Schwachen zu schützen und den Starken nicht unnötig einzuengen, das ist die Gratwanderung, die das Recht immer wieder bewältigen muss. Der Gesetzgeber dürfe, so das Bundesverfassungsgericht, „offensichtlichen Fehlentwicklungen nicht tatenlos zusehen".[16] Andererseits: „Er muss dann aber beachten, dass jede Begrenzung der Vertragsfreiheit zum Schutze des einen Teils gleichzeitig in die Freiheit des anderen Teils eingreift."

Mann gegen Mann

Der Kampf um die Bankbürgschaften war jahrzehntelang ein Dauerthema in Deutschlands Gerichtssälen. Die Fronten verliefen zwischen den Instanzen, den unteren wie den oberen. Es war – wie im Drama – ein Kampf Mann gegen Mann: Der strangulierte Bürge wehrte sich gegen den Zugriff eines Bankdirektors, der Richter, der ihm helfen wollte, argumentierte gegen den Kollegen, der am Althergebrachten festhielt. Der Streit war nicht nur beispielhaft für den Wettstreit der Gefühle – er ließ sich sogar an einzelnen Personen festmachen (jeweils an einem Vorsitzenden im BGH und beim OLG Stuttgart).

Der Juristenstreit wurde auf dem Rücken der Bürger ausgetragen. Beide Schulen stritten um die Deutungshoheit. Natürlich waren die Wortführer des einen wie des anderen Lagers fest davon überzeugt, die einzig richtige juristische Position zu vertreten. „Fest davon überzeugt" hieß: Sie waren ihrer Gefühle sicher. Wer mehr über diese Gefühle erfahren will, tut gut daran, sich die unbestreitbaren Fakten anzusehen, mit denen die BGH-Richter in Sachen Anselment zu tun hatten.

Den Text des Paragraphen 138 BGB über die Rechtswidrigkeit von Geschäften mussten sie nicht eigens erfinden. Er lag auf ihrem Tisch. Gegen die guten Sitten verstoße, so konnten sie nachlesen, wer die „Unerfahrenheit" eines anderen ausnutze, oder auch seinen „Mangel an Urteilsvermögen". Schon der Banker in Stade hätte erkennen können, dass die 21-Jährige, die vom Fließband in der Fischfabrik an seinen Schalter kam, geschäftlich unerfahren war. Die BGH-Richter hätten diesen Umstand erkennen müssen – darüber hinaus noch einen Mangel an Urteilsvermögen. Womöglich befand sich die Tochter, die den Vater nicht im Stich lassen wollte, sogar in einer „Zwangslage".

Betriebsblinde Bundesrichter

Fakten, die ein Rechtsgeschäft nichtig (also ungeschehen) machen, lagen mithin in Hülle und Fülle auf dem Richtertisch. Es bedurfte keiner intellektuellen Verrenkungen, um dies festzustellen – eher schon, um (wie geschehen) das gegenteilige Ergebnis zu begründen. Der Widerspruch war mit Händen zu greifen. Während das BGB Geschäfte, die unter Ausbeutung von Unerfahrenheit zustande kamen, ausdrücklich für rechtswidrig erklärt, sahen die Bundesrichter in ebendieser „geschäftlichen Unerfahrenheit" keinen Hinderungsgrund.[17]

Vorsichtig ausgedrückt: Sie haben die Möglichkeiten, die das BGB bietet, nicht wahrgenommen – im doppelten Sinne: nicht verwendet und nicht gesehen. Weniger schmeichelhaft gesagt: Sie haben sich über eine klare und unmissverständliche Vorschrift hinweggesetzt. Objektiv gesehen, ist das Rechtsbeugung. Doch vermutlich hat keiner der honorigen Akteure mit Vorsatz gehandelt. Bleibt nur ein subjektiver Befund: pathologische Betriebsblindheit oder Déformation professionelle.

Unter das Rubrum „Lebenslüge der Juristen" fiele die Annahme, dass der Spruch des Verfassungsgerichts den Konflikt ein für alle Mal gelöst hätte. Beantwortet ist nur die Frage, ob und wann Bürgschaften als rechtswidrig anzusehen sind. Wann wer warum gegen die guten Sitten verstößt, bleibt ein Thema, über das Richter von Fall zu Fall neu nachdenken müssen.

Diese Aufgabe beschrieb Professor Günter Hirsch (BGH-Präsident bis Januar 2008). Er sagte in einem Interview mit der „Zeitschrift für Rechtspolitik" (ZRP): Ein Richter dürfe „das Gesetz nicht umschreiben", also nicht neu formulieren, aber es sei ihm gestattet, Lücken zu füllen; auch Gesetze unterlägen „einem Alterungsprozess", es sei Aufgabe des Richters, „sie der geltenden Werteordnung entsprechend zu interpretieren", notfalls sogar „fortzuschreiben".[18] Hirsch skizzierte den Idealtyp des Richters: „Er betreibt keine Selbstverwirklichung, sondern verhilft dem Sollen zum Sein."

DIE FOLTERINSTRUMENTE DER ZENSUR
Wie Journalisten behindert und Bürger
bevormundet werden

> Deutschlands Staatsdiener sitzen im Glashaus –
> und jeder darf reinschauen. Die drei Gewalten
> kontrollieren sich gegenseitig: Abgeordnete die
> Regierung, Minister ihre Behörden, Gerichte die
> Rechtmäßigkeit staatlichen Handelns. Alle mit-
> einander müssen den aufmerksamen Blick der
> Öffentlichkeit aushalten. Sie tun das nur ungern.

Wer jemals Angst beim Fliegen hatte, weiß den Bordlautsprecher
zu schätzen – und einen Richterspruch. Die Weisen von Karlsruhe
sagen: „Es gehört zu den elementaren Bedürfnissen des Menschen,
sich aus möglichst vielen Quellen zu unterrichten".[1] Wohl wahr!
Bescheid zu wissen ist fast so wichtig wie Essen und Trinken. Und
es beruhigt – etwa den Fluggast, wenn er hört, dass die Turbulen-
zen harmlos sind.

Dann wird das Mikrophon im Cockpit zur Radiostation und der
Flugkapitän zum Nachrichtensprecher. Ein versierter Pilot erklärt
seinen Passagieren, wie lange die Schüttelpartie noch dauern wird.
Wenn er Entwarnung gibt, lehnen sich alle entspannt zurück. Besser lässt sich kaum darstellen, wozu Informationen gut sind. Sie
dienen der Orientierung. Darum steckt die Welt auch voller Sender und Empfänger, die miteinander kommunizieren – über den
Äther, auf bedrucktem Papier, durch vereinbarte Signale. Töne
und Zeichen – wie Notruf, Staumeldung oder Sturmwarnung –
sind Urformen der Nachricht. Sie sorgen dafür, dass sich die Menschen im Labyrinth des Alltags nicht verirren.

Was einst die Buschtrommel besorgte, erledigen heute die
Medien: Fernsehen, Rundfunk und Presse. Weil ihre Bedeutung
nicht hoch genug eingeschätzt werden kann, haben die Väter und

Mütter der Verfassung in Artikel 5 des Grundgesetzes (GG) „die Pressefreiheit" verankert. Sie dachten dabei nicht nur an die Produzenten von Nachrichten, sondern auch an die Konsumenten: Denen wurde ein Pendant zur Pressefreiheit gewährt – die „Informationsfreiheit".

Das heißt im Umkehrschluss: Wann immer die Presse geknebelt wird, ist auch der Bürger unmittelbar betroffen. Ihm werden Informationen vorenthalten. Der Staat, der gegen die Medien vorgeht, vergreift sich gleich an zwei Freiheitsrechten: Er behindert den Journalisten, und er bevormundet den Leser. Das passiert leider allzu oft. Am 12. September 2005 war es wieder mal so weit. Diener des Staates benahmen sich wie die Schurken in einem Räuberroman.

Ort des Geschehens: Valentinswerder, eine kleine Wohninsel im Tegeler See zu Berlin. Dort durchkämmten Uniformierte ein Haus. Sie hatten es vorher ausgespäht, erobert und dann kriegerisch besetzt. Zielobjekt war der Journalist Bruno Schirra. Die Wühlarbeit dauerte acht Stunden. Dann zogen die Eindringlinge mit reicher Beute von dannen. Sie ließen das gesamte schriftliche und elektronische Archiv mitgehen, 15 Kisten.[2]

Naiv oder infam?

Anschließend überfielen sie in Potsdam die Redaktion der politischen Monatszeitschrift „Cicero", für die Schirra schreibt. Er hatte im Aprilheft eine Studie über den weltweit verfolgten jordanischen Qaida-Terroristen Abu Mussad al-Sarkawi veröffentlicht. Schirras Quelle ließ sich bis ins Bundeskriminalamt (BKA) verfolgen. Die Razzien sollten – so hofften die Fahnder – Aufschluss über die undichte Stelle in der Behörde bringen. Wer immer die Mammutaktionen ausgeheckt hatte, war naiv oder infam. Naiv, weil 269 Personen im BKA Zugang zu den „Papieren" hatten; infam, weil das Ganze offenbar nur der Einschüchterung von Journalisten dienen sollte, was einer Zensur durch die Hintertür gleichkam.

Pressefreiheit ist, wie sich hier wieder zeigt, ein zartes Pflänzchen. Regierende pflücken es gern. Sie scheuen öffentliche Kritik und möchten jede Publikation, die ihre Kreise stört, am liebsten verbieten. Doch da ist ihnen das Grundgesetz im Wege. Es erlaubt und fördert die uneingeschränkte Weitergabe von Fakten und Meinungen. Machthaber versuchen, die Garantie zu unterlaufen – sie erklären alles zum Geheimnis.

Und wittern überall Verrat. Sobald Verdacht aufkommt, nehmen Staatsanwälte wie Spürhunde die Fährte auf. Ihr – einstweilen – letzter Trick: Weil der Beamte, der geredet hatte, nicht zu ermitteln war, manipulierten sie das Strafrecht und ernannten den Reporter kurzerhand zum Teilnehmer der Straftat. Sie verfolgten nicht den „Verräter", sondern seinen Gesprächspartner – und verletzten damit das Prinzip der Verhältnismäßigkeit.

Denn: Wer einem Journalisten die Unterlagen wegnimmt, hebelt den Quellenschutz aus – und macht damit das Zeugnisverweigerungsrecht zur Illusion. Wenn sich der Informant auf die Anonymität, die ihm zugesichert worden ist, nicht mehr verlassen kann, ist jedes Vertrauen dahin. Er und andere werden, durch Schaden klug geworden, mit keinem Reporter mehr sprechen. Staatsanwälte, die glauben, dass sie mit ihrem Tun dem liberalen Rechtsstaat dienen, belügen sich selbst. Was mit „Cicero" passierte, war kein Ausrutscher. In zwölf Jahren gab es mehr als 150 Beschlagnahmeaktionen – 150-mal Willkür. Denn es kam in keinem einzigen Fall zur Verurteilung des verdächtigen Journalisten.[3]

Der gefährlichste Mann der Welt

Im Fall „Cicero" ging es um brisante Informationen. Schirra schrieb, Sarkawi gelte in internationalen Geheimdienstkreisen als der „zurzeit tatsächlich gefährlichste Mann der Welt". Osama bin Laden stehe nur noch „für eine Idee", er sei ein „Mythos", Sarkawi hingegen „der Mann der Tat", der sich bemühe, „künftig mit chemischen Kampfstoffen seine Terrorangriffe durchzuführen".[4] (Sarkawi wurde inzwischen getötet.)

Im Zentrum der Affäre standen zwei unversöhnliche Positionen. Waren die Erkenntnisse des BKA über den Topterroristen ein Staatsgeheimnis, das bei Androhung von Strafe gehütet werden musste? Oder hatten die Bürger vielleicht sogar einen Anspruch darauf, über drohende Gefahren aufgeklärt zu werden? Statt abzuwägen, machte sich der damalige Innenminister Schily zum Wortführer der Anklage: „Beihilfe zum Geheimnisverrat" – kein Pardon für Journalisten, die sich geheime Papiere wie „eine Trophäe" ansteckten und damit die Arbeit des Staates behinderten.[5]

Heribert Prantl konterte in der „Süddeutschen Zeitung": „Der Gebrauch der Grundrechte gerät in den Augen von Politikern zum Missbrauch, wenn das Ergebnis des Grundrechtsgebrauchs ihnen nicht passt."[6] Nicht nur Prantl – die gesamte Presse erklärte sich mit Schirra solidarisch, mit einer Ausnahme. Robert Leicht fand in der „Zeit", die Verletzung von Dienstgeheimnissen sei nur tolerabel, „wenn anders keine Möglichkeit gegeben ist, einem politischen oder behördlichen Skandal auf die Spur zu kommen."[7] Schirras Artikel lasse „nicht einmal in Andeutungen erkennen, dass er einen Skandal aufdecken wollte".

Geheimhaltung oder Transparenz?

Leicht kann deshalb keinen „Anschlag auf die Pressefreiheit" erkennen. Doch da greift er zu kurz. Wenn im Grenzbereich zwischen Geheimhaltung und Transparenz das Aufdecken eines Skandals die einzige Legitimation für eine Publikation wäre, bliebe von der Pressefreiheit nicht viel übrig. Zwar findet sie ihre Schranken in den Vorschriften der allgemeinen Gesetze, doch das Verfassungsgericht hat den Bogen des Zulässigen weit gespannt – und stets an das Übermaßverbot erinnert.

Auf keinem Gebiet des Rechts klaffen Theorie und Praxis so weit auseinander wie bei der Pressefreiheit. Es gehört zu den Lebenslügen der Juristen, dass sie diesen Zwiespalt nicht wahrhaben wollen. Offensichtlich ist, dass der rüde Umgang mit Journalisten und das vollmundige Versprechen in der Verfassung nicht zueinander passen. Im Fall Schirra war die Zensur besonders ärgerlich. Der Bürger will, wenn Terror droht, über mögliche Gefahren aufgeklärt werden. Das hat Schirra versucht – und sich damit einer bewährten angelsächsischen Tradition angenähert, die im Zweifel den

Abdruck jeder Nachricht erlaubt. Nicht von ungefähr lautet das Credo der „New York Times": „All the News That's Fit to Print".

Deutsche Staatsorgane pflegen eine gegenläufige Tradition. Sie möchten am liebsten, dass nichts vom dem, was sie tun, an die Öffentlichkeit dringt. Deshalb versehen sie nahezu jeden Vorgang mit Stempeln wie „Streng vertraulich" oder „Geheim". Das versetzt sie in die Lage, jeden Beamten, der etwas von seiner Arbeit erzählt, und jeden Journalisten, der darüber berichtet, erst mal zu verfolgen. Die Prangerwirkung reicht. Wer das bezweckt, will Untertanen dressieren.

Die Methode ist zwar primitiv, aber die Fahnder bedienen sich ihrer ohne Scham. Der Versuch, Journalisten auf diese Weise mundtot zu machen, hat in Deutschland eine traurige Tradition. Sie begann 1962 mit einer Nacht- und- Nebelaktion in Hamburg. Was damals geschah, ist als „Spiegel"-Affäre in die Annalen der Republik eingegangen. Eine Armee von Polizisten überfiel und besetzte das Zeitungsgebäude, legte die Arbeit des Blattes still und verhaftete führende Redakteure – allen voran: Rudolf Augstein.

Ohne die Solidarität vieler konkurrierender Zeitungen und ohne eine Welle öffentlicher Empörung wäre die Zeitschrift am Ende gewesen. Die Razzia war generalstabsmäßig organisiert. Sie sollte Schlimmes aufdecken: den Verrat von Staatsgeheimnissen. Als Vorwand diente ein Artikel, in dem das Hamburger Nachrichtenmagazin bekannte und unbekannte Schwächen der Bundeswehr unter der Überschrift „Bedingt abwehrbereit" zusammengefasst hatte.

Augstein erinnert sich: „Es war eine Staatsaktion, höchst geheim vorbereitet, initiiert vom Verteidigungsminister Strauß und seinem Kanzler Adenauer."[8] Der nahm im Bundestag das Urteil vorweg: „Ein Abgrund von Landesverrat!" Die geballte Regierungsmacht hatte zugeschlagen. Ihr Ziel: Sie wollte die Ärgsten ihrer Kritiker ein für alle Mal aus dem Verkehr ziehen. „Auf das, was man uns vorwarf", so Augstein, „stand Zuchthaus, fünf Jahre, zehn Jahre, im Höchstfall lebenslang." Das Wort „Landesverrat" war auf dem Höhepunkt des Kalten Krieges „eine Keule, mit der man zuschlagen konnte".

Doch der Rechtsstaat funktionierte – zwar nicht auf Anhieb, sondern im Stottergang, doch dann mit ziemlicher Effizienz. Der Bundesgerichtshof lehnte die Eröffnung eines Hauptverfahrens ab, Augstein und seine Mitstreiter wurden außer Verfolgung gesetzt. Das Bundesverfassungsgericht konnte sich zwar nicht dazu durchringen, den Missbrauch der staatlichen Gewalt zu verurteilen, vier Richter waren dafür, vier dagegen. Doch die Garantieerklärung für die Pressefreiheit erfolgte einstimmig – sie schützt seitdem die Medien vor Übergriffen.

Die „Spiegel"-Affäre ist ein Demonstrationsbeispiel für das Wirken eines Geflechts gegenseitiger gesellschaftlicher Kontrollen. Unabhängig von der Strafverfolgung war (juristisch wie politisch) umstritten, ob es sich bei der Kritik der Zeitschrift an den Schwächen der Bundeswehr um einen zulässigen Tabubruch oder um eine unzulässige Straftat handelte – um die Inanspruchnahme des Grundrechts auf Meinungsfreiheit oder um schändlichen Landesverrat? Oder anders: Hatten die Redakteure des Nachrichtenmagazins die Grenzen der legitimen öffentlichen Kontrolle überschritten?

Wer kontrolliert wen?

In einer späteren Phase kam dann die allein zuständige Kontrollinstanz zum Zuge: der Bundesgerichtshof (BGH). Er überprüfte neben anderem, ob die unteren Organe der Justiz (Polizei, Staatsanwaltschaft und Ermittlungsrichter) bei der Strafverfolgung korrekt vorgegangen waren. Der Verdacht gegen das aufmüpfige Blatt wurde gewogen und für zu leicht befunden, das Strafverfahren gegen Augstein und seine Mitarbeiter eingestellt. Übrig blieb die Erkenntnis: viel Lärm um nichts.

Auf einer noch höheren Ebene der Kontrolle, beim Bundesverfassungsgericht (BVerfG), kamen die Prinzipien der Kontrolle selbst auf den Prüfstand: Was darf die Presse? Wie viel Kritik muss der Staat hinnehmen? Die höchstrichterlichen Antworten schufen eine Klarheit, an der nicht mehr zu deuteln war. Sie besagten, dass die Pressefreiheit das demokratische Staatswesen in Gang hält und deshalb der besonderen Fürsorge und rechtlichen Absicherung bedarf.

Auch das Wechselspiel wurde deutlicher: Zum einen haben die drei Gewalten (Legislative, Exekutive und Judikative) das Recht und die Pflicht, sich gegenseitig zu kontrollieren – Abgeordnete die Regierung, Minister ihre Behörden, Gerichte die Rechtmäßigkeit staatlichen Handelns. Zum anderen müssen alle drei Gewalten den aufmerksamen Blick der Öffentlichkeit aushalten. Und es gibt keinen Grund, der die „Diener" des Staates (Politiker, Beamte, Richter) berechtigen würde, sich dieser öffentlichen Kontrolle zu entziehen. Sie sitzen im Glashaus – und jeder darf reinschauen.

Die blamierte Justiz

Wie das System von Kontrolle und Gegenkontrolle funktioniert, ist in Karlsruhe zu besichtigen: Der BGH verurteilt Boulevardzeitungen zu hohen Schadensersatzleistungen oder zum Widerruf, wenn sie Dichtung und Wahrheit nicht voneinander unterscheiden, etwa Interviews frei erfinden. Das Verfassungsgericht greift ordnend in die Gestaltung des Fernsehens ein – und erinnert daran, namentlich die „Privaten", dass ihre Programme nicht nur unterhalten dürften, sondern auch informieren müssten. Die in Karlsruhe akkreditierten Medienvertreter schließlich gehen mit dem höchsten Gericht ins Gericht, wenn es der Versuchung erliegt, Politik zu machen, statt Recht zu sprechen. Alle Beteiligten haben sich an die verteilten Rollen gewöhnt und gelernt, die kritische Legitimation des jeweils anderen zu respektieren.

Die „Spiegel"-Affäre von 1962 zeigt allerdings auch, wie leicht es ist, die Gewaltenteilung außer Kraft zu setzten. Ein Verteidigungsminister, der kritische Journalisten zur Strecke bringen wollte, zog im Hintergrund die Fäden – und alle Staatsorgane knickten ein: der Chef des Bundeskriminalamtes ebenso wie der Generalbundesanwalt und auch der Ermittlungsrichter des BGH. Am Schluss standen alle als Blamierte da. Augstein im Jahr 2002: „1968 konnte man noch nicht ganz sicher sein, dass sich die ‚Spiegel'-Affäre nicht wiederholen würde. Heute ist das sicher."

So sah es tatsächlich lange aus. Doch Augstein war, wie die „Cicero"-Affäre zeigt, zu optimistisch. Zwar hat die Rechtsprechung den Begriff des Landesverrats modifiziert und eingegrenzt. Kein Staatsanwalt würde heute leichtfertig ein ominöses Delikt anklagen, das in jenen Tagen „publizistischer Landesverrat" hieß. Doch Not macht erfinderisch. Nun behelfen sich Strafverfolger mit einem weniger spektakulären Schlagwort: Beihilfe zur Verletzung von Dienstgeheimnissen.

Das Gebäude der Pressefreiheit

Die „Spiegel"-Affäre setzte Kräfte frei, die vorher im Verborgenen geschlummert hatten. Seit dem Überfall von 1962 wissen nicht nur die Intellektuellen, sondern auch die meisten Durchschnittsbürger, was Pressefreiheit eigentlich bedeutet. So gesehen hatte der Rechtsbruch, der die „Spiegel"-Affäre auslöste, auch sein Gutes. Der Skandal schärfte die Sinne – und setzte die umfangreiche Rechtsprechung des Verfassungsgerichts zur Pressefreiheit in Gang.

Die Möglichkeit, Ideen und Informationen verbreiten zu können, die den Herrschenden schaden oder missfallen, verdanken Deutschlands Publizisten einem „case law", das den Usancen der Angelsachsen nahe kommt – einem am Einzelfall entwickelten Recht. Das Gebäude der Pressefreiheit ist Stein für Stein errichtet worden. Es besteht aus einer Summe von Karlsruher Musterurteilen.

Sie alle zusammen definieren das deutsche Presserecht, wie es hier und heute gilt. Um das Resümee vorweg zu nehmen: Es erlaubt harte Kritik, es erlaubt zugespitzte Sprache, es erlaubt Entlarvungen und Enthüllungen.

Kein Wunder, dass die Demaskierten um sich schlagen und ihre Kritiker verteufeln – als „Ratten und Schmeißfliegen", wie Franz-Josef Strauß, als „Pintscher", wie Ludwig Erhardt, als „Schweinejournalisten", wie Oskar Lafontaine oder als „Hanseln", wie Otto Schily. Mancher Politiker würde manchen Kritiker gern aus dem Verkehr ziehen.

Die Geschichte lehrt: Es kann schlimmer kommen. Hitler ließ sogenannte entartete Literatur auf dem Scheiterhaufen verbrennen. Publizistische Gegner wie Eugen Kogon oder Carl von Ossietzky landeten im KZ. Stalin verbannte lästige Autoren wie Alexander Solschenizyn nach Sibirien.

Sublime Formen der Unterdrückung

Solche Barbarei verstellt den Blick für die sublimen Formen der Unterdrückung, die wie Unkraut wuchern. Sie lassen sich – dem Rechtsstaat sei Dank – mit den mörderischen Aktionen der Diktatoren nicht vergleichen. Doch auch Demokraten wissen sich ihrer Kritiker zu erwehren – auf raffinierte Weise. Sie üben gesellschaftlichen oder ökonomischen Druck aus, sie drohen mit Prozessen und Strafen, sie versuchen, missliebige Journalisten auszugrenzen oder gar ihre Existenz zu vernichten.

Dieser Tendenz, Kritik im Keim zu ersticken und Neugierige abzuschrecken, begegnen aufgeklärte Staaten mit Verfassungsgarantien. Das Zensurverbot etwa ist ein Reflex auf die Hitlerdiktatur. Auch die Informationsfreiheit verdankt ihre Aufnahme ins Grundgesetz den Informationsbeschränkungen der Nazis. Die Verfassungsrichter erinnern an staatliche Meinungslenkung, an Abhörverbote für ausländische Rundfunksender und an Literatur- und Kunstverbote unter dem NS-Regime.[9]

Im Großen und Ganzen haben sich die guten Vorsätze bewährt. Die Medien taten ihr Bestes – und bewiesen, dass ohne Pressefreiheit das politische Leben ersticken und nur noch Friedhofsruhe herrschen würde. Wenn es das Grundrecht und die Karlsruher Rechtsprechung nicht gäbe, wäre kein einziger Skandal aufgedeckt worden. Bösewichter, die ihr Schicksal von selbst ereilt, und Minister, die freiwillig ihren Hut nehmen, kommen nur im Märchen vor.

Der Milliardär Flick hätte die Parteien ungehindert schmieren, die Wohnungsbaugesellschaft Neue Heimat und andere Großkonzerne ihren dunklen Geschäften weiter nachgehen können, Uwe Barschel wäre immer noch die Lichtfigur der norddeutschen

Christdemokraten, Helmut Kohl hätte sich nicht für seine Rechtsbrüche öffentlich verantworten müssen und Sozialdemokraten, die mancherorts im Filz ersticken, könnten ungeniert mit der Parole „Arm, aber ehrlich!" werben.

Die Presse- und Meinungsfreiheit ist der Stachel im Fleisch der Demokratie. Nach Ansicht des Verfassungsgerichts ist sie „schlechthin konstituierend" für einen liberalen Staat. In einer Gesellschaft, die Zensur verbietet, müssen alle Amtsträger damit rechnen, dass die in der Verfassung verankerten „drei" Gewalten von einer „vierten" kontrolliert werden – der Presse.

Im einstimmig verabschiedeten Teil des „Spiegel"-Urteils wurden aus Untertanen Bürger. Der gedachte Adressat des Gerichts war eine Kunstfigur, mit der Juristen gern jonglieren: der mündige, um Verständnis bemühte Bürger. Manches, was die Karlsruher Richter sagen, wirkt so, als ob sie um einen Dialog mit diesem Idealbürger bemüht wären. Ihm wollen sie beibringen, dass eine Gesellschaft ohne freie Rede verdorrt; dass der Mensch, wenn ihm Informationen vorenthalten werden, wie im Nebel umherirrt; dass dort, wo Nachrichten fehlen, Gerüchte gedeihen.

Ohne Kenntnis aller Pro- und Contra-Argumente verkommt das Wahlrecht des Bürgers zur Bedeutungslosigkeit. Diese Idee zieht sich wie ein roter Faden durch die Rechtsprechung. Das Gericht hat eine Gesellschaft vor Augen, die den neugierigen und lebendigen Diskurs pflegt. Da werben Politiker für ihre Sache, und Wähler hören zu: „Die Argumente klären sich in Rede und Gegenrede, gewinnen deutliche Konturen und erleichtern so dem Bürger Urteil und Entscheidung."[10]

Die orientierende Kraft

Es ist ein Verdienst dieses wegweisenden Urteils, dass hier vielfältige Funktionen einer freien Presse beschrieben werden: Nach Karlsruher Ansicht hält sie die „ständige Diskussion in Gang; sie beschafft die Informationen, nimmt selbst dazu Stellung und wirkt damit als orientierende Kraft in der öffentlichen Auseinandersetzung". Sie fungiert „zugleich als ständiges Verbindungs- und Kontrollorgan zwischen dem Volk und seinen gewählten Vertretern".[11] Die wiederum könnten sich „ständig am Maßstab der im Volk tatsächlich vertretenen Auffassungen messen".

Das fein austarierte System ist auf „eine freie, nicht von der öffentlichen Gewalt gelenkte, keiner Zensur unterworfene Presse" angewiesen. Sie sei, meinen die Richter, „ein Wesenselement des freiheitlichen Staates" und „für die moderne Demokratie unentbehrlich".[12] Daraus ergibt sich nach höchstrichterlicher Ansicht eine Pflicht des Staates: Er muss überall dort, „wo der Geltungsbereich einer Norm die Presse berührt, dem Postulat ihrer Freiheit Rechung" tragen – also bei der Recherche, bei der Verbreitung von Nachrichten, bei der Akzeptanz unbequemer Meinungen, beim Informantenschutz und beim Redaktionsgeheimnis.

Das ist die edle Theorie. In der Praxis geht es meist hemdsärmelig zu. Staatsdiener und Journalisten kommen sich bei ihren Recherchen immer wieder in die Quere. Beide suchen nach einem Geheimnis: der Reporter nach Fakten, deren Publikation die Obrigkeit unterdrücken möchte, Staatsanwälte nach der „undichten Stelle" im Behördenapparat, nach Beamten, die geplaudert haben.

Wenn die widerstreitenden Interessen aneinandergeraten, sprühen die Funken. Aktion und Reaktion wechseln in schneller Abfolge. Das Vorgehen beider Seiten wird spontaner – und damit weniger kalkulierbar. Was passiert, ist kaum noch Sache des Rechts, eher eine Variante der Spieltheorie, die mit Zufällen operiert. Beide Seiten schaukeln sich hoch und überschreiten ihre Grenzen: Journalisten, indem sie kein Staatsgeheimnis respektieren, Staatsanwälte, indem sie bei ihren Eingriffen in die Pressefreiheit das Übermaßverbot ignorieren. Sie verletzen dabei, was immer wieder vergessen wird, auch ein Grundrecht des Bürgers. Seine „Informationsfreiheit" steht, wie das Verfassungsgericht betont, „gleichwertig neben der Meinungs- und Pressefreiheit".[13]

Doch der Staat setzt sich, wenn es ihm opportun erscheint, über alle Prinzipien hinweg. Das einzig Versöhnliche an solchen Rechtsverstößen ist, dass sie dem Publikum oft eine wegweisende Entscheidung der Verfassungsrichter bescheren. In Sachen „Cicero" bestätigten sie am 27. Februar 2007 die Prinzipien des „Spiegel"-Urteils: Derlei Razzien seien „verfassungsrechtlich unzulässig, wenn sie ausschließlich oder vorwiegend dem Zweck dienen, die Person des Informanten zu ermitteln".[14] Heribert Prantl kommentierte: Die „Spiegel"-Affäre sei das „demokratische Fegefeuer der jungen Bundesrepublik" gewesen: „Damals kam der Ruf auf, mehr Demokratie zu wagen. Heute geht es darum, Demokratie zu sichern."[15] Karlsruhe habe „das Seine getan", das „Übrige müssen die Medien selbst tun".

Es liegt in der Natur solcher Urteile, dass sie zunächst mal nur die Juristen und die Betroffenen elektrisieren. Sogar Skandale wie die „Spiegel"- oder die „Cicero"-Affäre vermitteln dem Bürger nur indirekt, was auch für ihn auf dem Spiel steht. Er muss quasi um die Ecke denken: erst „Cicero", dann ich … Richtig ermessen kann er das Ausmaß von Bevormundungen erst dann, wenn sie ihn selbst betreffen.

Fußball: Geld ist geil!

Auf Anhieb kann der Normalverbraucher mit den Begriffen, um die es hier geht, wenig anfangen. Mit Zensur hatte er noch nie zu tun. Pressefreiheit, glaubt er, geht nur die Presse etwas an. Und wenn er selbst gegängelt wird, denkt er an alles Mögliche, nur nicht an einen Angriff auf seine Informationsfreiheit. Doch neuerdings hat er Gelegenheit, sich mit den Begriffen zu identifizieren – in seiner Eigenschaft als Fußballfan. Ihm wird die Freizeit vermiest: Wenn er „große" Spiele sehen will, muss er ständig ins Pay-TV wechseln.

Die Dirigenten des Bezahlfernsehen wollen „Exklusivität". Ihre Chancen stehen nicht schlecht. Die Sportmanager sind willig. Premiere-Chef Georg Kofler etwa wünschte sich ungeniert, dass „die Berichterstattung im frei empfangbaren Fernsehen eingeschränkt" wird. Und Millionen enttäuschten Zuschauern zeigte er die kalte Schulter: „Ich habe die Menschenrechts-Charta der Uno studiert. Da steht nicht drin, dass Fußball um 18 Uhr zu sehen sein muss."[16]

Wie sind solche Strategien zu bewerten? Ist die Dosierung von Informationen nur verwerflich, wenn Politiker die Wahrheit unterdrücken wollen? Oder auch dann, wenn Sportmanager Übertragungsrechte an Medienmanager verhökern – und Millionen Fußballfreunde verschaukeln? Zwischen einer Zensur und dieser „Entziehungskur" besteht nur ein gradueller Unterschied. In dem einen Fall wird Information unterbunden, in dem anderen wird sie rationiert. Anders gesagt: Der „Aspekt des Auswählenkönnens",[17] den die Verfassungsrichter für ein unabdingbares Element der Informationsfreiheit halten, wird der Parole „Geld ist geil" geopfert.

GLAUBENSFREIHEIT FÜR UNGLÄUBIGE
**Wenn der Bundestag unter dem Niveau
des Verfassungsgerichts bleibt**

> Ein Abgeordneter vertritt das „ganze Volk". Und
> wen sonst noch? Gibt es neben seiner Partei, die
> ungeniert „Fraktionszwang" ausübt, noch andere
> Befehlszentralen? Eine Kirche? Eine Gewerkschaft?
> Oder einen Konzern, der ihn, was hässlich, aber
> nicht verboten ist, fürstlich entlohnt? Was ist er
> wirklich – Volks- oder Interessenvertreter?

„Sie müssen sofort ins Krankenhaus", warnte der Hausarzt, „ohne
Bluttransfusion werden Sie sterben". Elisabeth Faller, die am frühen Morgen desselben Tages ihr viertes Kind daheim zur Welt
gebracht hatte, schüttelte den Kopf. Sie war der Überzeugung, dass
der Mensch dem Allmächtigen nicht in den Arm fallen darf. Ihr
Bekenntnis erlaubte nur das Gebet. Von Walter Faller, dem Ehemann und Vater der Kinder, erhielt der Arzt keine Unterstützung.
　Das Paar gehörte der religiösen Vereinigung „Evangelischer
Brüderverein" an. Walter Faller glaubte, wie seine sterbende Frau,
„dass, wenn Gott nicht helfe, auch menschliche Hilfe vergeblich
sei". Daher sah er sich außerstande, ihr gut zuzureden. Im Gegenteil: Er bestärkte sie noch in ihrer ablehnenden Haltung. Der Arzt
protokollierte: „Zwischen 15 und 16 Uhr geriet Frau F. in Atemnot,
verlor das Bewusstsein und starb kurz danach."
　Aus der Sicht des regional zuständigen Staatsanwalts lag hier
ein klassischer Fall von „unterlassener Hilfeleistung" vor. Das
Schöffengericht Geislingen verurteilte Walter Faller sogar wegen
fahrlässiger Tötung zu acht Monaten Gefängnis – und setzte damit
einen Gelehrtenstreit in Gang, der nicht nur mehrere Instanzen in
Atem hielt, sondern zu guter Letzt auch noch das Bundesverfassungsgericht auf den Plan rief.

Die „Weisen von Karlsruhe" mussten entscheiden, ob das Verhalten des Mannes vom Grundrecht auf Religionsfreiheit gedeckt war. Streng genommen stand aber mehr auf dem Spiel. Da kein Mensch die Sekte ernst nahm, ging es in Wahrheit auch um den Schutz von Minderheiten. Die höchsten Richter der Republik setzten 1971 mit diesem Grundsatzurteil Maßstäbe.[1] In den folgenden Jahrzehnten fügten sie von Fall zu Fall neue Aspekte hinzu. Allmählich bekam die staatlich garantierte Toleranz ein Gesicht. Manchen Politikern reichte diese Rechtsprechung, manche wollten mehr. Sie brachten ein „Gesetz zum Schutz vor Diskriminierung" auf den Weg.

Es stand 2006 auf der Tagesordnung des Bundestages. Seine Entstehungsgeschichte ist ein Beispiel für die Beliebigkeit von Recht. Am Schluss war nicht mehr auszumachen, wer warum dafür oder dagegen war – und ob die „Gutmenschen" der Politik nicht womöglich des Guten zu viel getan haben. Die Zukunft wird lehren, ob die Spruchpraxis des Bundsverfassungsgerichts den Schutz von Minderheiten nicht besser gewährleistet hätte als das schwammige Gesetz?

Der liebe Gott wird es schon richten

Das Grundsatzurteil, von dem hier die Rede sein soll, zeigte exemplarisch, wie so ein Schutz aussehen kann – zugunsten eines nicht eben sympathischen Mannes, der seine Frau mit einer religiösen Floskel („der liebe Gott wird es schon richten") hatte sterben lassen. In den Beratungszimmern der unteren Instanzen muss es turbulent zugegangen sein. Das – aus der Sicht von Außenstehenden – sinnlose Ende der vierfachen Mutter hatte auch die beteiligten Juristen aufgewühlt, denn es tangierte ganz offensichtlich die Grenzbereiche von Ethik und Recht, für manchen gar das Gesetz der Schöpfung.

Die Richter aller Instanzen, die sich, bevor das Verfassungsgericht zu Wort kam, mit der Rolle des Ehemannes beschäftigen mussten, machten zumindest eines deutlich: Es gibt auf die Gewissensfrage nicht eine Antwort, sondern deren viele. Ein Freispruch durch das

Landgericht Ulm wurde vom Oberlandesgericht (OLG) Stuttgart kassiert. Dessen Begründung ist das eigentliche rechtshistorische Dokument, weil es zeigt, wie schwer moralisch empörten Richtern der Gedanke fällt, dass dem Grundrecht auf Glaubensfreiheit womöglich absoluter Vorrang zukommt.[2]

Dabei konnten die Herren der oberen Instanz der Sympathie vieler Zeitgenossen sicher sein. Allen, die mit den vier Kindern fühlten, denen die Mutter genommen worden war, fiel es leicht, das Unwerturteil der Oberlandesrichter über den Vater nachzuvollziehen. Und das Verdikt über den Evangelischen Brüderverein, den sie „schwarmgeistige Sekte" nannten, hätten die meisten wohl auch blind unterschrieben. Tatsächlich war die Vorgeschichte des Falles besonders geeignet, die Gemüter zu erregen.

Störrische Sektierer

Das OLG-Urteil liest sich wie ein akribisches Protokoll der Familientragödie. Sie geschah in Geislingen an der Steige, einer Gemeinde auf der schwäbischen Alb, die einst von den Staufern gegründet wurde. Es ist ein Ort, der für die meisten Deutschen eher profane Bedeutung hat – wegen der Stauwarnungen in den Verkehrsnachrichten. Doch sensiblen Mitbürgern fällt weniger Oberflächliches ein. Ihnen kommt vielleicht Hermann Hesse in den Sinn, der den Pietismus der schwäbischen Region präzise und eindringlich beschrieben hat. Elisabeth und Walter Faller waren – mehr noch als alle Figuren des Dichters – aus diesem knorrigen Holz geschnitzt: auf zugleich einfältige und störrische Weise auf das fixiert, was sie „ihren" Glauben nannten.

Schlimm, dass auf solchem Nährboden Uneinsichtigkeit wächst. Und tragisch, dass verengtes Denken sogar tödliche Folgen haben kann, wie die dramatischen Stunden vom Morgengrauen bis zum Nachmittag eines grauen Märztages in der Geislinger Wohnung zeigten. Die OLG-Chronik ist ein Zeugnis dafür, was passiert, wenn Menschen außerstande sind, sich aus dem Geflecht ihrer religiösen Irrungen und Verwirrungen zu befreien. Elisabeth Fallers Kind kam in aller Herrgottsfrühe zur Welt. Sie hatte eine Hausgeburt gewünscht. Zunächst verlief die Entbindung auch ohne Komplikationen. Doch dann stellte sich heraus, dass die Nachgeburt nicht abging. Nur widerstrebend – und erst auf den nachdrücklichen Wunsch der Hebamme – nahm es die Wöchnerin hin, dass ein Bereitschaftsarzt gerufen wurde. Es kam Dr. K., der „eine auffallende Blässe und einen schwachen Puls" feststellte. „Er löste durch eine Injektion die Nachgeburt aus und verabreichte Frau F. kreislaufunterstützende Mittel."

Ohne Wirkung. Der Zustand der Wöchnerin verschlechterte sich zusehends. Walter Faller betete „längere Zeit" mit ihr. Den Rat der Hebamme, noch einmal den Arzt zu bemühen, ließ er unbeachtet. Doch Dr. K. kam von sich aus noch einmal vorbei, um nach der Patientin zu sehen. Er muss erschrocken gewesen sein, denn eine halbe Stunde später tauchte er zum dritten Mal auf. Er „wies das Ehepaar auf die nunmehr eingetretene Lebensgefahr hin". Vergebens. Walter Faller gab ihm zu verstehen, „dass seine Frau auch ohne Krankenhausbehandlung wieder gesund werde, wenn man sich an Gott um Hilfe wende und stark im Glauben sei".

Sanft und stur

Das Klima war frei von Aggressionen. Beide Eheleute reagierten sanft – und blieben dennoch stur. Der Mann entschied nicht etwa über den Kopf seiner Frau hinweg. Im Gegenteil: Er überließ ihr die Wahl. Als sie immer mehr verfiel, unternahm Dr. K. eine letzte Anstrengung. Er hatte herausbekommen, dass Dr. B., der Hausarzt der Familie, zwar in Urlaub, aber nicht verreist war. Er ließ ihn holen – in der Hoffnung, dass der Kollege seinen vielleicht größeren Einfluss geltend machen könne. Indessen stieß auch der Vertraute auf den wahnhaften Widerstand der Sterbenden.

Das OLG-Urteil hält diese letzten Minuten fest: „Auch Dr. B. erkannte sofort den lebensbedrohlichen Zustand und bemühte sich mit Dr. K. unter eindringlichen Hinweisen auf die Lebensgefahr, die Eheleute, insbesondere den Angeklagten, umzustimmen. Alle Bemühungen waren jedoch fruchtlos." Beide Ärzte mussten ohnmächtig mit ansehen, wie die Wöchnerin ihr Leben aushauchte. Da konnte der missverstandene Gott auch nicht mehr helfen.

Walter Faller hatte sich nach Ansicht der Oberlandesrichter schuldig gemacht – nicht nur im ethisch-moralischen, sondern auch im juristischen Sinne: Der Angeklagte habe „seine Hilfeleistungspflicht" verletzt – und versäumt, seine Frau „im Sinne des ärztlichen Ratschlags" umzustimmen. Ob er diesen naheliegenden Gedanken nicht vielleicht unterdrückt hat, weil er ihn angesichts seiner religiösen Überzeugung für egoistisch hielt, blieb ungeprüft. Die Oberlandesrichter folgten ihrem „gesunden ethischen Empfinden". Sie hielten es für schlechthin unerträglich, wollte man einem Ehepartner gestatten, „untätig und nur im Gebet verharrend den anderen dahinsterben zu lassen".

Das Podest der Selbstgerechtigkeit

Und es war diese Sentenz, die offenbarte, wie schwer es selbst hohen Richtern fällt, in einem aufwühlenden Fall ihre Gefühle auszuschalten. Mit der moralischen Verurteilung fanden sie den Beifall der meisten Zeitgenossen. Doch dabei ging Wesentliches unter: Muss sich die Gesellschaft manchmal damit begnügen, unbegreifliches und verwerflich erscheinendes Handeln einfach nur zu missbilligen? Oder ist sie gehalten, jede Abweichung von der Norm auch zu bestrafen?

Walter Faller hatte gegen das OLG-Urteil Verfassungsbeschwerde eingelegt. Die höchste Instanz gab, wie üblich, den betroffenen Behörden Gelegenheit zur Stellungnahme – hier dem Bundesminister der Justiz und dem für Baden-Württemberg zuständigen Landesminister. Beide kamen, wie auch die unteren Gerichtsinstanzen, zu unterschiedlichen Ergebnissen. Nicht sie allein: Es war ein Fall, der nicht nur die Phantasie der Juristen beflügelte. Jeder, der von ihm erfuhr, fühlte sich zur Identifizierung herausgefordert – sei es mit der Wöchnerin, sei es mit den Halbwaisen, sei es mit dem Ehemann und Vater. Die Frage, wie hätte ich mich selbst verhalten, drängte sich auf.

Die meisten senkten den Daumen nach unten. Wer die emotionalen Ursprünge dieses Verdikts zu verbergen suchte, argumentierte von hoher Warte aus. Der „Objektive" bezog sein Votum aus religiösen oder philosophischen Quellen, die er für unangreifbar hielt. Vom Podest der Selbstgerechtigkeit gesehen, stand das Versagen Walter Fallers außer Zweifel. Kurzum: Es ging um eine verfassungsrechtliche Streitfrage, die jeder zu seiner eigenen machen konnte. Und selten war so klar, dass Recht eine Sache ist, die nicht nur jeden angeht, sondern unter Umständen auch allerhöchste Anspannung des Verstandes fordert.

Respekt vor dem Glauben

Anders als alle anderen konnten die Verfassungsrichter nirgendwo eine Straftat entdecken. Sie verwiesen auf die seelische Notlage Walter Fallers – auf eine Grenzsituation, in der „die allgemeine Rechtsordnung mit dem persönlichen Glauben in Widerstreit tritt". Er habe sich mit seiner Frau „durch die Überzeugung verbunden" gefühlt, „dass das Gebet zu Gott der ,bessere Weg' sei". Beide hätten in dem Moment, „wo es um Leben und Tod ging", unter „gegenseitigem Respekt" gehandelt – und in „der subjektiven Gewissheit", dass ihre „Einstellung ,richtig' sei".

In Situationen dieser Art könne „strafrechtlich nicht gefordert werden, dass zwei Personen gleicher Glaubensrichtung aufeinander einwirken", um sich „von der Gefährlichkeit" ihrer Entscheidung zu überzeugen. Den überspitzten Anforderungen der Vorinstanzen erteilten die Verfassungsrichter eine klare Absage. Walter Faller sei keineswegs verpflichtet gewesen, „seine Entscheidung an die Stelle der seiner Frau zu setzen". Das Nein zur Krankenhausbehandlung sei allein von ihr zu verantworten gewesen: Es „unterlag im strafrechtlich relevanten Zeitraum bis zuletzt ihrer freien und ungetrübten Willenskontrolle".

Dieses Grundsatzurteil zum Minderheitenschutz ist im 32. Band der amtlichen Entscheidungssammlung abgedruckt. Als sich die Berliner Politiker genötigt sahen, ein Sondergesetz zum Schutz vor Diskriminierung zu fabrizieren, lag der 112. Band auf dem Tisch.

Das höchste Gericht hatte in den 80 Bänden, die dazwischenlagen, das Problem bis in den letzten Winkel ausgeleuchtet. Mithin war ein Zustand erreicht, den der französische Staatsphilosoph Montesquieu präzise beschrieben hat: „Wo es nicht notwendig ist, ein Gesetz zu machen, ist es notwendig, kein Gesetz zu machen."

An sich wäre der Bundestag nur verpflichtet gewesen, EU-Richtlinien im deutschen Recht zu verankern, die Benachteiligungen aufgrund von Geschlecht, Rasse und ethnischer Herkunft verbieten. Dieser Schutz steht längst im Grundgesetz (seit 1949) und wird vom Verfassungsgericht verbürgt. Mithin waren allenfalls minimale Korrekturen angesagt. Wie die Regisseure der Politik mit so einem Auftrag umgehen, gehört zu den atemberaubenden Lehrbeispielen der parlamentarischen Demokratie. Es ist eine Lektion über das Wesen von Gesetzen und die Psyche von Gesetzesmachern.

Der Übermut von Abgeordneten

Die Ausgangslage war so klar wie selten. Jeder sah, dass in Karlsruhe ein nahezu lückenloser Minderheitenschutz geschaffen worden war. Der Bundestag hätte sich mithin nicht sonderlich anstrengen müssen, um dem Europarecht zu genügen. Doch übereifrige Parlamentarier glaubten, sie müssten das Rad neu erfinden. Sie fügten dem Gesetz, das in der rot-grünen Legislaturperiode liegen blieb, vage „Diskriminierungsmerkmale" hinzu, etwa „Weltanschauung" und „sexuelle Identität".

Skeptiker warnten vor dem deutschen Hang zur Überregulierung. Sie fürchteten, dass mit diesem „mehr" die Qualität des verfassungsrechtlich garantierten Minderheitenschutzes in ihr Gegenteil umschlagen könnte. Sie verhinderten wenigstens, dass sich Rechtsradikale auf den Schutz der „Weltanschauung" berufen konnten. Gleichwohl wird nun jeder, der für etwaige Benachteiligungen geradestehen muss, nach Vermeidungsstrategien und Ausflüchten suchen. Keiner wird gern begründen wollen, warum er seine Wohnung nicht an ein homosexuelles Freundespaar vermietet, sondern an Eltern mit Kind?

Was gegen das Gesetz sprach, stand in allen Zeitungen. Verborgen blieb nur, warum Abgeordnete solchen Nonsens trotzdem absegnen. Sie kamen gegen die Eigendynamik von Beschlüssen, die ihre Wortführer in Kungelrunden gefasst hatten, offenbar nicht an. Im Wahlkampf jedenfalls waren die Unionspolitiker noch strikt gegen so ein Gesetz. Doch im Sonnenschein der Großen Koalition fanden sie die Norm, für die vorher alle nur Spott übrig hatten, gar nicht mehr so übel. Angela Merkel sprach (vor ihrer Zeit als Kanzlerin) von einem „bürokratischen Monstrum", ihr Rechtsexperte Gehb fühlte sich an einen „übel riechenden Handkäse" erinnert, der lange in der Sonne gegammelt habe.[3]

Volks- oder Interessenvertreter?

Warum das Monstrum trotzdem auf den Fahrplan der Regierung kam, bleibt das Geheimnis von Angela Merkel und Franz Müntefering. Die Abgeordneten konnten nur noch die Hände an die Hosennaht nehmen und Fraktionsdisziplin üben, was aufs Neue beweist, dass sie keineswegs so frei sind, wie sie immer vorgeben. Sie dienten, beteuern alle Politiker, dem Wohle der Allgemeinheit. Tun sie das wirklich? Werden Abgeordnete, die als „Vertreter des ganzen Volkes" in den Parlamenten sitzen, den vollmundigen Idealen ihrer Zunft gerecht? Steht der Gemeinnutz immer im Zentrum ihres Wirkens? Oder verfolgen sie, Karriere und Partei vor Augen, eher eigennützige Ziele? In der Theorie sind sie „nur ihrem Gewissen unterworfen" – „an Aufträge und Weisungen nicht gebunden" (Artikel 38 des Grundgesetzes).

Das bedeutet: Im Idealfall gehorcht der Einzelne seiner inneren Stimme, die aber ist abhängig von Gefühlen. Wie tief oder wie trübe ist der Teich, aus dem die Emotionen gefischt werden? Sind sie nur die Summe eines individuellen Lebens – oder mehr? Wer oder was inspiriert den Volksvertreter, mal die Hand zu heben und mal den Daumen zu senken? Sind es Autoritäten, von denen keiner weiß? Kants „kategorischer Imperativ"? Lehren des Vatikans? Oder gar die Obsessionen einer kranken Seele? Gibt es neben seiner Partei, die ohnehin das Weisungsverbot missachtet und ungeniert

„Fraktionszwang" ausübt, noch andere Befehlszentralen? Eine Religionsgemeinschaft? Eine Gewerkschaft? Oder Verbände und Konzerne, die ihn, was hässlich, aber nicht verboten ist, fürstlich entlohnen? Was ist er wirklich – Volks- oder Interessenvertreter?

Symptomatisch für so eine unübersichtliche Gemengelage war das Antidiskriminierungsgesetz. Den einen ging es um linke Ideologie, den anderen um Machterhalt. Wissenschaftler beschreiben so einen Vorgang kühl und wertneutral. Erich Bülow, ehemals Ministerialdirektor im Bundesinnenministerium, notierte im „Handbuch des Verfassungsrechts": „Gesetzgebung ist in Recht verwandelte Politikgestaltung".[4]

Oder anders: Kurzsichtige Politik erzeugt minderwertige Gesetze. Der feinsinnige Kommentator deutete das dezent an: „Krisenerscheinungen in der Politik und im politischen System" blieben, räumte er ein, nicht ohne Einfluss „auf die Art und Weise der Gesetzgebung". Bülow legte den Finger auf eine offene Wunde: „Fehler, Fehlprognosen und Versäumnisse sind in mangelhaften, unwirksamen oder fehlenden Rechtsvorschriften ablesbar."

Das merkt jeder, der aufmerksam Zeitung liest. Bei der Produktion von Gesetzen steht Objektivität nicht an erster Stelle. Die Verfassung begreift den Parlamentarier, der nur „seinem Gewissen unterworfen" ist, denn auch als Individuum. Er darf, ja er soll auf sich selber hören. Sein Gewissen folgt den Befehlen aus den Tiefen der Psyche, die ihm „gut" oder „schlecht" zuflüstern. Doch die Kriterien für diese Bewertung kommen von außen: von den Spitzen seiner Partei, von Experten, denen er glaubt, vom politischen Gegner, der ihm die Kontraste liefert, und schließlich von den Demoskopen, die ihm sagen, was das Volk will.

Der Sache dient, dass jedes Gesetz einer Mehrheit bedarf. Der Zwang, sich um Bundesgenossen bemühen zu müssen, lenkt die Emotionen in geordnete Bahnen und sorgt für ein Minimum an Rationalität. Das Ringen um den kleinsten gemeinsamen Nenner vollzieht sich in zahllosen, oft schwer durchschaubaren Teilschritten. Wie Gesetze zustande kommen, steht im Grundgesetz. Die Artikel 70 bis 82 bestimmen, wann der Bund für die Verabschiedung von Normen allein zuständig ist, wann die Länder mitwirken und wann beide zur Kooperation verpflichtet sind.

Das sind unerlässliche Verfahrensvorschriften. Sie verraten aber nichts über die Geburtswehens eines Gesetzes. Was im Kreißsaal passiert, bleibt der Öffentlichkeit verborgen. Man weiß nur: Das zumeist „hässliche Etwas" hat viele Väter, die weitgehend unbekannt bleiben. Oft sitzen sie in den Ministerien – und produzieren „Referentenentwürfe".

Abgeordnete sind keine Universalgenies. Sie kennen den Stoff, über den sie abstimmen, oft nur flüchtig. Deshalb benötigen sie Nachhilfeunterricht. Sie sind auf den Sachverstand weniger Experten (aus ihren eigenen Reihen, vor allem aber aus Fachbehörden) angewiesen. Das bedeutet: Genau genommen bestimmen anonyme Bürokraten, welchen Regeln der Bürger gehorchen muss. Mancher Abgeordnete steht auf der Lohnliste von Konzernen und möchte (oder muss) seinen Geldgebern einen Gefallen tun. Was da heimlich in Gesetze einfließt, überblicken noch nicht mal seine Kollegen, geschweige denn das Publikum.

Dieser Mangel an Transparenz macht die parlamentarische Demokratie nicht eben attraktiv. Keiner kann dem kritischen Bürger verdenken, wenn er die Entstehungsgeschichte von Gesetzen misstrauisch beäugt. Ausnahmen bestätigen die Regel. Es mag durchaus vorkommen, dass selbst ein Skeptiker – wenn ihm große überlieferte Paragraphenwerke begegnen – den „Niederschlag des gesunden Menschenverstandes" entdeckt, wie schon 1928 der Rechtsphilosoph Rudolf Stammler.[5]

Dessen Loblied ging noch weiter. Er fand, dass in manchem Gesetz „ein unendlicher Reichtum von Weisheit" verborgen sei – aus Erfahrung „im Guten wie im Bösen erwachsen". Bisweilen ist das sogar für jedermann sichtbar – etwa wenn ein Gesetz Gewalt gegen Kinder unter Strafe stellt. In solchen Sternstunden wird Stammlers Zuversicht auf wunderbare Weise wahr: „Es wäre ja merkwürdig", notierte er, wenn sich das Recht „nicht auch in der Folgezeit regelmäßig bewährte und als brauchbar erwiese."

Das Antidiskriminierungsgesetz hätte er wohl kaum dazu gezählt. Es erinnert daran, dass der Bürger mit Gesetzen von unterschiedlicher Bedeutung zu tun hat – mit vergänglichen und unvergänglichen, mit beiläufigen und anspruchsvollen. Manche sind schludrig formuliert, manche handwerklich perfekt. Die einen gestalten einen profanen Sachverhalt, die anderen wichtige Bereiche des Zusammenlebens.

Einige wenige strahlen Würde aus. Sie sind schon betagt, mehr als 100 Jahre alt – und, von notwendigen Veränderungen abgesehen, gewissermaßen zeitlos. Weil sie zentrale Fragen beantworten, tragen sie nicht von ungefähr den Namen „Gesetzbuch", wie das Bürgerliche Gesetzbuch (BGB) von 1896 und das Strafgesetzbuch (StGB) von 1871.

Beide „Bücher" behandeln Kernprobleme der Gesellschaft, die hier und heute, gestern wie vorgestern und überall auf der Welt der Regelung bedürfen und bedurften. Der Aspekt des Allgemeingültigen hat historische Dimensionen. Diesem überlieferten Recht, das nur von Zeit zu Zeit aktualisiert und modifiziert werden muss, stehen Gesetze gegenüber, die weniger Ehrfurcht verlangen. Sie regeln Probleme des Alltags und der unmittelbaren Gegenwart. Ob sie Hand und Fuß haben, nimmt der Bürger nur wahr, wenn er selbst betroffen ist – bisweilen auch dann, wenn er sich aufgerufen fühlt, Partei zu ergreifen.

Anteil nehmen kann er allerdings nur, wenn die Gesetzgebung das zulässt. Auch dann ist der Gewinn mager. Je mehr ein interessierter Bürger in die Materie eindringt, desto deutlicher wird ihm, wie wenig er selbst bewirken kann. Er hat nur eine Chance – und darauf weisen alle Politiker unermüdlich hin: Sich als Wähler Gehör zu verschaffen, alle vier Jahre einmal. Im äußersten Fall bleibt ihm immer eine letzte Einflussmöglichkeit: die Verfassungsbeschwerde. Doch sie kann handwerkliche Fehler und unvernünftige Regelungen nicht heilen. Sie greift nur, wenn ein Bürger nachweist, dass er in seinen Grundrechten verletzt worden ist.

Das ist Walter Faller gelungen. In seinem Fall haben die Verfassungsrichter Politikern und Bürgern beigebracht, was Toleranz bedeutet. Wer die Karlsruher Grundsatzurteile zum Minderheitenschutz Revue passieren lässt, ist über die Ignoranz der Abgeordneten erschrocken. Ihr Gestotter in Sachen Gleichbehandlung zeigt, dass sie die höchstrichterliche Spruchpraxis nicht mal im Ansatz kennen. Sie hätten sich den Rat von Professor Hans-Jürgen Papier zu Herzen nehmen sollen. Der Präsident des Bundesverfassungsgerichts notierte: „Eine Überregulierung, die lähmend wirken und so die Initiative des Einzelnen ersticken kann, passt nur schlecht zum freiheitlichen Geist des Grundgesetzes."[6] Und wenn die Politiker nur einige Karlsruher Urteile gelesen hätten, wüssten sie, dass sich feinnervige Gerechtigkeit nicht durch ein vages Gesetz, sondern immer nur von Fall zu Fall herstellen lässt.

Das Faller-Urteil war an die Adresse der Pharisäer gerichtet. Die Verfassungsrichter hatten den Hochmut im Visier, der genau zu wissen glaubt, wem das Grundrecht auf Glaubensfreiheit zukommt und wer es fälschlich in Anspruch nimmt. Sie ermahnten die etablierten Christen, die gewöhnlich auf die Anhänger von „Sekten" herabsehen, zu mehr Bescheidenheit. So lautet das Karlsruher Memento: „Die Glaubensfreiheit ist nicht nur den Mitgliedern anerkannter Kirchen und Religionsgemeinschaften, sondern auch den Anhängern anderer religiöser Vereinigungen gewährleistet. Auf die zahlenmäßige Stärke einer derartigen Gemeinschaft oder ihre soziale Relevanz kommt es nicht an."[7]

Ein anspruchsvoller Satz! Wer um sich schaut, wer aufmerksam zuhört und wer kritisch verfolgt, was im Lande passiert (auch heute) – der weiß auch, dass gegen dieses Prinzip immer wieder gesündigt wird. Es ist noch gar nicht so lange her, dass etwa Katholiken allen Protestanten den „rechten" Glauben streitig machten. Und nun schauen die Glieder beider Kirchen auf Abtrünnige und Andersgläubige herab. Dass sogar Ungläubige den Schutz des Grundgesetzes genießen sollen, will vielen nicht in den Kopf.

Doch genau das verkündeten die Verfassungsrichter. Damit nicht genug. Die weitere höchstrichterliche These forderte vielen, namentlich den Engstirnigen unter den Christen, wirkliche Toleranz ab: Das Grundrecht „umfasst daher nicht nur die (innere) Freiheit zu glauben oder nicht zu glauben, sondern auch die äußere Freiheit, den Glauben zu manifestieren, zu bekennen und zu verbreiten". Gemeinschaften, die Hass predigen, müssen allerdings damit rechnen, dass sie als verfassungswidriger Verein eingestuft und verboten werden.

In diesem Zusammenhang wird ein Paradoxon unübersehbar: Ausgerechnet die Gläubigen haben im Umgang mit der Glaubensfreiheit große Schwierigkeiten. Diese Hartherzigkeit stößt in Karlsruhe auf Unverständnis. Mit ihrem Engagement für Mitbürger, die „nicht glauben", setzten die Verfassungsrichter Maßstäbe. Sie schafften, was kein einfaches Gesetz vermag – sie weiteten den Blick für die Dimension der Menschen- und Minderheitenrechte.

DIE ZERREISSPROBE
Wenn die Kontrahenten ihre Konflikte selbst lösen

> Den Richtern erwächst Konkurrenz: in Gestalt eines
> Streitschlichters, der sich „Mediator" nennt. Er hört
> den Kontrahenten zu, er führt sie sacht einem Ver-
> gleich entgegen. Unter seiner Regie endet der Krieg
> zwischen den Parteien mit einem Friedensvertrag.
> Dagegen kommt kein Gerichtsurteil an, denn jedes
> ist nur ein erzwungener Waffenstillstand.

Dorfrichter Azdak scheucht seinen Amtsdiener auf: „Schauwa,
nimm ein Stück Kreide. Zieh einen Kreis auf den Boden. Stell
das Kind hinein." Seine Worte beflügeln die Phantasie: Man sieht
ihn, seinen Gehilfen, den Winzling in der Mitte und neugieriges
Volk. Alle starren auf das Opfer, das nicht weiß, wie ihm geschieht.
Michel – so heißt der Junge – steht da, als ob er versteigert werden
sollte. Wer bietet am meisten?

Genau besehen, widerfährt ihm nichts Besonderes. Er teilt nur
das Schicksal aller Kinder, die erst zum Streitobjekt zwischen zwei
Erwachsenen gemacht und dann ihrer Würde beraubt werden. Es
geht, wie immer in solchen Fällen, um die Frage: Wer hat Anspruch
auf ihn? Bei wem soll er leben?

Die Schlüsselszene in Brechts Stück „Der kaukasische Kreidekreis" hat einen egoistischen Konflikt zum Thema, den Eltern
immer wieder zulasten ihrer Kinder austragen. Denn zumeist
sind es Vater und Mutter, die um die Beute feilschen. Bei Brecht
gehen zwei Frauen aufeinander los – das Küchenmädchen Grusche
und Natella, die Frau des Gouverneurs. Die eine hat Michel aufgezogen, die andere hat ihn geboren.

Der Dorfrichter muss zwischen beiden wählen. Sein Spruch
macht – auf dialektische Weise – deutlich, wozu hasserfüllte
Erwachsene fähig sind. Sie verletzen und beschädigen einen klei-

nen Menschen. Azdak führt der Umwelt vor, wer dafür letztlich die Verantwortung trägt. Er fordert die streitenden Frauen einfach auf: „Fasst das Kind bei der Hand. Die wahre Mutter wird die Kraft haben, das Kind aus dem Kreis zu sich zu ziehen." Noch bevor der Zweikampf beginnt, lässt Grusche los. Sie sagt: „Ich hab's aufgezogen! Soll ich's zerreißen? Ich kann's nicht."

In der Frau, die Michel kein Leid antun will, erkennt Azdak „die wahre Mutter". Er spricht Grusche das Kind zu.

Wer als Vermittler oder Schlichter helfen will, wenn sich Eltern ineinander verbissen haben, tut gut daran, diese Szene zu erzählen. Das Gleichnis geht zu Herzen. Die Mutter und der Vater, die zuhören, beziehen automatisch Stellung: Sie identifizieren oder distanzieren sich.

Ein Vermittler kann damit die Kontrahenten animieren, innezuhalten und nachzudenken. Seine Tätigkeit ist mittlerweile ein angesehener Beruf, der schon einen Namen hat. Der Vermittler heißt im Rechtsleben „Mediator". Wenn er sein Handwerk beherrscht, stiftet er Frieden. Das ist im Familienkonflikt (und nicht nur da) eine verdienstvolle Aufgabe; er hilft, einen Rechtsstreit zu vermeiden, bei dem alle Beteiligten Schaden an ihrer Seele nehmen.

Kampf ums Kind

Der Richter in Brechts Drama kommt dem Anspruch, dem „Wohl des Kindes" zu dienen, näher als mancher Kollege im wirklichen Leben. Das „Wohl des Kindes" ist ohnehin ein unbestimmter Rechtsbegriff, den Richter von Fall zu Fall mit Leben erfüllen müssen. Und der „Kampf ums Kind"[1] gehört zu den uralten Themen der Menschheit. Was im „Kaukasischen Kreidekreis" geschieht, gleicht dem modernen Sorgerechtsstreit bis aufs Haar. Doch ein sensibler Richter weiß, dass sein juristisches Rüstzeug für diese Aufgabe nicht taugt. Er kann nicht einmal ansatzweise Gerechtigkeit schaffen, sondern nur Konflikte mit einem Machtwort beenden.

Er orientiert sich dabei an Indizien, die Oberrichter in mühsamer Kleinarbeit ermittelt, aufgelistet und in Grundsatzurteilen niedergelegt haben. Doch wie die Argumente der Eltern und die

Bedürfnisse der Kinder im Einzelfall gewichtet werden, entscheidet er mehr oder weniger nach seinem Gefühl. Genau besehen muss ein Familienrichter, der herausfinden will, bei wem das Kind am besten aufgehoben ist, über prophetische Gaben verfügen. Ob er das richtige Ergebnis herausbekommt, wenn er zwei und zwei zusammenzählt, ist ungewiss. Eigentlich könnte er auch eine Münze werfen.

Hier wird der Streit vor Gericht zum Lotteriespiel. Es gibt nur zwei Menschen, die wissen oder wissen sollten, was dem Wohl ihres Kindes dient – das sind die beiden Eltern. Der Familienrichter weiß es mit Sicherheit nicht besser. Er muss notgedrungen einspringen, weil Vater und Mutter das Handtuch geworfen haben. Sie könnten, wenn sie wollten, die Bankrotterklärung vermeiden.

Mediation weist den Weg. Sie empfiehlt, dass die Kontrahenten ihr Geschick selbst in die Hand nehmen. Und sie beginnt mit einer ganz schlichten Frage: Was soll geschehen, damit alle Beteiligten in Frieden leben und das Kind (oder die Kinder) trotz Scheidung der Eltern gedeihen? Diese Existenzfrage können, genau besehen, nicht andere, sondern nur die Betroffenen selber beantworten. Der Mediator hilft dabei. Im günstigsten Fall erarbeiten die Eltern – unter seiner schützenden Hand – ihren Vergleich selber.

Jenseits des Kindeswohls

Zunächst müssen sie bereit sein, sich entgegenzukommen. Da jedes Kind unter dem Zerwürfnis der Eltern leidet, geht es darum, einen kleinsten gemeinsamen Nenner zu finden. Das Ziel kann nur sein, dem eigenen Kind nicht länger wehzutun. Allerdings stellt sich die Frage, ob der Rechtsbegriff „Kindeswohl" nicht womöglich zu hoch greift. Drei angesehene Wissenschaftler haben bereits vor drei Jahrzehnten Zweifel angemeldet: die Kinderanalytikerin Anna Freud sowie die Yale-Professoren Joseph Goldstein und Albert J. Solnit. Mit ihrem aufrüttelnden Appell „Jenseits des Kindeswohls" haben sie Standards gesetzt, die leider in Vergessenheit geraten sind.[2]

Ihrer Ansicht nach verschleiert der Begriff Kindeswohl alles Wesentliche: dass ein Kind, um das gestritten wird, bereits Schaden genommen hat; dass es zumindest gefährdet ist und dass oft genug seine Interessen den Wünschen der Erwachsenen untergeordnet werden. Um zu verhindern, dass sich alle Beteiligten beim Gerangel womöglich auch noch in die eigene Tasche lügen, plädierten die angelsächsischen Forscher für ein neues Kriterium. Statt des euphemistischen Begriffs vom „Wohle des Kindes" schlugen sie eine bescheidene Formel vor: Alle Beteiligten sollten lieber von der „am wenigsten schädlichen Alternative zum Schutz von Wachstum und Entwicklung des Kindes" reden.

Alle „Beteiligten" bedeutet hier: Familienrichter, Mediatoren und Eltern. Sie ändern automatisch ihre Haltung, wenn sie dem Denkansatz der Wissenschaftler folgen. Die Gruppe um Anna Freud bereitete auch anderen Wunschvorstellungen ein Ende – etwa, dass sich voraussagen lässt, wie und bei wem das Kind am besten aufgehoben ist. Ganz energisch warnten die Autoren davor, „die Macht des Gesetzes" zu überschätzen oder gar der Gerichtsentscheidung eine „magische Wirkung" beizumessen. Es liege außerhalb jeder empirischen Erkenntnis, „zukünftige Ereignisse oder Bedürfnisse" vorauszusehen, eine „langfristige Bestimmung besonderer Bedingungen für Erziehung" sei unrealistisch.

Selbstbestimmung statt Fremdbestimmung

Wer diese Erkenntnisse auf sich wirken lässt, dürfte den Begriff Kindeswohl nur noch mit Vorsicht verwenden. Doch wenn sich Eltern in einer Mediation einigen und an einem Strang ziehen, schaffen sie zumindest die besten Voraussetzungen für die „am wenigsten schädliche Alternative". Bevor sie so weit sind, müssen sie sich Schritt für Schritt an die Lösung ihres Konflikts herantasten.

Anders als im Prozess sagt ihnen kein Richter, wie es weitergeht. Das müssen die Eltern selbst herausfinden. Der Mediator regt allenfalls an, welchen Fragen sie nachgehen sollten. Sie liegen auf der Hand. Gehören kleine Kinder grundsätzlich zur Mutter? Wer kann sie ganztägig betreuen? Wer sitzt, wenn sie krank sind, nachts am Bett? Wer weckt sie? Wer wäscht sie? Wer bereitet das Frühstück? Wer bringt sie auf den Weg in die Schule oder in den Kindergarten? Wer sieht ihnen bei den Schularbeiten über die Schulter? Dürfen Kinder ohne Not verpflanzt werden? Was bedeutet der Verlust der gewohnten Umgebung? Des Freundeskreises? Der Straße vor dem Elternhaus? Der Spielplätze?

Wenn die Atmosphäre auftaut, klären die Eltern vielleicht sogar, wo sie in Sachen Erziehung übereinstimmen und wo nicht. Wie viel Liebe braucht ein Kind? Wie viel Strenge? Ist Ordnung das halbe Leben? Oder fördert Chaos die Kreativität? Ist Reinlichkeit eine Tugend? Darf ein Kind sein Geschlecht berühren? Wie lernt es, was Menschenwürde bedeutet? Und Tierliebe? Ist der Satz „Eine Ohrfeige hat noch keinem geschadet" richtig oder falsch? Was müssen beide tun, um die Bedürfnisse ihres Kindes zu erfüllen – seine positiven Gefühle zu empfangen und zu erwidern, sich aber auch seine negativen Äußerungen und Hassregungen gefallen zu lassen?

Der Richter und die Ideologie

Solche Fragen sind natürlich auch Gegenstand eines Sorgerechtsprozesses, der immer noch eher der Normalfall ist als die Mediation. Und hier urteilt ein Richter über die Antworten der Kontrahenten. Er entscheidet, welche honoriert und welche bestraft werden. Seine Vorstellung vom Kindeswohl ist aber auch nicht im luftleeren Raum entstanden. Was für Prioritäten er setzt, hat mit seinem Elternhaus, mit seiner Biographie, mit seiner eigenen Ehe zu tun. Entscheidend kann sein, ob er in der katholischen Jugend oder bei den Falken sozialisiert worden ist, ob unter der Robe eine emanzipierte Großstadtfrau oder ein chauvinistischer Provinzonkel steckt.

Im Endeffekt läuft daher die Alternative Prozess oder Mediation auf eine Frage hinaus: Wollen sich die Eltern fremder Subjektivität ausliefern oder lieber der eigenen vertrauen?

Welcher Richter hört schon gern, dass er zwar Urteile fällt, aber keinen Rechtsfrieden herstellt. Doch wenn er ehrlich ist, verschließt er vor der Einsicht, dass dies häufig der Fall ist, nicht die Augen. Ihm ist die Aufgabe zugewiesen, Konflikte zu lösen, indem er sie entscheidet. Das Gebot, einen Vergleich anzuregen, verkommt im Gerichtsalltag zur Formalie. Wie es nach seinem Spruch weitergeht, hat den Richter – abgesehen von der Vollstreckung – nicht zu interessieren. Oft genug ist der Streit, den er glaubt beendet zu haben, gar nicht gelöst, sondern schwelt weiter – 365 Tage im Jahr.

Justitia blickt selten über den Tellerrand. Wenn der Bürger die letzte Instanz verlässt, verschwindet er aus dem Blickfeld. Keiner weiß genau, wie er das Verfahren erlebt, ob ihn das Urteil überzeugt, was er von der Begründung verstanden hat. Vieles spricht dafür, dass die Theorie, derzufolge die Rechtskraft den Rechtsfrieden einläuten soll, in der Praxis nicht aufgeht. Tatsächlich bleibt, darüber sollte sich keiner täuschen, viel Frustration zurück, die sich dann an dürren demoskopischen Zahlen ablesen lässt.

Wie sich das Heer der Unzufriedenen zusammensetzt, ist unschwer zu ermitteln. Es rekrutiert sich aus dem Kreis der Verlierer. Das sind im Zivil- und Arbeitsrecht, überschlägig gerechnet, die Hälfte der Prozessparteien, im Strafrecht alle Verurteilten, im öffentlichen Recht (also bei den Verwaltungs-, Sozial- und Finanzgerichten) alle Bürger, die im Streit mit Vater Staat den Kürzeren gezogen haben.

Nicht eingerechnet sind dabei alle, die sich mit den Unterlegenen identifizieren und solidarisieren. Sie haben ihre Informationen durch Mundpropaganda oder aus den Medien bezogen. Das weist auf die zweite Seite des Rechtsfrieden hin: Er meint ja nicht allein die Befriedung unter den Prozessparteien, sondern auch die Akzeptanz des Rechts bei möglichst vielen Bürgern.

Der Justiz tut die bescheidene Resonanz auf ihre Arbeit nicht gut. Sie produziert – nolens, volens – ihren eigenen Ansehensverlust. Und das Recht selbst gerät dabei automatisch in Mitleidenschaft.

Rechtsanwender und Rechtsadressaten müssen mit diesem Befund leben. Vorläufig noch. Solange die Justiz das Monopol hat. Wenn es Konkurrenten gäbe, würde keiner mehr bei dieser Firma arbeiten lassen. Ihre Geschäftslokale sind unansehnlich und schmuddelig, ihr Personal nicht eben zuvorkommend, ihre Lieferzeiten lang und unzumutbar. Der Kunde wird nicht als König behandelt, sondern wie der letzte Abschaum. Vor allem aber – und da liegt die wirkliche Krux – ist die Werbephilosophie verlogen.

Konkurrenz täte der Justiz gut

Die Firma ist nämlich außerstande, das zu liefern, was sie großspurig verspricht. Sie kann die Erwartungen, die sie schürt, nie und nimmer erfüllen. Der Kunde bekommt ein Produkt, das mit dem Markenartikel, auf den er sich eingestellt hat, nicht im Entferntesten identisch ist. Über die Ursachen lässt sich lange spekulieren. Fest steht nur: Der rechtsuchende Bürger pflegt unbeirrbar den Glauben, dass die Justiz imstande ist, ihm höhere Gerechtigkeit zu spenden.

Er bekommt aber nur ein Urteil. Ihm will nicht einleuchten, dass Richter irren können wie jeder Mensch, dass ihr Rechtsirrtum aber nicht gleich eine schlimme Rechtsbeugung ist und dass es gegen ihre möglichen Denkfehler zwar kein Allheilmittel gibt, aber eine nächste Instanz.

Die Widersprüche im System lassen sich auf einfache Weise vermeiden – durch Umdenken. Wer neue Wege gehen will, muss nicht in die Ferne schweifen, sondern nur eine alte Erkenntnis beherzigen: Alle Mittel zu Streitvermeidung und Streitminimierung kommen der Idee des Rechts näher als Urteile, die glauben machen wollen, sie könnten den gordischen Knoten durchschlagen.

Bevor der Begriff Mediation zum ersten Mal auftauchte, gab es bereits eine legale Variante des Schlichtens. Wer bereit war, sich dem Spruch eines Dritten freiwillig zu unterwerfen, fand im zehnten Buch der Zivilprozessordnung (ZPO) alle erforderlichen Bausteine. Paragraph 1025 ZPO bietet eine weitreichende gesetzliche Ermächtigung für die Einrichtung von Schiedsgerichten. Paragraph 1040 ZPO bestimmt ohne Wenn und Aber: „Der Schiedsspruch hat unter den Parteien die Wirkung eines rechtskräftigen gerichtlichen Urteils.“

Die Betuchten der Gesellschaft machen von den Möglichkeiten, die sich da bieten, ausgiebig Gebrauch. Die Industrie hat sich längst ihre private Gerichtsbarkeit zugelegt. Für die Kontrahenten erweist sich dieser Akt ziviler Deregulierung als vernünftig und wirtschaftlich. Sie wissen nach kurzer Zeit, woran sie sind. Ein Verfahren vor dem Schiedsgericht dauert nur wenige Monate. Es ist zwar nicht billig, kostet jedoch, weil die höheren Instanzen fortfallen, im Endeffekt weniger als ein regulärer Prozess. Der Schiedsvereinbarung liegt eine praktische und unsentimentale Idee zugrunde.

Wer sich darauf einlässt, hat drei Prämissen akzeptiert: Er gehört nicht zu den Anhängern einer verschwommenen Gerechtigkeitsutopie; er unterscheidet sich von den teils idealistischen, teils quengeligen Kunden der Justiz, die jeden mit der Forderung „Ich will mein Recht" nerven; er begnügt sich von vornherein mit einem bescheidenen Ziel: Der Streit soll von kompetenten Fachleuten geschlichtet werden.

Den auf Effizienz bedachten Rechtskonsumenten interessiert im Grunde genommen nur eine Frage: ob die streitige Summe auf der Soll- oder auf der Habenseite seiner Bilanz erscheint. Genauer: ob sein etwaiger Verlust von der Steuer abgeschrieben werden kann. Recht hat nach dieser Logik nur eine Funktion: Herstellung von verbindlicher Klarheit.

Dieses Rechtsverständnis wiederum kann sich auf eine Fülle von Vordenkern stützen, die den Staat über Vertragstheorien definieren. Das Gewaltmonopol, das in erster Linie die Aufgabe hat, Faustrecht zu verhindern, verliert dabei keineswegs seinen Sinn. Auch die Schiedsgerichte sind Instanzen von Staates Gnaden. Der hat seine Aufgabe, dafür zu sorgen, dass Streit in geordneten Bahnen geschlichtet wird, einfach nur delegiert.

Die Privatisierung weiter Teile der Justiz ist – unabhängig von der Frage, ob dies wünschenswert wäre – jedenfalls theoretisch denkbar. Auf der Basis der ZPO könnten Serviceunternehmen entstehen, deren Zuständigkeit per Vereinbarung begründet wird. Schiedsrichter kann jede natürliche Person sein – juristische

Staatsexamina sind keine Bedingung; bei dieser zweckorientierten Konstellation sind noch nicht mal die Garantie der Unabhängigkeit oder eine Anstellung auf Lebenszeit nötig.

Rechtsfrieden tritt im Idealfall nach einem gelungenen Schiedsspruch ein. Ansonsten ist er wenig mehr als ein gut gemeinter Appell. Der Richterspruch ordnet gleichsam einen Waffenstillstand an; bei Nichteinhaltung drohen Sanktionen. Für den Schritt vom Waffenstillstand zum Frieden bedürfte es eines zusätzlichen emotionalen und rationalen Einsatzes, auf den weder der Richter vorbereitet noch die Gesellschaft eingestimmt ist.

Ehrliche Richter stutzen allzu idealistische Erwartungen des Publikums auf Normalmaß zurecht. Sie bekennen bescheiden, aber zutreffend: Wir können nicht für die Gerechtigkeit geradestehen, sondern nur für ein handwerklich korrektes Urteil. Das aber befriedet immer nur eine Partei, die andere gibt womöglich nie Ruhe. Deshalb hat die Idee, dass beide den Fall selbst in die Hand nehmen, einen eigenen Reiz. Wer wissen will, was zu dieser Alternative gehört, muss zuvor die Abläufe eines Gerichtsverfahrens betrachten. Dessen Rituale sind eingeschliffen.

In der Regel stehen sich im Gerichtsverfahren zwei Parteien unversöhnlich gegenüber, jede reklamiert, sagen wir, das Eigentum an einer Sache. Beide behaupten zum Beispiel: „Die Apfelsine gehört mir." Der Richter muss sich ans Bürgerliche Gesetzbuch halten, er darf nur einem der Kontrahenten die Frucht zusprechen. Dieses kategorische Entweder-oder schließt andere innovative Lösungen aus. Raum für Phantasie bietet wirklich nur die Mediation. Sie ist ersichtlich eine effiziente Variante der Streitschlichtung, und sie gewinnt immer mehr an Boden.

Für den Hamburger Rechtsprofessor und Bundesverfassungsrichter Wolfgang Hoffmann-Riem war die Mediation „Beispiel einer neuen Konfliktkultur".[3] In seiner Untersuchung über die „Modernisierung von Recht und Justiz" diente ihm der Apfelsinenstreit als „Schulbeispiel". Seine These: Wenn Mediation gelingt, löst sich der Konflikt in Wohlgefallen auf. Einzige Voraussetzung sei ein Wechsel der Perspektive: von der herkömmlichen

Betonung der Rechtsposition („Ich bin der Eigentümer") zur Definition der eigenen Interessen („Was will ich mit der Sache anfangen?").

„Sieht man hinter den Konflikt", so Hoffmann-Riem, könnte sich herausstellen, dass die eine Person „nur den Saft der Apfelsine braucht – wegen des Vitamin C zur Bekämpfung des Schnupfens –, die andere aber nur die Schale, da sie mit ihrer Hilfe Orangenplätzchen backen will".

Eine vergleichbare Interessenlage – die eine Seite sagt, „mir reicht der Saft, und die andere, mir reicht die Schale" – dürfte vielen Streitigkeiten zugrunde liegen, nicht nur im Sachenrecht. Die Konfliktparteien überhaupt zusammenzubringen gilt schon als erster Erfolg der Mediation. Wenn es dazu kommt, zeigen sich die gravierenden Unterschiede zum Prozess. Vor Gericht wird nur die Spitze des Eisberges sichtbar, die Meditation versucht, ihn in seiner Gänze abzutragen.

Wenn im Prozess ein Kontrahent aufbraust, ruft ihn der Richter zur Ordnung. Er untersucht nicht, was hinter dem Temperamentsausbruch steckt. Doch verletzte Gefühle und gekränkte Eitelkeiten sind oft die wahren Ursachen eines Konflikts. Der Mediator versucht, sie an die Oberfläche zu holen – etwa indem er zu dem Wüterich sagt: „Versuchen Sie mal herauszubekommen, warum Sie jetzt gerade so zornig reagieren!" Manche Spannung löst sich so bereits auf.

Wünsche, Bedürfnisse und Interessen

Die Mediation ist dem Prozess haushoch überlegen, wenn sich Konfliktparteien gegenüberstehen, die auch in Zukunft miteinander auskommen müssen: Familienmitglieder, Kollegen, Geschäftspartner, Nachbarn, Schulkameraden und Lehrer. Was ihrem Krieg zugrunde liegt, tritt oft schon zutage, wenn sie der Anregung des Mediators folgen und in einem ersten Schritt alle Themen, Streitpunkte und Konfliktfelder aufschreiben – und kommentieren. Was sie dabei von sich geben, lenkt den Blick auf die kontroversen Standpunkte und Sichtweisen.

Sie lernen allmählich, anfangs wahrscheinlich nur mühsam, dass es nicht lohnt, nach einer etwaigen „Schuld" zu fragen, sondern dass sie zusammengekommen sind, um lösungs- und zukunftsorientiert zu verhandeln. Wenn sie lange genug über ihre Wünsche, Bedürfnisse und Interessen reden, fallen nicht nur die Unterschiede ins Auge – es stellen sich auch Gemeinsamkeiten heraus.

Das ist die Ausgangsbasis für kreative Ideen, für die Entdeckung von Win-Win-Perspektiven und für die Gegenüberstellung von Optionen. Der Phantasie sind, worauf Hoffmann-Riem hinweist, keine Grenzen gesetzt. Die Parteien können nach „Tauschpositionen" suchen, „negative Wirkungen" gegeneinander aufrechnen oder wie Politiker ein Problem nach dem anderen abtragen. Im Idealfall gelingt es, Soll und Haben so anzugleichen, dass beide Seiten zufrieden sind.

Der Mediator soll, so Hoffmann-Riem, „Neutralität mit Fairness kombinieren"; er darf „nicht gleichgültig bleiben", wenn er ein Machtgefälle beobachtet; er muss gegebenenfalls den Schwachen schützen. Nach dem Rat des Professors soll er „Akzeptanz" anstreben – möglichst ein Ergebnis, „das von den Betroffenen selbst als interessengerecht ratifiziert wird". Tatsächlich lässt sich mit der Mediation, wie Hoffmann-Riems Apfelsinenbeispiel zeigt, Rechtsfrieden bisweilen eher herstellen als durch einen Prozess, der sich über viele Instanzen hinzieht.

Wie mager da das Resultat im üblichen Gerichtsverfahren sein kann, hat das Bundesverfassungsgericht in schonungsloser Offenheit ausgesprochen. „Das Rechtsstaatsprinzip" fordere, dass jeder Streit „um der Rechtssicherheit und des Rechtsfriedens willen irgendwann ein Ende findet".[4] Der Preis dafür kann hoch sein: Wer prozessiert, muss „ein verbleibendes Risiko falscher Rechtsanwendung durch das Gericht in Kauf" nehmen. So ein Vorbehalt aus berufenem Mund macht die Mediation doppelt attraktiv.

„ZUR EWIGEN MARTER FÜR BEIDE TEILE"
Wie sich der Wandel der Zeit im Eherecht widerspiegelt

Das Eherecht gleicht einem Chamäleon, das unentwegt seine Farbe wechselt. Es ist so gut wie der
Zeitgeist, aber kein Jota besser. Selbst „wilde" Ehen
kommen mittlerweile in die Jahre. Heiraten hielten
die Liebesleute mal für spießig. Doch wenn es schief
geht, würden viele gern von dem einst verachteten
Scheidungsrecht profitieren.

Als Geert von Imstetten im Nähtisch seiner Frau „das kleine, mit
einem roten Faden zusammengebundene Paket" entdeckte, lag
die Affäre, von der die Liebesbriefe zeugten, mehr als sechs Jahre
zurück. Die romantischen Billetts waren „schon ganz gelb".

Imstetten liebte Effi, fühlte sich in seinem „letzten Herzenswin-
kel zum Verzeihen geneigt". Doch die Konventionen seiner Klasse
waren stärker. Er beugte sich einem Sittenkodex, den er selbst das
„uns tyrannisierende Gesellschafts-Etwas" nannte. „Einem Begriff
zuliebe", bedauerte er fatalistisch, müsse er nun „Effi wegschicken
und sie ruinieren und mich mit".

Alle Instanzen seines Über-Ichs forderten die Scheidung. Ein
Dienstmädchen erhielt den Auftrag, der Tochter Annie „allmählich beizubringen, dass sie keine Mutter mehr hat". Effi akzep-
tierte Verbannung und Kontaktverbot: „Ich bin schuldig, und eine
Schuldige kann ihr Kind nicht erziehen." Sie fügte sich auch in
ein fortan beengtes Dasein: „Jetzt muss ich sparsam sein, denn
ich bin arm."

Theodor Fontane begann mit der Niederschrift seines Romans
„Effi Briest" im Jahre 1890. Die Fabel geht auf eine wahre Bege-
benheit zurück, die sich einige Jahre zuvor in seinem Bekannten-
kreis zugetragen hatte. Zwischen damals und heute liegt mehr als
eine lange Zeit. Die Menschen denken inzwischen anders über die

Ehe – und das Recht hat sich folgsam angepasst. Es änderte sich permanent, mal sachte, mal abrupt. Das Eherecht von 1887 (Effi Briests Zeit), das von 1977 (Inkrafttreten der großen Scheidungsreform) und das von 2007 (Revolution im Unterhaltsrecht) haben nur noch den Namen gemeinsam.

Effi Briest – 1887 verachtet, ohne einen Pfennig davongejagt und um ihr Kind gebracht – wäre 100 Jahre später als Prozessgewinnerin nach Hause gegangen. Mit ziemlicher Sicherheit hätte sie, als Garantin von Erziehungskontinuität und ganztägiger Betreuung, das Sorgerecht für ihre kleine Tochter zugesprochen bekommen. Den gut 20 Jahre älteren, etwas langweiligen Mann (Er „war lieb und gut, aber ein Liebhaber war er nicht") wäre sie auf elegante Weise losgeworden.

1987, ein Jahrhundert nach ihrer Scheidung, gab es noch die DM. Imstetten, Ministerialrat im Innenministerium, hätte monatlich rund 600 Mark für Annie zahlen müssen – und lebenslang etwa 2000 Mark für Effi. Das war die Daumenregel, nach der seit der Scheidungsreform von 1977 gerechnet wurde. 2007 begannen Gesetzgeber und Richter, die Unterhaltsansprüche neu zu definieren. Nun ist wirtschaftlich gesehen jeder weitgehend für sich selbst verantwortlich. Diese Reform brachte eine Zäsur. Für wie lange? 2020 wird das Eherecht bestimmt wieder anders aussehen.

An den Normen, die Ehe und Scheidung definieren, und an dem Wandel, den sie in einem Jahrhundert erfahren haben, lässt sich veranschaulichen, was Recht eigentlich ist – eine höchst relative und unsichere Angelegenheit. Besonders das Eherecht gleicht einem Chamäleon, das unentwegt seine Farbe wechselt; deshalb verdienen seine wechselnden Erscheinungsformen auch nur eingeschränkten Respekt; es ist so gut wie der Zeitgeist, aber kein Jota besser. Manchmal passt es sich aalglatt an, manchmal wagt es einen großen Sprung.

Das Eherecht hinkte dem Zeitgeist und dem gesellschaftlichen Wandel hinterher. Der überfällige Umschwung kam spät, dann aber mit einem Ruck. Die Scheidungsreform, die am 1. Juli 1977 in Kraft trat, bewirkte den Wandel, sie wurde anfangs vollmundig als

Jahrhundertwerk gepriesen. Die Vorschusslorbeeren waren schon zehn Jahre später verwelkt. Sogar den Experten wurde allmählich klar, dass sich Eheprobleme offenbar immer nur notdürftig lösen lassen. Zumindest die Opfer der Reform wussten inzwischen: Neues Unrecht hatte das alte abgelöst.

Der Befreiungsschlag von 1977 zugunsten der Frauen war das Endprodukt einer stürmischen Epoche. Nach zwei Weltkriegen, dem Siegeszug der Pille und im Gefolge einer sexuellen Revolution hatte die christliche Ehe des 19. Jahrhunderts ihren Geist aufgegeben.

Mit der Umwertung aller Werte war der religiös-ethische Konsens über das, was Ehe ist oder sein sollte, unwiederbringlich verloren gegangen. Der schöne Schein blieb noch eine Weile erhalten. Doch auch er konnte nicht darüber hinwegtäuschen, dass sich die Ehe unmerklich in eine jederzeit kündbare Gesellschaft privaten Rechts verwandelte.

Zahlen legen Zeugnis ab: 1905, im Jahre der erstmaligen statistischen Erfassung, wurden 11 000 Ehen geschieden, 1986 waren es 120 000, mehr als zehnmal so viel. Im Jahre 2004 kamen auf 396 000 Eheschließungen 214 000 Scheidungen.

Abkehr von der Suche nach „Schuld"

Erhellender noch als solche Daten sind andere Fakten – etwa die gewandelten Vorstellungen von der Sexualität in der Ehe. 1887 konnte ein frigider oder renitenter Ehegatte per Vollsteckungsurteil zum Geschlechtsverkehr gezwungen werden. Paragraph 774 der bis 1900 gültigen Zivilprozessordnung regelte die „Erzwingung der Herstellung des ehelichen Lebens", allerdings ohne näher zu erläutern, wie sich der Gerichtsvollzieher dieser delikaten Aufgabe zu entledigen habe. 1987, keine 100 Jahre später, sorgte eine konservative Regierung dafür, dass die Vergewaltigung in der Ehe als kriminelles Unrecht unter Strafe gestellt wurde.

Ein neues Verfassungsverständnis, das den Einzelnen nicht länger als Objekt staatlichen Handelns begreift, beseitigte auch andere Relikte, etwa die absurde Vorstellung, dass sich individuelles Verschulden in einer Zweierbeziehung von Amts wegen aufklären und beurteilen lasse.

Der Sinneswandel bewirkte, dass Partner, die sich trennen wollen, nicht mehr nach Belegen für die „Schuld" des anderen suchen müssen. Scheidungsdetektive, die „aushäusige" Eheleute rund um die Uhr observieren und in flagranti fotografieren, sind arbeitslos geworden. Beweisstücke, wie die von Effi Briest fahrlässig aufbewahrten Briefe haben an Wert verloren – sie sind allenfalls ein Indiz dafür, dass die Ehe, wie das Gesetz heute formuliert, „gescheitert" ist.

Mit dem Übergang vom Verschuldens- zum Zerrüttungsprinzip im Jahre 1977 haben freiwillige und unfreiwillige Geständnisse unter Eheleuten zumindest ihr juristisches Risiko verloren. Bis zu diesem Zeitpunkt konnten die Konsequenzen, die Liebesabenteuer mit sich brachten, existenzvernichtend sein. Bei Ehebruch bedrohte der Staat den Sexsünder bis 1969 sogar mit einer Gefängnisstrafe bis zu sechs Monaten. Wer verurteilt war, durfte den „Scheidungsgrund" nicht heiraten.

Beischlaf mit dem Zollstock

Was unter Ehebruch konkret zu verstehen war, hatte bereits das altehrwürdige Reichsgericht verbindlich definiert – quasi mit dem Zollstock: „Vollziehung des Beischlafs mit einer dritten Person anderen Geschlechts, also Vereinigung der Geschlechtsteile, das aber auch ausreichend; ihre Berührung genügt nicht."

Weitere Schuld, die zu sühnen war (durch Zahlung von Unterhalt oder durch Verlust von Ansprüchen), entstand aber auch durch „andere Eheverfehlungen": vom „ehrlosen oder unsittlichen Verhalten" über das „Ausplaudern von Intimitäten" bis zur „Verweigerung des ehelichen Verkehrs" oder zu „übertriebenen geschlechtlichen Anforderungen". Das war der Kübel, aus dem in Eheprozessen die sprichwörtliche „schmutzige Wäsche" gewaschen wurde.

Der Staat war sich für keine Infamie zu fein: Er spielte nicht nur den Büttel, sondern auch den Voyeur. Das Auge des Gesetzes ruhte auf jedem Beischlaf, verdammte den außerehelichen, reglementierte den ehelichen und ahndete „unnatürliche" Schlafzimmerspiele als „schwere Eheverfehlung". Der Scheidungsrichter musste – ob er wollte oder nicht – den Verkehrsschutzmann spielen, nach dem „Wie" und dem „Wie oft", aber auch nach dem (alles verzeihenden) „letzten Mal" fragen, um ein „gerechtes" Urteil zu fällen.

Dahinter verbarg sich nicht nur christliche Moral, sondern auch ein handfestes Besitzdenken. Bezeichnenderweise wurde Ehebruch ursprünglich nur bei der Frau geahndet. Die Strafverfolgung stand dem Mann als Inhaber der „eheherrlichen" (so ein Kommentar) Gewalt zu.

Seine „Besitzrechte" waren, notierte Sexualforscher Alfred C. Kinsey, „in alten chaldäischen, jüdischen und anderen Gesetzbüchern" verankert. Als Gütemerkmal musste die Frau ihre geschlechtliche Reinheit anbieten, was der Forderung entsprach, „dass Vieh oder andere Waren, die der Mann kaufte, vollkommen sein sollten".

Totale Scheidungssperre

Das war zu Fontanes Zeiten zwar schon finstere Geschichte, doch deren Wurzeln kamen immer wieder mal zum Vorschein. Für das Rechtsbewusstsein, wie es bis 1977 galt, hatte das Bürgerliche Gesetzbuch von 1900 den ideologischen Überbau geliefert: Der Mann, zumindest der betuchte, konnte die untreue Ehefrau ins materielle Elend verstoßen, sich selbst aber nach dem eigenen Ehebruch freikaufen.

Die bürgerlichen Parteien im Reichstag verbrämten ihre in der Sache männerfreundlichen Ziele perfekt. Die Ehe wurde wilhelminisch definiert „als eine von dem Willen der Ehegatten unabhängige sittliche und rechtliche Ordnung". Diese glattzüngige Fiktion beherrschte das Eherecht mehr als ein halbes Jahrhundert lang – am Ende schlimmer als am Anfang, denn eine CDU/CSU-Mehrheit hatte noch 1961 die Grundlagen für eine totale Scheidungssperre geschaffen.

Damals lasen sich die Eheurteile des BGH wie Verlautbarungen einer päpstlichen Dogmenkommission. Im Falle eines Mannes, der von seiner 17 Jahre älteren Frau geschieden werden wollte, hieß es: Wer seine Wahl einmal getroffen habe, dem seien „andere Möglichkeiten seiner Lebensgestaltung, die ihm nachträglich vorteilhafter und glückverheißender erscheinen", grundsätzlich verschlossen.[1]

Einem anderen, der sich nach 19 Jahren Trennung von seiner Ehefrau scheiden lassen wollte, um – wie das Urteil tadelte – „die im Ehebruch erzeugten unehelichen Kinder durch eine Ehe mit der Ehebrecherin zu legitimieren", erteilte der BGH frommen Rat: Der „sittliche Unrechtszustand", in dem er lebe, könne nicht beseitigt werden, indem er durch Scheidung und neue Heirat „einen Zustand äußerlich rechtlicher Ordnung" herstelle – die Ehe als Gefängnis.

Der BGH als Lachnummer

„Sittliche Ordnung", definierte der BGH auf unnachahmliche Weise: Sie sei nicht „ein dem einzelnen von außen her mehr oder weniger willkürlich auferlegtes fremdes Gesetz", sondern „der innere persönliche Anruf und der schöpferische Anstoß, sich in dem sinnvollen Gefüge des höheren Ganzen... zu bewähren". Offen blieb, wer die „innere" Norm definiert – und wer entscheidet, ob ihr Genüge getan wurde. Dem Vater, der (einem „inneren persönlichen Anruf" folgend) seine Kinder legitimieren wollte, dürfte dieser Spruch wie Hohn vorgekommen sein.

Es dauerte lange, bis diese „herrschende Meinung" abzubröckeln begann. Eines Tages dann, 1967, auf einer Eherechtstagung in Bad Herrenalb, machten sich Referenten einen Spaß daraus, sich die höchstrichterlichen Zitate auf der Zunge zergehen zu lassen. Die Lesestunde ging unter allgemeinem „Gelächter" („Stuttgarter Zeitung") zu Ende. Hohe und höchste Juristen fanden die Rolle, die Deutschlands Rote Roben bei der Abfassung von Regeln für den ehelichen Verkehr spielten, nur noch komisch. Der BGH war zur Lachnummer verkommen.

In der Ära nach der Scheidungsreform von 1977 haben die Karlsruher Eheurteile dann diese Art von Unterhaltungswert eingebüßt. Sie lesen sich jetzt wie Lehrbücher für Ökonomie, befrachtet mit mathematischen Formeln zur Berechnung von Unterhalts- und Versorgungsansprüchen. Im Kern geht es nun bei jeder Scheidung nur noch um Geld, bei den gesetzgeberischen und richterlichen Lösungsversuchen vornehmlich um die Frage, wie die Firma Ehe vernünftig liquidiert werden kann.

Trauriger Geschlechterkrieg

Das macht verständlich, warum sich der Streit um die Scheidungsfolgen zu einem ewigen politischen Thema entwickelt hat – im Parlament und bei Wahlversammlungen, auf Juristenkongressen und am Stammtisch.

Klare Fronten lassen sich kaum noch ausmachen. Sie verlaufen quer durch alle Parteien und gesellschaftlichen Gruppierungen. Es ist ein trauriger Geschlechterkrieg, der sich vor aller Augen abspielt. Den Politikern gelingen, welches Gesetz sie auch immer verabschieden, kaum mehr als Akzentverschiebungen – zugunsten der Frauen oder zugunsten der Männer und immer zulasten der gerade nicht privilegierten Gruppe.

In jedem Gesetz war zugleich manifestes Unrecht schon angelegt. Nach dem alten, bis 1977 gültigen Recht verlor die Frau – unabhängig von der Dauer ihrer Ehe – nach nur einem Seitensprung jeden Anspruch auf Unterhalt, auch wenn sie auf Beruf und Karriere verzichtet und sich jahrzehntelang für die Familie aufgeopfert hatte. Die Reform schüttete das Kind mit dem Bade aus. Nun war es möglich, dass eine Frau von einem Tag zum anderen die Ehe aufkündigte; sie erhielt dennoch die Hälfte vom Zugewinn und vom Versorgungsausgleich, obendrein, wenn sie nicht arbeitete, als Unterhalt drei Siebtel vom Nettoeinkommen ihres Verflossenen. Eine Lösung war so miserabel wie die andere.

Den Boulevardblättern kam die juristische Malaise gelegen. Sie pflegten einen Dauerbrenner: die „blutjunge" Exfrau des Chefarztes, die mit ihrem Coiffeur durchgeht und auf Kosten des

„Gehörnten" ein Luxusleben führt. Familienrichter kannten diese Phantasiefigur nur vom Hörensagen. Sie hätten, sagen sie, in der Regel nicht Überfluss, sondern nur Mangel zu verteilen. Tatsächlich wird ihre Arbeit zum Puzzlespiel, wenn die Ansprüche zweier Frauen miteinander konkurrieren und wenn obendrein die Unterhaltsrangfolge für die Kinder aus einer ersten und einer zweiten Ehe festgesetzt werden muss.

Das Leben im „Konkubinat"

Die Horrornachrichten von der Scheidungsfront schrecken junge Menschen ab. Sie heiraten seltener – jeder vierte Mann und jede siebente Frau kann sich ein Leben ohne Kind vorstellen. „Die Liebe gefällt mehr als die Ehe", notierte vor mehr als 200 Jahren der französische Dichter Chamfort. Seine Wahrheit, die damals Degoutantes meinte, nehmen in Deutschland immer mehr Paare beim Wort. Sie leben, wie Konservative sagen würden, im Konkubinat.

Doch selbst die Konservativen, die so reden, sterben langsam aus. Die Gesellschaft hat sich an bunte Paarungen gewöhnt. Sexuelle Beziehungen bedürfen heute nicht mehr der öffentlich bekundeten Legitimation durch Eheschließung.[2] Das größte Hindernis für die freie Liebe, der Kuppeleiparagraph, ist 1973 abgeschafft worden. Mit solchem Muff verschwand auch vieles andere in den hinteren Regalen der Bibliotheken. 1982 hatte der große Soziologe Niklas Luhmann die Ehe noch als das einzige soziale System mit Spezialisierung auf emotionale Bedürfnislagen bezeichnet. Auch so ein witziger Spruch ist nun Geschichte. Die Ehe hat ihren Monopolanspruch verloren. Gleichberechtigt daneben existiert nun die nichteheliche Lebensgemeinschaft.

Sie erfreut sich, wie das Statistische Bundsamt meldet, zunehmender Beliebtheit. 1991 gab es 1,4 Millionen nichteheliche Lebensgemeinschaften, 1999 (beim letzten Mikrozensus) waren es 2,1 Millionen – 47 Prozent mehr. Es spricht alles dafür, dass sich die Kurve seit der letzten Zählung entsprechend nach oben bewegt hat. Es dürften inzwischen drei Millionen Paare sein, die unverheiratet zusammenleben. In jeder zweiten Verbindung sind die Partner jünger als 35 Jahre, in jeder dritten wachsen auch Kinder auf.

Nach und nach haben sich die Gesellschaft und der Staat daran gewöhnt, zumindest diese „Urzelle" (Vater, Mutter, Kind) als vollgültige Familie zu behandeln. Die Partner selbst sind noch auf der Suche nach einem Selbstverständnis. Offen bleibt die Frage, wann so eine Lebensgemeinschaft eigentlich beginnt. Dafür kann keiner – auch kein Wissenschaftler – einen genauen Zeitpunkt nennen. Das Zusammenfinden geschieht allmählich und unsystematisch.

Das Motiv: eine Miete sparen!

Wer die Paare – und sei es nur aus der Ferne – beobachtet, entdeckt profane Fakten. Ausschlaggebend für den endgültigen Entschluss, gemeinsame Sache zu machen, sind erkennbar äußere Umstände. Am Anfang deponiert einer von beiden nur Schlafzeug und Zahnbürste beim anderen. Dann hält er sich dort häufiger und länger auf als in seinen eigenen vier Wänden. Am Schluss fragen sich beide: Warum so umständlich, wenn es auch einfacher geht – und billiger, denn eine Miete lässt sich sparen.

Je mehr Liebesleute auf diese Weise gemeinsame Sache machten, desto größer wurde die Wahrscheinlichkeit, dass auch solche Beziehungen in die Brüche gingen. Die Soziologin Rosemarie Nave-Herz stellte fest, dass sich mittlerweile 20 Prozent bereits nach zwei Jahren trennen. „Nach sechs Jahren ist die Hälfte der Nichtehelichen Lebensgemeinschaften wieder gelöst". Die „nichtehelichen" Scherbenhaufen sind nicht kleiner als die „ehelichen". Es kann auch kaum überraschen, dass die „wilde" Ehe von den gleichen Verschleißerscheinungen heimgesucht wird wie die „bürgerliche" – auf den Honeymoon folgt Routine, auf Routine mitunter Verdruss.

Scheiden tut weh – bei denen mit wie bei denen ohne Stempel. Die Rechtsprobleme gleichen sich, die Rechtsfolgen sind höchst verschieden. Für die Angetrauten ist die Liquidation der Gemeinschaft bis aufs i-Tüpfelchen vorgezeichnet. Für alle, die vorher nichts regeln wollten, ist hinterher auch nichts geregelt. Sie stehen – naturgemäß – vor einem juristischen Chaos. Nun werden die Eheverweigerer mit ihren eigenen Widersprüchen konfrontiert. Als sie zueinanderfanden, sahen sie voller Verachtung auf das Rechtskorsett, das sich die anderen verpassen ließen. Doch in der Phase des Auseinandergehens würden sie gern den einen oder anderen Scheidungsparagraphen für sich reklamieren.

Doch daraus wird nichts – es sei denn, sie hätten in einem Partnerschaftsvertrag vorher alle Details geregelt. Wenn nicht, rächt sich die Unterlassungssünde. Sie merken, dass es kaum etwas gibt, worüber sich nicht streiten lässt. Wem gehört die Eigentumswohnung, wem das Auto? Durfte der eine vom Konto des anderen Geld abheben? Dieselben Paare, die zu Beginn ihres Zusammenlebens ohne Staat auszukommen glauben, erhoffen am Ende doch noch Hilfe von der verpönten Obrigkeit. Sie alle hätten es nun gern, wenn sich die Richter, die ihre Partnerschaft auseinanderdividieren, zumindest ein bisschen an das (einst als vorsintflutlich verketzerte) Eherecht anlehnten.

Den Gefallen tun ihnen die Richter nicht. Sie behandeln die beiden wie Geschäftspartner – und bedienen sich dabei der entsprechenden Nomenklatur. Meist liegen keine Verträge vor, doch selbst dann könnten – meint der Bundesgerichtshof – äußere Umstände für einen vertragsähnlichen Zustand sprechen. So ein Hinweis dient der Orientierung. Richter müssen sich durchfinden, wenn zwei eine Eigentumswohnung gekauft und aus unterschiedlichen Quellen finanziert haben. Nach der Trennung geht es darum: Wer hat wem wie viel zu ersetzen?

An Fragen wie diese tasten sich die Bundesrichter von Fall zu Fall heran. So halten sie für denkbar, dass „Partner einer nichtehelichen Lebensgemeinschaft ausdrücklich oder durch schlüssiges Verhalten einen entsprechenden Gesellschaftsvertrag geschlossen haben".[3] Wenn nichts besonders vereinbart sei, würden aber „persönliche und wirtschaftliche Leistungen nicht gegeneinander aufgerechnet".[4]

Im Übrigen beschreiben die Bundesrichter normale menschliche Reaktionen, die jeder kennt: So weit bei Trennungen nachträglich etwas ausgeglichen werde, geschehe das „aus Solidarität, nicht in Erfüllung einer Rechtspflicht". Und weiter: Ähnlich wie bei einer Ehe sei „Gemeinschaften dieser Art" eine Vorstellung „grundsätzlich fremd": dass für Leistungen im gemeinsamen Interesse „Wertersatz", „Ausgleichung" oder „Entschädigung" verlangt werde.

Merkmal: die „rechtliche Unverbindlichkeit"

Dennoch bleiben viele Fragen offen: Wie ist zu verfahren, wenn ein Mann in vielen hundert Werkstunden das Eigenheim seiner Liebsten ausgebaut und verschönert hat? Oder: Wie rechnen sich zwei auseinander, die gemeinsam eine Kneipe aufgemacht haben – mit ihrem Geld, aber unter seinem Namen? Er stand am Tresen, sie bediente, führte Bücher und nebenbei noch den Haushalt. Gehalt bekam keiner, beide lebten von den Überschüssen aus der Ladenkasse. Soll die Frau, wenn die Partnerschaft zerbricht, wirklich im Wortsinn umsonst gelebt haben?

An der Art und Weise, wie Richter Fälle dieser Art lösen, wird die Krux des Rechts überdeutlich. Die Sprüche spiegeln ein ums andere Mal die Subjektivität und Relativität des Urteilens. Wenn nichts vereinbart war, bleibt viel Spielraum für Interpretationen. Eine naheliegende ist, dass die Absicherungen des Eherechts für nichteheliche Partnerschaften nicht gelten. Sie seien, so der Göttinger Rechtsprofessor Uwe Diederichsen im BGB-Kommentar, „auf völliger Freiheit aufgebaut" und könnten nicht den Schutz beanspruchen, „den das Gesetz dem Verlöbnis und der Ehe gibt". Er bringt es auf den Punkt: Das entscheidende Merkmal aller freien Verbindungen sei nach wie vor „ihre rechtliche Unverbindlichkeit".

So sehen es allerdings immer weniger. Im Juli 2006 verurteilte der Familiensenat des BGH den vermögenden Vater eines nichtehelichen Kindes an dessen Mutter 1500 Euro Unterhalt im Monat zu zahlen – sieben Jahre lang.[5] Klägerin war eine Assistenzärztin aus Lübeck. Sie lebte sechs Jahre mit dem Zahnarzt zusammen, beide hatten eine gemeinsame Tochter. Das Paar trennte sich, als das Mädchen drei Jahre alt war. Nach dem zu jener Zeit gültigen

Recht endete just zu diesem Zeitpunkt ihr Unterhaltsanspruch, den der Gesetzgeber – anders als für geschiedene Frauen – bei unehelichen Müttern auf drei Jahre begrenzt hatte.

Im strittigen Fall konnte die Klägerin, der es gesundheitlich schlecht ging, nur noch halbtags arbeiten. Das BGH-Urteil zu ihren Gunsten erregte Aufmerksamkeit – wegen der Begründung. Zwar dürfe sie sich, so die Bundesrichter, nicht in gleicher Weise wie eine geschiedene Frau auf den in der Verfassung verbürgten Schutz von Ehe und Familie berufen. Dem Anspruch einer nichtehelichen Mutter könnten aber „höchst unterschiedliche Sachverhalte zugrunde liegen, sodass deswegen eine flexiblere Unterhaltsregelung geboten ist".

Und dann schlossen die Karlsruher Familienrichter – spät, aber nicht zu spät – die Lücke zwischen der juristischen Theorie und der prallen Lebenswirklichkeit. Aus verfassungsrechtlicher Sicht könne auch die nichteheliche Lebensgemeinschaft „einen besonderen Vertrauenstatbestand begründen". Einfacher ausgedrückt: Wenn Mann und Frau, wie hier, sechs Jahre unverheiratet zusammenleben und ein gemeinsames Kind haben, ist eine ähnliche Pflicht zu Solidarität entstanden wie bei verheirateten.

Der Gesetzgeber in Berlin folgte dem gebieterischen Wunsch aus Karlsruhe. Er stellte beide Müttergruppen gleich – auf sparsame Weise. Er hob das Niveau der unehelichen nicht an, sondern senkte das der ehelichen. Nun bekommen beide gleich wenig – beide haben nur noch einen Anspruch für drei Jahre.

Was zu beweisen war

Für die Launenhaftigkeit des Rechts könnte es kein besseres Beispiel geben. Ehe und Familie stehen seit 1949 unter dem besonderen Schutz des Grundgesetzes. Der sah jedoch in jedem Jahrzehnt anders aus. Wie relativ so eine Garantie letztlich ist, lässt sich im Bundesgesetzblatt und in den Urteilssammlungen der obersten Gerichtshöfe nachlesen: Eine Reform löste die andere ab. Wie subjektiv so ein Verfassungsversprechen ist, bewiesen die Menschen, die mit ihm umgehen.

Abgeordnete passten Eherecht, Scheidungsrecht, Unterhalts-recht und Sorgerecht jeweils dem Zeitgeist an. Bundesrichter und Bundesverfassungsrichter gaben den neuen Normen mit ihren Interpretationen den letzten Schliff. Und schließlich fügten die Familienrichter der unteren Instanzen dem Ganzen ihre individu-elle Note bei. Es gab ein Nord-Süd-Gefälle und Stadt-Land-Kon-traste. An den Kapriolen, die das Ehe- und Familienrecht schlägt, wird ganz allgemein sichtbar, warum Recht selten gerecht ist – und immer ein bisschen Glückssache.

Der gesellschaftliche Wandel drückt dem Recht seinen Stem-pel auf. Die Unterschiede zwischen Paaren mit und ohne Stempel werden zum Beispiel von Jahr zu Jahr geringer. Beide Arten des Zusammenlebens sind nicht mehr auf endlose Dauer angelegt. Da empfiehlt sich, über neue Formen nachzudenken. Ein Denkmodell ist mehr als 400 Jahre alt. Cervantes plädierte 1615 im Zwischen-spiel des „Ehegerichts" für den Bund auf Zeit: Ehen sollten „alle drei Jahre" aufgelöst oder neu bestätigt werden „wie jeder andere Pachtvertrag", statt das ganze Leben in Kraft zu bleiben – „zur ewige Marter für beide Teile".

Anmerkungen

Einleitung: Recht als Glücksssache

1 Der Autor hat das Thema zum ersten Mal 2004 in der „Deutschen Richterzeitung" (DRiZ) unter dem Titel „Von der Subjektivität des Richtens" abgehandelt. Einige Urteils- und Textpassagen entstammen seinem Buch über die Grundrechte „Vom Untertan zum Bürger" (Baden-Baden 1999).

1. Kapitel: Triumph der Infamie

1 Beschluss des Amtsgerichts Michelstadt vom 23. 1. 1975, Aktenzeichen (AZ): K 76/74.

2 Beschluss des Landgerichts Darmstadt vom 28. 4. 1975, AZ: 5 T 220/75.

3 Beschluss des Oberlandesgerichts Frankfurt vom 9. 7. 1975, AZ: 12 W 76/75.

4 Zitiert im Sachverhalt der Entscheidung vom 24. 3. 1976: Entscheidungen des Bundesverfassungsgerichts (Abkürzung: BVerfGE) 42, 64f.

5 BVerfGE 42, 70.

6 BVerfGE 42, 71.

7 BVerfGE 42, 72.

8 BVerfGE 2, 266 <281>, 4, 144 <155>.

9 BVerfGE 3, 58 <135>.

10 BVerfGE 4, 144 <155>.

11 BVerfGE 42, 73; 36, 321 <330>.

12 BVerfGE 77, 1 <40>.

13 BVerfGE 42, 75.

14 BVerfGE 42, 76.

15 BVerfGE 111, 54.

16 BVerfGE 111, 62.

17 BVerfGE 111, 82, 83.

18 BVerfGE 4, 7.

19 Beschluss des BVerfG vom 28. 3. 2003, AZ: 2 BvR 307/01.

20 BGH-Urteil vom 11. 3. 2003, AZ: XI ZR 403/01.

21 Beschluss des BVerfG vom 9. 10. 2001, AZ 2 BvR 1523/01.

22 BVerfGE 42, 78.

2. Kapitel: Zum Vater verdammt

1 BGH am 12. Januar 2005, zwei Grundsatzurteile zum selben Thema, Aktenzeichen.
2 BVerfGE 79, 269.
3 BVerfGE 65, 1 (42).
4 BVerfGE 79, 271.
5 BVerfGE 79, 269.
6 Urteil des Bundesverfassungsgerichts vom 13. Februar 2007, AZ: 1 BvR 421/05
7 BVerfGE 79, 256 ff.

3. Kapitel: Sterben dürfen

1 Heidrun Graupner, „Ein irdischer Richter für die letzten Dinge", Süddeutsche Zeitung (SZ), 8. 3. 2006.
2 SZ, 10. 3. 2006.
3 Klaus Kutzer, in: Deutsche Richterzeitung (DRiZ) 2005, 257.
4 Entscheidungen des Bundesgerichtshofs in Strafsachen (BGHSt), Bd. 6, S. 147-155.
5 Vgl. Till Müller-Heidelberg, „Verfassungsrechtlicher Anspruch auf Sterbehilfe?", Vortrag, Tagung der Friedrich-Ebert-Stiftung, der Humanistischen Akademie Berlin und der Humanistischen Union, am 29./30. November 2003 in Berlin, Thema: „Humanes Leben bis zuletzt", Redemanuskript, S. 2.
6 BGH-Urteil vom 7. Februar 2001, Aktenzeichen 5 StR 474/00.
7 BVerfGE 27,6.
8 Klaus Kutzer, „Sterbehilfe – rechtlich ethische Aspekte", DriZ 2005, 257f.
9 BGH-Beschluss vom 17. März 2003, AZ XII ZB 2/03 (NJW 2003, 1588).
10 DRiZ, a. a. O., S. 261.
11 Christiane Schreiber, „Sterbehilfe", DRiZ 2005, 242.
12 Till Müller-Heidelberg, wie Anm. 5, S. 5.
13 Nationaler Ethikrat: „Selbstbestimmung und Fürsorge am Lebensende", Stellungnahme vom 13. 7. 2006.
14 Heidrun Graupner, in: SZ, 22. 9. 2006.
15 „Die Einstellung der Vormundschaftsrichter zu Sterbehilfe – Ergebnisse einer bundesweiten Richterbefragung", DRiZ 2005, 248 ff.

4. Kapitel: Razzia im Schlafzimmer

1 BVerfGE 96, 29.
2 BVerfGE 96, 31 f.

3 BVerfGE 96, 35, 36.
4 SZ, 11. 10. 2006.

5. Kapitel: Selbstherrlichkeit und Größenwahn

1 Familienrechtszeitschrift (FamRZ) 2004, 1456.
2 Beschluss vom 14. 10. 2004, AZ: 2 BvR 1481/04.
3 Beschluss vom 29. 12. 2004, AZ: 1BvR 2790/04.
4 Beschluss vom 20. 4. 2005, AZ: 1BvR 1664/04.
5 Beschluss vom 10. 6. 2005, AZ: 1BvR 2790/04.
6 SZ, 30. 12. 2004.
7 Beschluss vom 10. 6. 2005, AZ: 1 BvR 2790/04.
8 Vgl. Rolf Lamprecht, Kampf ums Kind, Reinbek bei Hamburg 1982, S. 95f.
9 Engisch, Karl, Einführung in das juristische Denken, Stuttgart 1956, 6. Auflage 1975, S. 7.
10 Vgl. Rolf Lamprecht, Vom Mythos der Unabhängigkeit – Über das Dasein und Sosein der deutschen Richter, Baden-Baden 1995.
11 Karl R. Popper, Ausgangspunkte (Kap.16. „Erkenntnistheorie: Logik der Forschung"), Hamburg 1979, S. 108ff.

6. Kapitel: Zauberer in Robe

1 Herbert Tröndle, in: DriZ 1970, 213.
2 Werner Maihofer (Hrsg.), Begriff und Wesen des Rechts, Darmstadt 1973, S. XII.
3 Arthur Kaufmann, Gerechtigkeit, München 1995, S. 27.
4 Ebd., S. 33.
5 Konrad Hesse, „Verfassungsrechtsprechung im geschichtlichen Wandel", JZ 1995, 265.
6 Ebd., S. 267.
7 BVerfGE 25, 167ff.
8 Konrad Hesse, a. a. O., S. 266.
9 BVerfGE 102, 21 (40).
10 BVerfGE 34, 269 f, 287.

7. Kapitel: Das Tagebuch des Mörders

1 BVerfGE 80, 367ff.
2 BVerfGE 80, 376f.
3 Martin Draht, in: DER SPIEGEL 39/1972, S. 51.
4 Josef Esser, Vorverständnis und Methodenwahl in der Rechtsfindung, Frankfurt am Main (1970) 1972, S. 10.

5 Arthur Kaufmann, „Richterpersönlichkeit und richterliche Unabhängigkeit" (1974), in: Über Gerechtigkeit, Berlin, Bonn, München 1993,
S. 144.

6 Ebd., S. 141.

7 Ebd., S. 146,147.

8 Winfried Hassemer, „Juristische Hermeneutik", zunächst in: Archiv für
Rechts- und Sozialphilosophie, 1986, S. 195–212, neu in: Freiheitliches
Strafrecht, Berlin 2001, S. 32, 33.

9 Gerd Pfeiffer: „Die innere Unabhängigkeit des Richters", in: Festschrift
für Wolfgang Zeidler, Berlin, New York 1987, S. 73.

10 Badische Neueste Nachrichten (BNN), 13. 10. 2006.

8. Kapitel: Mit der Hohlnadel ins Rückenmark

1 BVerfGE 16, 194 ff.

2 Beschluss des Amtsgerichts München vom 11. 9. 1958,
AZ: 8Cs 67/58.

3 Beschluss des Landgerichts München vom 14. 10. 1958,
AZ: II Qs 304/58.

4 BVerfGE 16, 194, 197.

5 BVerfGE 16, 198.

6 BVerfGE 16, 202.

7 BVerfGE 16, 203.

8 BVerfGE 89, 120 (130).

9 BVerfGE 17, 108 (117 f).

10 BVerfGE 16, 194 (202).

11 SZ, 9. 11. 2005.

12 Heribert Prantl, „Lasst alle Hoffnung fahren", SZ, 10. 11. 2005.

13 Die Zeit Nr. 51, Interview vom 15. 12. 2005.

14 Urteil des BVerfG vom 15. 2. 2006, AZ: 1 BvR 357/05.

15 Helmut Kerscher, SZ, 16. 2. 2006.

16 Heribert Prantl: „An den Grenzen des Rechts", SZ, 16. 2. 2006.

17 BVerfGE 39,1 (42), so auch später BVerfGE 90, 145 (195).

18 BVerfGE 39, 1 ff; 90, 145 (195).

19 BVerfGE 46, 160f.

20 BVerfGE 46, 162.

21 BVerfGE 46, 163.

22 BVerfGE 46, 165.

23 Die Zeit Nr. 51, 15. 12. 2005.

9. Kapitel: Halbgötter in Rot

1 BVerfGE 88, 203 ff.
2 SPIEGEL 50/1992.
3 BVerfGE 88,203 ff.
4 BVerfGE 88, 338 ff.
5 BVerfGE 39, 1 ff.
6 BVerfGE 88, 203.
7 BVerfGE 88, 266.
8 „Der Status des Bundesverfassungsgerichts", in: Jahrbuch des öffentlichen Rechts der Gegenwart, hrsg. von Gerhard Leibholz, Bd. 6, Tübingen 1957, S. 120,121.
9 Ebd., S. 121.
10 BVerfGE 93, 1 ff.
11 SPIEGEL 33/1995 vom 14. 8. 1995.
12 Ebd.
13 SZ, 13. 9. 1995.
14 Bild, 11. 8. 1995.
15 SZ, 14./15. 8. 1995.
16 BVerfGE 93, 29.
17 SZ, 14./15. 8. 1995.
18 DRiZ 1995, 425 (427).
19 Frankfurter Allgemeine Zeitung (FAZ), 18. 8. 1995.

10. Kapitel: Richter contra Richter

1 BVerfGE 107, 339 ff (343).
2 Berliner Zeitung 19. 3. 03.
3 BVerfGE 107, 388.
4 BVerfGE 107, 368, 369.
5 BVerfGE 107, 388.
6 FAZ, 19. 3. 2003.
7 Konrad Zweigert: Gutachten zum 47. Deutschen Juristentag (DJT),
Band I, Teil D, 1968, München, S. D 16.
8 BVerfGE 93, 150.
9 BVerfGE 93, 121.
10 BVerfGE 93, 152.
11 BVerfGE 30, 1 ff.
12 BVerfGE 30, 33 (46).
13 BVerfGE 69, 1 ff.
14 BVerfGE 69, 57 (68, 69).
15 BVerfGE 73, 103.
16 BVerfGE 73, 117.

17 BVerfGE 73, 40ff.
18 BVerfGE 85, 264f.
19 BVerfGE 85, 314.
20 Bundesverfassungsgericht, Jahresstatistik 2005.
21 Karl Hahn, Materialien zum Gerichtsverfassungsgesetz, Neudruck Aalen 1983, S. 365.
22 47. DJT, Band II, R 15.
23 47. DJT, Band I, D 30.
24 Jutta Limbach, Im Namen des Volkes, Stuttgart 1999, S. 132.

11. Kapitel: Abrakadabra – und du bist tot

1 Der Nationalsozialismus – Dokumente 1933–1945", hrsg. v. Walter Hofer, Frankfurt am Main 1957, S. 287 f, Dokument 162; Uwe Wesel, Geschichte des Rechts, München 1997, S. 475 f.
2 III. Strafsenat, Urteil vom 4. 4. 1935, AZ 3 D 76/35, RGSt 69, 183,184.
3 Entscheidungen des Bundesgerichtshofes in Strafsachen, 6. Bd., S. 46 f (53).
4 BGH, Urteil vom 1. 7. 1981, AZ: 3 StR 151/81.
5 BGH, Beschluss vom 8.10.1981, AZ: 3 StR 449, 450/81.
6 Arthur Schopenhauer, Die Kunst, Recht zu behalten – in 38 Kunstgriffen dargestellt, Zürich 1983.
7 Thomas Dieterich: „Freiheit und Bindung des Richters", RdA 1986, 2ff.
8 SZ, 3. 8. 2005.
9 SZ, 6./7. 8. 2005.
10 Jutta Limbach: „Wer dem Falschen sein Telefon leiht", SZ, 24. 8. 2006.
11 Thomas Mann, zitiert in: Richard von Weizsäcker, Dreimal Stunde Null, Berlin 2001, S. 39.

12. Kapitel: Aufklärung durch Indiskretion

1 SPIEGEL 39/1978.
2 Der Kriminalist 12/1997, S. 537.
3 Hans Christoph Schaefer, DriZ, Juli 1998, 295.
4 Wie Anm. 1.
5 Rainer Faupel, DriZ, August 2000, S. 312.
6 Kai Nehm, DriZ, September 2006, S. 245.

13. Kapitel: Obszöne Neugier

1 Neue Juristische Wochenschrift (NJW) 1964, 1139.
2 NJW 1964, 1141.
3 BVerfG 6, S. 36, 41.

14. Kapitel: Die Menschenwürde des Entführers

1 SZ, 18. 11. 2004.
2 SZ, 19./20. 2. 2005.
3 SZ, 19.11. 2004.
4 Volker Erb, in: Die Zeit, 9. 12. 2004.
5 Hans Holzhaider, in: SZ, 19./20. 2. 2005.
6 Heribert Prantl, in: SZ, 19. 11. 2004.
7 Dieter Grimm, in: SZ, 26. 5. 2004.
8 BVerfGE 27, 1 (6) mit weiteren Nachweisen.
9 BVerfGE 5, 85 (204 f).
10 BVerfGE 45, 187 (229).
11 BVerfGE 38, 1 (21).
12 BVerfGE 64, 261 (284).

15. Kapitel: Mit Gewalt unters Messer

1 SZ, 20. Mai 1998
2 „Beiblatt zur Festnahmeanzeige" vom 26. 6. 1996, S. 3.
3 Kleinknecht/Meyer-Goßner, Strafprozessordnung, Gerichtsverfassungsgesetz, Nebengesetze und ergänzende Bestimmungen, Paragraph 81a, Rn. 17.
4 Ebd., Rn. 25.
5 Hinweis auf ständige Rechtsprechung etwa in Dreher/Tröndle, Strafgesetzbuch und Nebengesetze, zu Paragraph 223, Rn. 9a.
6 Beschluss des Oberlandesgerichts Hamm vom 20. 5. 1997, AZ: 2 Ws 540/96.
7 Beschluss des Bundesverfassungsgerichts vom 4. 5. 1998, 3. Kammer des II. Senats, AZ: 2 BvR 1314/97, Umdruck, S. 6.
8 Ebd., S. 7
9 Ebd., S. 8
10 Wie Anm. 6, S. 8.
11 GG, Alternativkommentare Luchterhand, zu Artikel 103 (1), S. 1201, 1203.
12 Ebd., S. 1211.
13 BVerfGE 9, 89 (95); letztmals 86, 133 (144).
14 Vgl. Rolf Lamprecht: „Über die Utopie des Rechtsfriedens", DRiZ 1996, 366ff.
15 BVerfGE 6, 14.
16 BVerfGE 55, 6.

16. Kapitel: Lebenslang im Schuldturm

1 BVerfGE 89, 214, (220, 221).

2 SZ, 28. 7. 2004, S. 8.

3 „WM", Zeitschrift für Wirtschaft und Bankrecht, Nr. 13 vom 2. April 1988, S. 450f.

4 Zusammenfassung der „strengen" Argumente in BVerfGE 89, 216.

5 zitiert bei Ulrich Spellenberg : „Vom liberalen zum sozialen Privatrecht", in: Recht im sozialen Rechtsstaat, hrsg. von Manfred Rehbinder, Opladen 1973, S. 32.

6 BVerfGE 89, 223.

7 BVerfGE 89, 230.

8 BVerfGE 89, 235.

9 BVerfGE 89, 234 (232, 233).

10 BVerfGE 103, 94.

11 BVerfGE 103, 89ff.

12 BVerfGE 103, 101.

13 BVerfGE 103, 102.

14 BVerfGE 89, 232.

15 Otto Palandt, Kommentar zum Bürgerlichen Gesetzbuch (BGB), Anm. 1 im Überblick vor § 104.

16 BVerfGE 81, 255.

17 BVerfGE 89, 216.

18 Günter Hirsch: „Die Bedeutung des Richterrechts hat zugenommen", ZRP 2004, 29.

17. Kapitel: Die Folterinstrumente der Zensur

1 BVerfGE 27, 81.

2 Cicero, Oktober 2005, S. 70f.

3 SZ, 28. 9. 2005.

4 SPIEGEL 40/2005, S. 36f.

5 Ebd.

6 Heribert Prantl: „Missbrauch der Presse", SZ, 28. 9. 2005.

7 Robert Leicht: „Es gibt keinen Fall ‚Cicero'", Die Zeit, 6. 10. 2005

8 SPIEGEL 46/2002, S. 126f.

9 BVerfGE 27, 80.

10 BVerfGE 20, 175.

11 BVerfGE 20, 174, 175.

12 BVerfGE 20, 174.

13 BVerfGE 27, 81.

14 BVerfG am 27. 2. 2007, AZ: 1 BvR 538/06 und BvR 2045/06.

15 SZ, 28. 2. 2007.

16 SZ, 9. 11. 2005.
17 BVerfGE 27, 83

18. Kapitel: Glaubensfreiheit für Ungläubige

1 BVerfGE 32, 98 ff.
2 MDR 1964, 1024 f.
3 SPIEGEL 20/2006, S. 30 ff.
4 Erich Bülow, „Gesetzgebung", in: Handbuch des Verfassungsrechts,
   hrsg. von Ernst Benda, Werner Maihofer, Hans-Jochen Vogel, Berlin,
   New York, zweite Auflage 1994, S. 1459–1498 (1497).
5 Rudolf Stammler: „Richtiges Recht", in: Begriff und Wesen des Rechts,
   hrsg. von Werner Maihofer, Darmstadt 1973, S. 359.
6 Hans-Jürgen Papier: „Staatliche Rechtsgewährung", DRiZ 2006, 261 ff.
7 BVerfGE 32, 98 f.

19. Kapitel: Die Zerreißprobe

1 Vgl. Rolf Lamprecht: Kampf ums Kind, Reinbek bei Hamburg 1982
2 Josef Goldstein, Anna Freud, Albert J. Solnit, Jenseits des Kindeswohls,
   Frankfurt am Main 1972.
3 Wolfgang Hoffmann-Riem, Modernisierung von Recht und Justiz,
   Frankfurt am Main 2000, S. 63 ff.
4 BVerfGE 107, 395 (401).

20. Kapitel: „Zur ewigen Marter für beide Teile"

1 SPIEGEL 28/1987, S. 40.
2 Vgl. Rosemarie Nave-Herz, www.uni-oldenburg.de/familiensoziologie.
3 FamRZ (Familienrechtszeitschrift), 1982, S. 408.
4 Entscheidungssammlung des BGH in Zivilsachen, 77. Bd., S. 55 f (58).
5 Urteil des Bundesgerichtshofes vom 5. Juli 2006, AZ: XII ZR 11/04.

Literaturverzeichnis

Bülow, Erich: „Gesetzgebung", in: Handbuch des Verfassungsrechts, hrsg.
von Ernst Benda, Werner Maihofer, Hans-Jochen Vogel, Berlin, New York,
zweite Auflage 1994, S. 1459–1498

Dieterich, Thomas: „Freiheit und Bindung des Richters", in: Recht der Arbeit.
Zeitschrift für die Wissenschaft und Praxis des gesamten Arbeitsrechts
(RdA), 39, 1986, 1, S. 2–6

Engisch, Karl: Einführung in das juristische Denken, Stuttgart 1956, 6. Auflage 1975

Entscheidungen des Bundesverfassungsgerichts (BVerfGE), Tübingen 1,
1952 ff

Erb, Volker: „Nicht Folter, sondern Nothilfe", in: Die Zeit, 9. 12. 2004

Esser, Josef: Vorverständnis und Methodenwahl in der Rechtsfindung,
Frankfurt am Main, 1972

Goldstein, Josef; Freud, Anna; Solnit, Albert J.: Jenseits des Kindeswohls,
Frankfurt am Main, 1972

Grimm, Dieter: „Es geht ums Prinzip – Lässt sich Folter rechtfertigen?",
in: Süddeutsche Zeitung (SZ), 26. 5. 2004

Hassemer, Winfried: „Juristische Hermeneutik", zunächst in: Archiv für
Rechts- und Sozialphilosophie, 1986, S. 195–212, neu in: Freiheitliches
Strafrecht, Berlin, 2001

Hesse, Konrad: „Verfassungsrechtsprechung im geschichtlichen Wandel",
in: Juristenzeitung (JZ) 1995, 265

Hirsch, Günter: „Die Bedeutung des Richterrechts hat zugenommen",
in: Zeitschrift für Rechtspolitik (ZRP) 2004, 29

Hofer, Walter (Hrsg.): Der Nationalsozialismus – Dokumente 1933–1945",
Frankfurt am Main 1957

Hoffmann-Riem, Wolfgang: Modernisierung von Recht und Justiz, Frankfurt
am Main 2000

Holzhaider, Hans: „Respekt für Wolfgang Daschner – Was ist Folter und was
nicht?", in: SZ, 19./20. 2. 2005

Kaufmann, Arthur: Gerechtigkeit, der vergessene Weg zum Frieden, München 1991

– : „Richterpersönlichkeit und richterliche Unabhängigkeit", 1974, in: Über
Gerechtigkeit, Berlin, Bonn, München 1993

Kerscher, Helmut: „Kapitulation des Rechts vor der Wirklichkeit", in:
SZ, 16. 2. 2006

Kommentar zum Grundgesetz für die Bundesrepublik Deutschland, Reihe Alternativkommentare, bearb. von Axel Azzola, Neuwied und Darmstadt 1984

Lamprecht, Rolf: Kampf ums Kind, Reinbek bei Hamburg 1982

– : Vom Mythos der Unabhängigkeit – Über das Dasein und Sosein der deutschen Richter, Baden-Baden 1995

– : Vom Untertan zum Bürger – Die Erfolgsgeschichte der Grundrechte, Baden-Baden 1999

– : „Über die Utopie des Rechtsfriedens", in: Deutsche Richterzeitung (DRiZ) 1996, 366

Leibholz, Gerhard (Hrsg.): „Der Status des Bundesverfassungsgerichts", in: Jahrbuch des öffentlichen Rechts der Gegenwart, Bd. 6, Tübingen 1957

Leicht, Robert: „Es gibt keinen Fall ‚Cicero'", in: Die Zeit, 6. 10. 2005

Limbach, Jutta: Im Namen des Volkes, Stuttgart 1999

– : „Wer dem Falschen sein Telefon leiht", in: SZ, 24. 8. 2006

Maihofer, Werner (Hrsg.): Begriff und Wesen des Rechts, Darmstadt 1973

Nachschlagewerk der Rechtsprechung des Bundesverfassungsgerichts, hrsg. vom Bundesverfassungsgericht, drei Bände, Heidelberg 1978–1998

Palandt, Otto (Hrsg.): Bürgerliches Gesetzbuch (Kommentar), 67. Aufl., München 2008

Papier, Hans-Jürgen: „Staatliche Rechtsgewährung", in: DRiZ 2006, 261

Pfeiffer, Gerd: „Die innere Unabhängigkeit des Richters", in: Festschrift für Wolfgang Zeidler, Berlin/New York 1987

Popper, Karl R.: Ausgangspunkte, Hamburg 1979

Prantl, Heribert: „Lasst alle Hoffnung fahren", in: SZ, 10. 11. 2005

– : „An den Grenzen des Rechts", in: SZ, 16. 2. 2006

– : „Missbrauch der Presse", in: SZ, 28. 9. 2005

Schopenhauer, Arthur: Eristische Dialektik oder Die Kunst, Recht zu behalten – in 38 Kunstgriffen dargestellt, Zürich 1983

Stammler, Rudolf: „Richtiges Recht", in: Begriff und Wesen des Rechts, hrsg. von Werner Maihofer, Darmstadt 1973

Strafprozessordnung, Gerichtsverfassungsgesetz, Nebengesetze und ergänzende Bestimmungen / fortgeführt von Lutz Meyer-Gossner. Erl. von Theodor Kleinknecht (Kommentar zur Strafprozessordnung), 40. Auflage, München 1991

Tröndle, Herbert: „Über den Umgang des Richters mit den anderen Verfahrensbeteiligten", in: DRiZ 1970, 213

Wesel, Uwe: Geschichte des Rechts, München 1997

Zweigert, Konrad: Gutachten zum 47. Deutschen Juristentag (DJT), Band I, Teil D, München 1968, Seite D 16